交流传动机车制动系统技术丛书

U0800278

# CAB-B 型制动控制系统


本丛书编委会◎编著

毛金虎　李开晔　郝保磊◎主编

方长征　孙国斌◎主审



中国铁道出版社有限公司

2024年·北　京

## 内 容 简 介

本书针对CAB-B型制动控制系统的技术特点，详细介绍了CAB-B型制动控制系统的结构、功能与作用，主要内容包括系统主要部件及作用，系统功能原理及综合作用，操作方法及故障处理，试验，与其他系统的配合以及检修维护。书后附有CAB-B型制动控制系统综合作用原理彩图，清晰明了，具有较强的实用性。

本书可供制动相关技术人员学习使用，亦可作为高等院校车辆工程、交通运输等专业师生的参考书。

**图书在版编目(CIP)数据**

CAB-B型制动控制系统 / 毛金虎，李开晔，郝保磊主编. -- 北京 ：中国铁道出版社有限公司，2024. 12.
(交流传动机车制动系统技术丛书). -- ISBN 978-7-113-31773-7

Ⅰ. U264.91

中国国家版本馆CIP数据核字第2024LA8051号

书　　名：**CAB-B型制动控制系统**
作　　者：毛金虎　李开晔　郝保磊

责任编辑：黎　琳　李晓慧　　　编辑部电话：(010)51873674
封面设计：郑春鹏
责任校对：刘　畅
责任印制：高春晓

出版发行：中国铁道出版社有限公司(100054，北京市西城区右安门西街8号)
网　　址：https://www.tdpress.com
印　　刷：天津嘉恒印务有限公司
版　　次：2024年12月第1版　2024年12月第1次印刷
开　　本：787 mm×1 092 mm　1/16　**印张**：14.5　**插页**：8　**字数**：247千
书　　号：ISBN 978-7-113-31773-7
定　　价：129.00元

# 本书编审委员会


主　　编：毛金虎　李开晔　郝保磊

主　　审：方长征　孙国斌

编写人员：刘　杰　任向杰　张启胤　王令军　吕　枭

王　位　康明明　段继超　黄金虎　于　博

吴国栋　赵全福　靳春雷　郑　勇　刘治国

刘　军　孟宏亮　陈克峰　刘晓峰　李改社

张　勇　黄世清　王建华　冷静涛　苏天祺

单俊强　王俊宇　尤新宇　黎　丹　冷　波

魏传均　王帅帅　谢启明　夏　军　蒋廉华

刘　泉　罗　超　朱冠汶　张一鸣　罗智迅

晏　义　张晓勇　胡楚联　乐燕飞　舒　畅

# 序言

自主创新是我们攀登世界科技高峰的必由之路。制动技术作为保障列车安全运营的关键技术，是重载、高速列车安全运营技术核心的核心，多年来我国在机车制动控制系统领域持续推进自主创新。

自 20 世纪 80 年代起，我国成功研制了 DK-1 型机车电空制动机，该制动机成为国内电力机车批量装用的制动系统。进入 21 世纪，随着铁路装备的不断升级，电力机车传动方式由直流传动向交流传动转变。在这一过程中，我国研发了具有完全自主知识产权、基于微机控制技术的 DK-2 型、JZ-8 型等机车电空制动系统，使机车制动机的技术水平得到提升。

时代的巨轮滚滚向前，铁路机车车辆装备实现了快速发展，机电与网络控制一体化技术的融合推动了我国机车制动技术的进步。我国制动技术研发人员采用标准化、简统化、模块化的设计理念，成功研发了 CAB-B 型制动控制系统，这一成就再次提升了我国机车制动系统的技术水平。

本书对于提升制动研发及运维技能具有较强的针对性和实用性，亦可作为高等院校车辆工程、交通运输等专业师生的参考书。

在这本机车制动系统专业书籍出版之际，我向本书的作者表示衷心的祝贺。愿你们坚守信念与初衷，坚持自主创新的道路，为我国轨道交通制动领域的发展贡献力量！

中国工程院院士 刘友梅

2024 年 11 月

# 前言

自21世纪以来,国民经济飞速发展,释放出巨大的运输需求,重载运输以及快速客运成为当前国家铁路行业主要发展方向。为顺应这一发展趋势,铁路行业在技术创新方面,以解决重载列车纵向冲动和客运列车安全可靠为核心研究内容。如何确保制动控制的同步性和一致性,压力控制的精准性以及制动系统的安全性和可靠性,成为当前亟须突破的难题。

随着分布式网络控制技术和机电一体化模块集成技术的快速发展及其应用的不断深入,我们成功研发了符合分布式网络智能模块机车空气制动控制系统标准的机车制动控制系统——CAB-B型制动控制系统。该系统采用了双CAN分布式网络、智能化与信息化控制、模块高度集成及多重安全冗余设计等多项先进技术。目前,CAB-B型制动控制系统已在国内多型交流传动电力机车和内燃机车中批量应用。为了便于广大专业技术人员及维护检修人员深入理解CAB-B型制动控制系统,特编撰了本书。

本书作者根据CAB-B型制动控制系统的研发及运用经验精心编排了内容。首先介绍了系统发展历程及技术特点,为读者构建起了系统总体框架,接着从系统主要部件及作用、综合作用、操作方法及故障处理、试验、与其他系统的接口、检修维护等方面进行了介绍。通过本书的介绍,读者能对CAB-B型制动控制系统有一个较为全面的了解。

本书在编写过程中,多位制动技术人员和行业专家参与了部分章节的编写,在此表示衷心的感谢。

感谢中国铁道出版社有限公司为本书的顺利出版所做的贡献,感谢黎琳、李晓慧两位编辑为本书的出版付出的辛勤劳动。

由于水平所限,书中难免有不妥之处,敬请读者批评指正。

编　者

2024年8月

# 目录

# 1 绪　论

制动系统是列车进行减速和停车的关键系统，其发展经历从简易到复杂，从纯空气控制到电气控制、微机控制的过程。20 世纪 80 年代以来，随着我国电力机车技术发展和中国铁路运输需求日益增长，基于电气控制技术的 DK-1 型电空制动机随之诞生，并在 20 世纪 80 年代初期开始批量装车使用，为我国铁路运输发展作出了重要贡献，如图 1-1 所示。

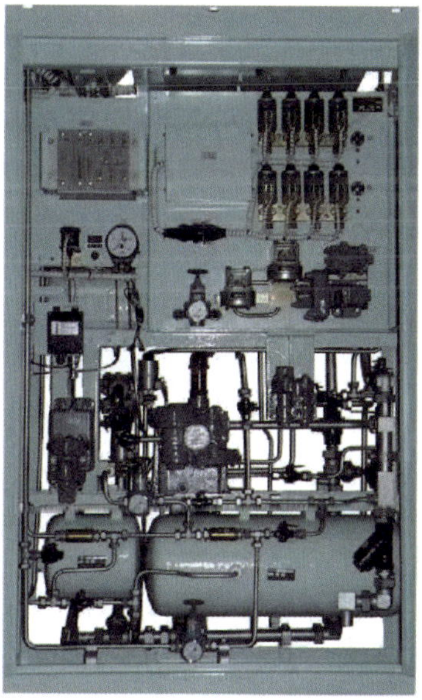

图 1-1　DK-1 型电空制动机(制动柜)

20 世纪 90 年代末期，随着我国铁路动力牵引技术的快速发展及交流传动技术在机车上的应用，电力机车牵引列车朝着重载、高速方向发展，在此背景下，机车制动系统故障检测及诊断、故障记录、安全可靠性等方面面临新的挑战，亟须采用微机控制技术以满足上述需求。为适应微机控制技术的发展趋势，2005 年铁道部开始立项，着手研发我国具有自主知识产权的机车制动控制系统。南车株洲电力机车有限公司成功研制出了基于微机控制、网络通信、故障智能诊断等信息化功能的 DK-2 型电空制动控制系统，青岛四方车辆研究所有限公司成功研制出 JZ-8 型电空制动控制系统，如图 1-2、图 1-3 所示。

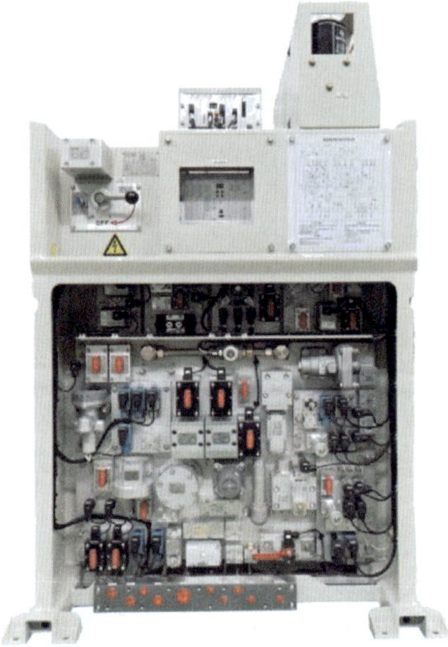

图 1-2 DK-2 型电空制动控制系统（制动柜）

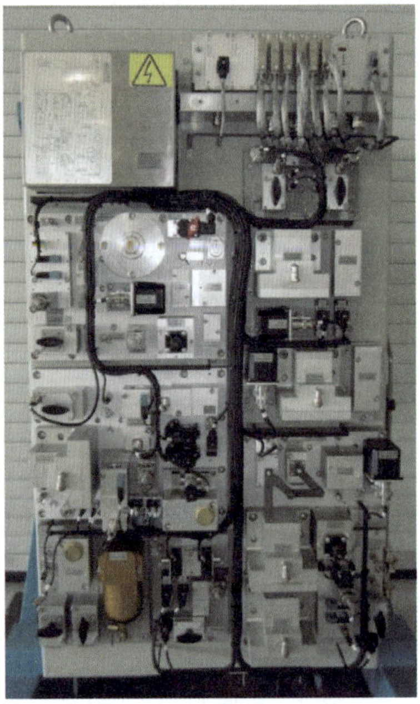

图 1-3 JZ-8 型电空制动控制系统（制动柜）

21 世纪初期随着我国铁路快速发展，国内交流传动电力机车与内燃机车的制动控制系统主要以国外引进为主。其中的典型代表是从德国克诺尔(Knorr)公司引进的CCBⅡ制动控制系统和法国法维莱(Faiveley)公司引进的Eurotrol制动控制系统。CCBⅡ制动控制系统是一种微机和分布式网络控制的机车制动控制系统,如图1-4所示。Eurotrol制动控制系统是一种具有微机控制和网络通信功能的制动控制系统,如图1-5所示。

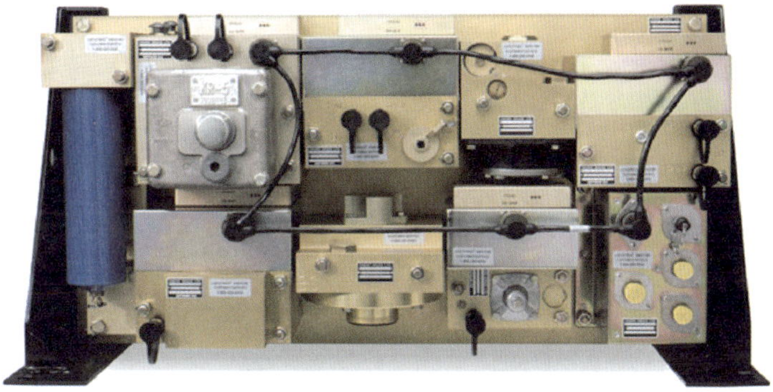

图1-4 CCBⅡ制动控制系统电空控制单元

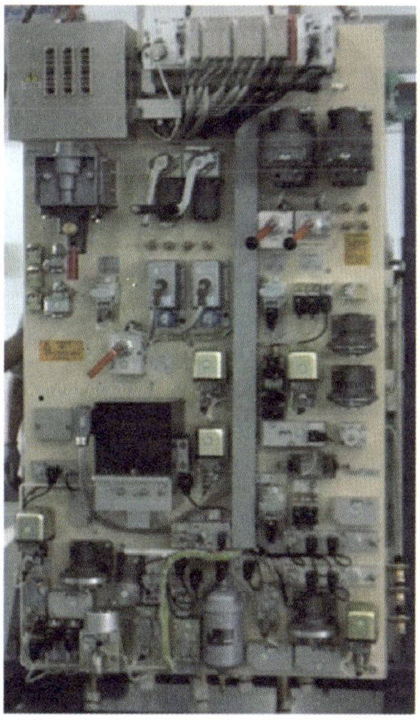

图1-5 Eurotrol制动控制系统(制动柜)

从2010年起,我国和谐型电力机车开启了深度国产化并投入实际运用的阶段。历经多年的广泛应用和实践,我国在制动技术领域积累了丰厚的经验,涵盖制动控制、网络通信、调试试验等多个方面。这些经验不仅促成了我国机车制动控制系统产品设计平台和生产制造体系的成熟稳定，更为我国制动产业发展奠定坚实的基础。

随着我国在分布式网络控制、机电一体化模块集成技术的深入研究与应用，国内机车制动控制系统配套的产品设计平台和生产制造体系也日渐成熟。为进一步提升我国机车制动技术水平，实现各型机车制动控制系统的标准化、简统化、模块化，相关单位依托中国新一代分布式网络控制的制动控制系统重点课题研究项目，成功研制了具备分布式网络智能模块功能的 CAB-B 型机车制动控制系统（以下简称 CAB-B 型制动控制系统），如图 1-6 所示。

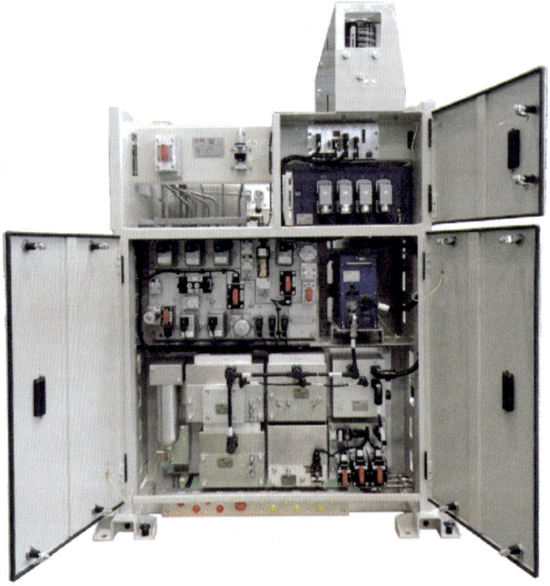

图 1-6 CAB-B 型制动控制系统（制动柜）

## 1.1 系统发展历程

CAB-B 型制动控制系统是结合中国铁路实际运用情况和机车空气制动技术发展方向而研制的新一代机车制动控制系统。该制动控制系统采用微机控制、网络通信、分布式模块化设计，在网络控制、智能化和信息化、模块化集成设计、安全冗余设计、操作简统等领域实现了创新性突破，标志着我国机车制动控制系统彻底摆脱了对国外制动技术的依赖。

2014 年中国新一代分布式网络控制标准机车制动控制系统立项研制。2017 年 CAB-B 型制动控制系统通过方案设计及装车试用评审。2020 年 CAB-B 型制动控制系统完成了运用考核，通过了技术评审，同年获得中铁检验认证中心有限公司(CRCC)认证，取得批量装车资质。

## 1.2　系统主要技术特点

CAB-B 型制动控制系统主要由制动控制器、制动显示屏、电空控制单元、电气接口单元和紧急阀等组成。制动控制器的自动制动手柄与单独制动手柄位置信息通过CAN 网络传递给电空控制单元，电空控制单元各模块中的阀类部件动作，输出相应的列车管、制动缸与平均管等压力。制动显示屏具备操作、故障状态提示和制动信息显示等功能，实现人机交互。电气接口单元具备外部电气输入、输出接口以及各网络通信功能。紧急阀确保快速排出列车管空气，保证紧急制动的施加。

CAB-B 型制动控制系统主要技术特点如下：

(1)基于独立双 CAN 分布式网络控制架构。CAB-B 型制动控制系统采用双CAN 分布式网络，采用统一的软硬件结构，实现制动控制器、电空控制单元的智能模块、电气接口单元和制动显示屏之间数据稳定传送、协调控制，提高系统通信的可靠性和安全性。

(2)高度智能化和信息化控制。CAB-B 型制动控制系统具备自动制动、单独制动、空电联合、断钩保护、流量检测、无动力回送、重联控制等功能；还通过采集各智能模块中的传感器数据、输入输出通路和接口的控制信息，实时执行制动指令和监测判断执行部件状态，当制动指令执行或重要部件异常时，能实时自我诊断、反馈故障信息及自动安全导向。同时，CAB-B 型制动控制系统还具备 MVB、CAN、以太网等多种网络通信交互，以及单机自检、数据记录与存储等信息化功能，符合新一代机车制动控制系统智能化、信息化技术的发展要求。

(3)制动功能模块高度集成设计。传统制动控制系统采用集中式控制方式，各气动执行部件与电气部件均分区布置在制动柜上，通过电气部件与气动阀类部件实现其制动控制系统各功能，整体上制动控制系统功能分散，集成度低，占用空间大，安装空间受限制。CAB-B 型制动控制系统通过功能模块机电一体化设计，将制动控制功能的气动阀类部件与电气控制部件按功能模块进行分类并高度集成，减小了动作部件与控制微机的距离，提高响应速度及抗外部干扰能力，实现制动模块高度集成化。

(4)系统多重安全冗余设计。CAB-B 型制动控制系统的重要制动控制气路如均衡减压气路、常用制动预控压力控制气路、制动缸紧急增压气路,重要电气控制通路如紧急硬线信号、冗余切换电路等均设有冗余。当系统、网络、部件出现故障时,通过冗余切换或触发故障安全导向,可确保列车或机车产生制动作用,保障列车安全运行。

(5)简统化设计。CAB-B型制动控制系统减少了操作塞门数量,优化了制动控制系统模式设置方式,简化了原有其他制动控制系统繁杂操作,减少了司乘人员操作劳动强度,同时对操作部件、操作方式、操作模式进行了标准化、简统化设计,提高了系统的操作可用性。

# 2 系统主要部件及作用

CAB-B 型制动控制系统主要由制动控制器、制动显示屏等操纵部件和电气接口单元、电空控制单元、紧急阀等执行部件组成。通过操纵部件施加制动控制及状态设置指令，各执行部件产生相应动作，协同实现制动控制系统各项功能。本章主要叙述 CAB-B 型制动控制系统的组成、功能及主要技术参数，主要部件原理及结构。

## 2.1 系统组成、功能及主要技术参数

CAB-B 型制动控制系统是一种分布式网络智能模块控制的制动控制系统，具有列车自动制动、机车单独制动、空电联合制动、断钩保护、列车充风流量监测、无动力回送、制动重联、列车电空制动、列车速度监控配合等基本功能，同时也具备单机自检、故障诊断、数据记录与存储等智能化、信息化功能，此外还具备 MVB、CAN、以太网等网络通信接口，能适应现代机车制动控制系统信息化以及网络控制技术发展要求。

### 2.1.1 系统组成

CAB-B 型制动控制系统主要由制动控制器、制动显示屏、电气接口单元、电空控制单元及紧急阀等组成，如图 2-1 所示。制动控制器负责发出制动控制指令；制动显示屏负责进行系统模式设置、系统状态显示以及故障数据查询等；电气接口单元负责制动控制系统与机车控制系统之间的网络、硬线等信息交互；电空控制单元负责接收制动控制指令，实现对列车管和制动缸压力的控制；紧急阀负责加速、提高紧急制动波速。

#### 2.1.1.1 网络拓扑

CAB-B 型制动控制系统采用了网络控制技术进行指令和内部数据的控制及传送，内部网络架构为双 CAN 网络。系统中的名词缩写及释义见附录一。

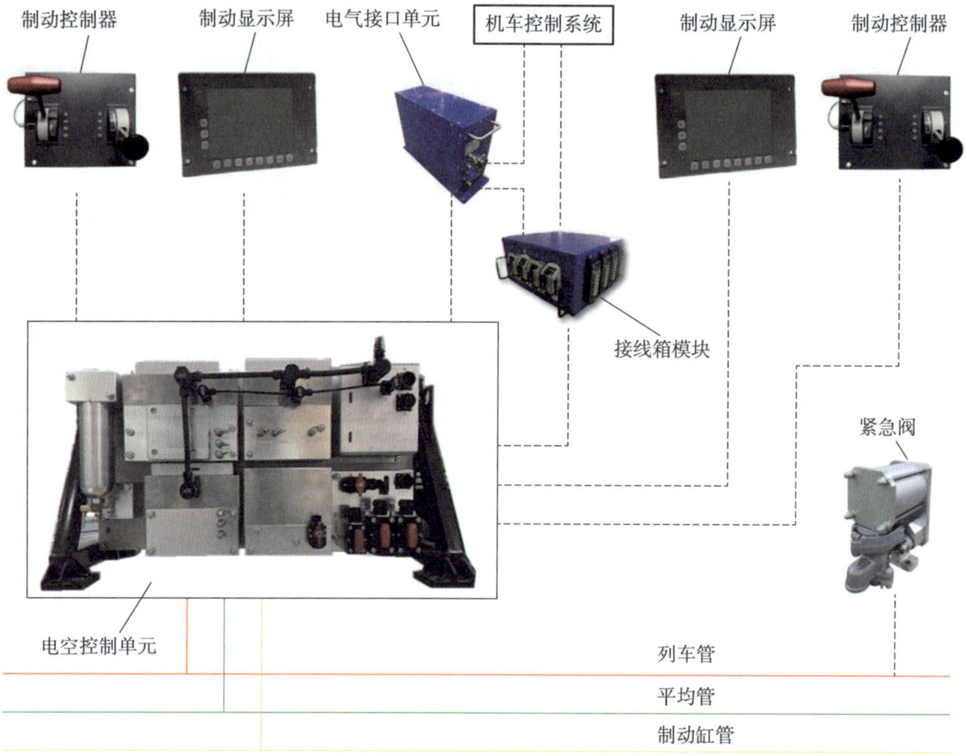


图 2-1　CAB-B 型制动控制系统组成示意(双司机室)

CAB-B 型制动控制系统双、单司机室网络拓扑结构原理分别如图 2-2、图 2-3 所示,MVB 具有 A/B 双通道,互为冗余。

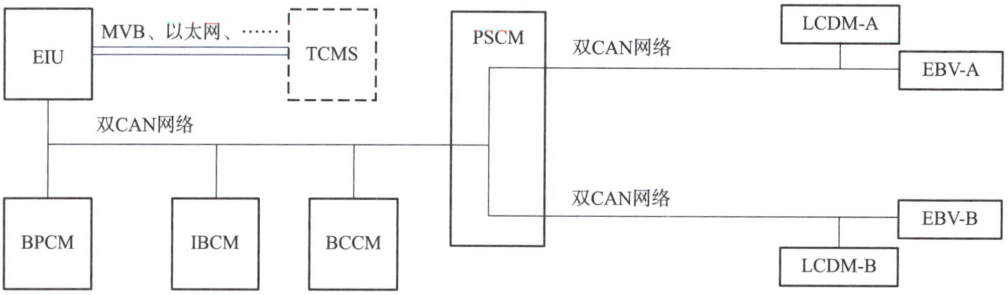


图 2-2　系统网络拓扑结构原理(双司机室)

### 2.1.1.2　电气原理

CAB-B 型制动控制系统的双 CAN 网络节点包括制动控制器、制动显示屏、电气接口单元,以及电空控制单元内的制动缸控制模块、单独控制模块、列车管控制模块。

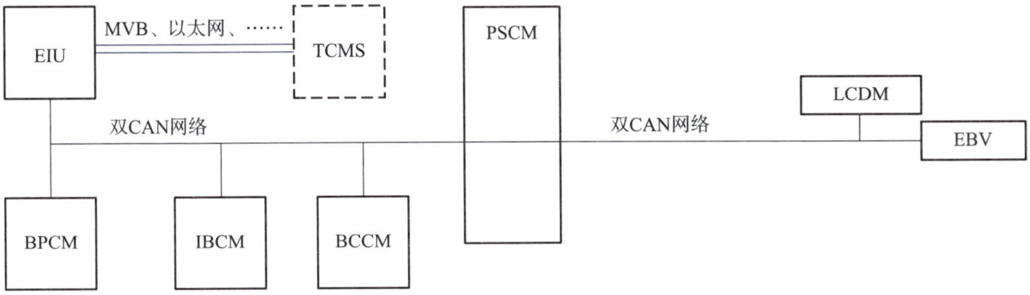


**图 2-3 系统网络拓扑结构原理**(单司机室)

制动控制系统通过布置在制动柜的连接器与机车控制系统连接。CAB-B 型制动控制系统设有与 LKJ/ATP 等外部系统的接口,包括惩罚制动输入、紧急制动输入、零速信号输入、电空联锁信号输入等输入信号,以及紧急制动、动力切除及电制切除等输出信号。

CAB-B 型制动控制系统(以双司机室机车为例)电气原理如图 2-4 所示。

图 2-4 中的输入和输出信号说明分别见表 2-1 和表 2-2。

**表 2-1 输入信号说明**

| 序号 | 信号名称 | 信号输入源设备 | 信号描述 |
| --- | --- | --- | --- |
| 1 | 电空联锁信号(DBI) | TCMS | 高电平:切除转向架空气制动 |
| 2 | 机车紧急制动硬线 | TCMS/监控装置 | 高电平:紧急制动施加指令激活 |
| 3 | 断钩保护压力开关信号 | 断钩压力开关 A71 | 高电平:总风压力高于 450 kPa。<br>低电平:总风压力低于 350 kPa |
| 4 | 惩罚信号 1 | 监控装置 | 与惩罚信号 2 组合使用,代表不同减压量的惩罚制动指令 |
| 5 | 惩罚信号 2 | 监控装置 | 与惩罚信号 1 组合使用,代表不同减压量的惩罚制动指令 |
| 6 | 零速信号 | TCMS | 高电平:机车速度为 0 |
| 7 | 停放施加指令 | 机车控制电路 | 高电平:停放制动施加指令激活 |
| 8 | 停放缓解指令 | 机车控制电路 | 高电平:停放制动缓解指令激活 |
| 9 | 干砂 | 机车控制电路 | 高电平:撒砂干燥指令激活 |
| 10 | 向后撒砂 | 机车控制电路 | 高电平:向后撒砂指令激活 |
| 11 | 向前撒砂 | 机车控制电路 | 高电平:向前撒砂指令激活 |
| 12 | 机车紧急制动硬线 | TCMS/机车控制电路 | 高电平:紧急电磁阀动作指令激活 |
| 13 | 后备转换塞门信号 | 后备转换塞门 | 高电平:后备制动启动激活 |
| 14 | 踏面清扫电磁阀驱动 | TCMS | 高电平:踏面清扫指令激活 |
| 15 | 辅助压缩机 | TCMS | 高电平:辅压机工作指令激活 |

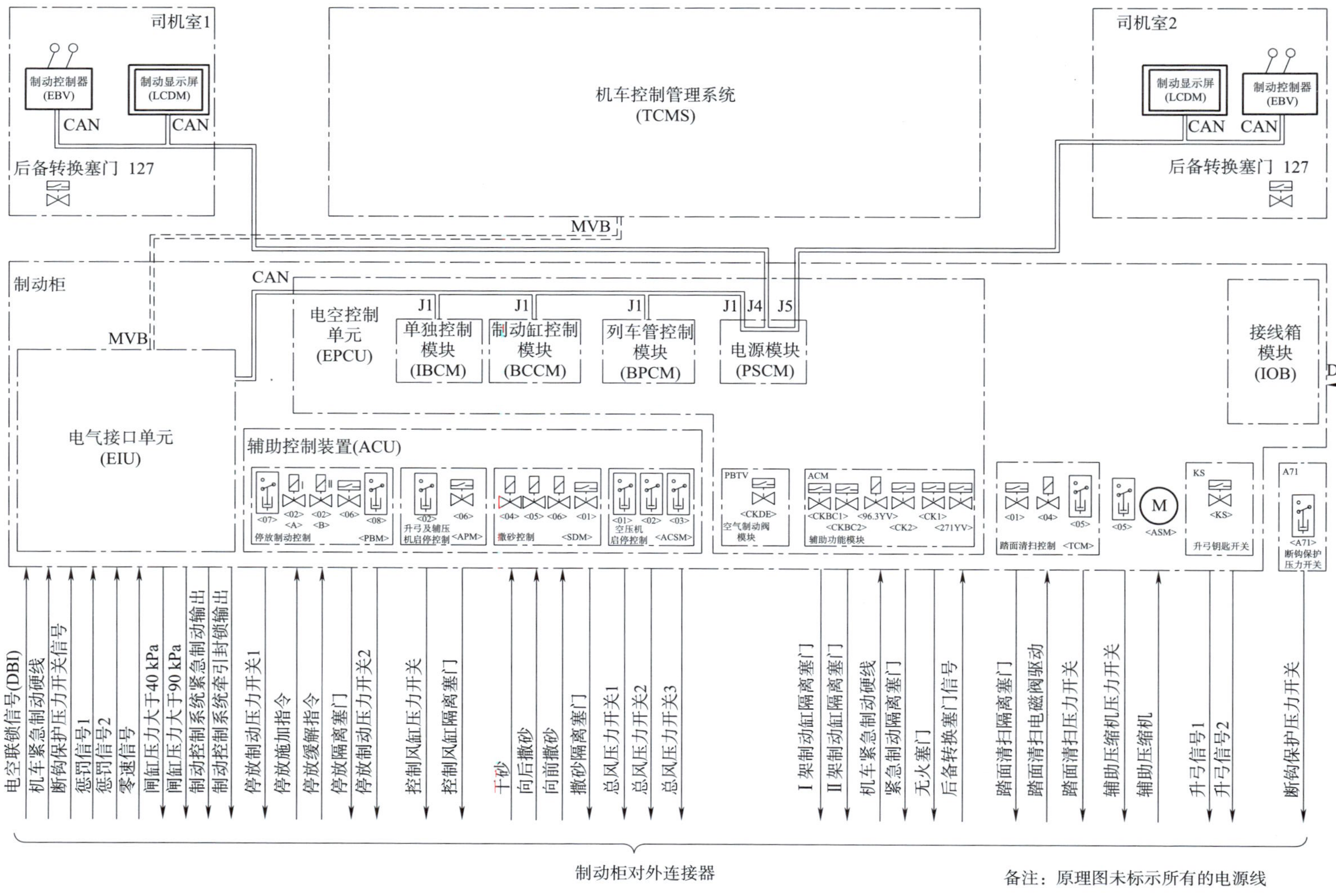


图 2-4　CAB-B型制动控制系统电气原理

表 2-2 输出信号说明

| 序号 | 信号名称 | 信号输出宿设备 | 信号描述 |
|---|---|---|---|
| 1 | 制动缸压力大于 40 kPa | TCMS/机车控制电路 | 高电平：制动缸压力大于 40 kPa |
| 2 | 制动缸压力大于 90 kPa | TCMS/机车控制电路 | 高电平：制动缸压力大于 90 kPa |
| 3 | 制动控制系统紧急制动输出 | TCMS/机车控制电路 | 高电平：紧急制动请求 |
| 4 | 制动控制系统牵引封锁输出 | TCMS/机车控制电路 | 高电平：牵引封锁请求 |
| 5 | 停放制动压力开关 1 | TCMS/机车控制电路 | 高电平：停放缸压力大于 450 kPa。<br>低电平：停放缸压力小于 420 kPa |
| 6 | 停放制动压力开关 2 | TCMS/机车控制电路 | 高电平：停放缸压力大于 120 kPa。<br>低电平：停放缸压力小于 80 kPa |
| 7 | 停放隔离塞门 | TCMS/机车控制电路 | 高电平：停放制动隔离塞门开通 |
| 8 | 控制风缸压力开关 | TCMS/机车控制电路 | 高电平：控制风缸压力大于 650 kPa。<br>低电平：控制风缸压力小于 480 kPa |
| 9 | 控制风缸隔离塞门 | TCMS/机车控制电路 | 高电平：控制风缸隔离塞门开通 |
| 10 | 撒砂隔离塞门 | TCMS/机车控制电路 | 高电平：撒砂隔离塞门开通 |
| 11 | 总风压力开关 1 | TCMS/机车控制电路 | 高电平：总风压力大于 900 kPa。<br>低电平：总风压力低于 750 kPa |
| 12 | 总风压力开关 2 | TCMS/机车控制电路 | 高电平：总风压力高于 600 kPa。<br>低电平：总风压力低于 500 kPa |
| 13 | 总风压力开关 3 | TCMS/机车控制电路 | 高电平：总风压力高于 750 kPa。<br>低电平：总风压力低于 680 kPa |
| 14 | Ⅰ架制动缸隔离塞门 | TCMS/机车控制电路 | 低电平：Ⅰ架制动缸空气制动切除 |
| 15 | Ⅱ架制动缸隔离塞门 | TCMS/机车控制电路 | 低电平：Ⅱ架制动缸空气制动切除 |
| 16 | 紧急制动隔离塞门 | TCMS/机车控制电路 | 高电平：紧急制动隔离塞门开通 |
| 17 | 无动力塞门① | TCMS/机车控制电路 | 高电平：无动力塞门处于无动力位② |
| 18 | 路面清扫隔离塞门 | TCMS/机车控制电路 | 高电平：路面清扫隔离塞门开通 |
| 19 | 踏面清扫压力开关 | TCMS/机车控制电路 | 高电平：踏面清扫压力大于 270 kPa。<br>低电平：踏面清扫压力小于 200 kPa |
| 20 | 辅助压缩机压力开关 | TCMS/机车控制电路 | 高电平：辅助压缩机输出压力 |
| 21 | 升弓信号 1 | TCMS/机车控制电路 | 高电平：升弓气路导通 |
| 22 | 升弓信号 2 | TCMS/机车控制电路 | 高电平：升弓气路导通 |
| 23 | 断钩保护压力开关 | 制动控制系统 | 高电平：总风压力高于 450 kPa。<br>低电平：总风压力低于 350 kPa |

#### 2.1.1.3 电气接口

CAB-B 型制动控制系统制动柜对外 X1、X2、X3、X4 连接器电气点位定义符合

① 产品标识上为“无火塞门”，下同。

② 产品标识上为“无火位”，下同。

TJ/JW 019《电力机车制动系统对外电气接口技术要求》的规定，不同车型电气点位定义略有不同。

#### 2.1.1.4 网络通信协议

CAB-B 型制动控制系统与 TCMS 的网络通信协议符合现行 TJ/JW 019《电力机车制动系统对外电气接口技术要求》的规定。

### 2.1.2 系统功能

#### 2.1.2.1 主要功能

CAB-B 型制动控制系统具有 TJ/JW 100—2020《分布式网络智能模块机车空气制动控制系统暂行技术规范》中规定的列车自动制动、机车单独制动、空电联合制动、断钩保护、列车充风流量监测、无动力回送、制动重联、列车电空制动、列车速度监控配合等基本功能，同时也具备单机自检、故障诊断、数据记录与存储等智能化、信息化功能，此外还具备 MVB、CAN、以太网等网络通信接口，能适应现代机车制动控制系统信息化以及网络控制技术发展要求。

#### 2.1.2.2 其他功能

2.1.2.2.1 无动力回送

CAB-B 型制动控制系统具备无动力回送功能，可实现与铁路机车车辆任意编组，回送机车在编组列车中不影响整个列车制动系统的正常工作。无动力回送工况下，回送机车总风风源来自列车管，在充风管路上设置了缩孔，对充风流量进行限制。无动力回送机车在列车实施制动时，机车制动缸的最大压力限制在 200～250 kPa。

2.1.2.2.2 电空联锁

CAB-B 型制动控制系统具备电空联锁功能，即动力制动和空气制动不会同时作用于机车上(单独制动产生的制动缸压力低于 90 kPa 除外)，具体控制功能如下：

(1)若先使用动力制动，当操纵使用自动制动时，列车管减压，机车本身的自动空气制动作用被阻止，即 CAB-B 型制动控制系统不输出机车制动缸压力；当使用单独制动时，在机车制动缸压力达到设定值(90 kPa)时，动力制动将被切除。

(2)若先使用自动制动，当操纵其他设备使用动力制动时，机车的空气制动会被缓解，即 CAB-B 型制动控制系统不输出机车制动缸压力。

(3)若先使用单独制动，当机车制动缸压力超过设定值(90 kPa)后操纵使用动力制动无效。

电空联锁功能通过制动缸作用阀、切换阀、电磁阀等部件来实现。

2.1.2.2.3 空电联合

CAB-B型制动控制系统具备空电联合功能，具体控制功能如下：

(1)当操纵自动制动手柄实施列车常用制动操作时，动力制动优先使用。动力制动力的大小与自动制动手柄对应的列车管减压量所产生的机车空气制动力相匹配。机车实施动力制动时，机车自动空气制动被切除，制动缸无压力。

(2)在制动过程中，当动力制动失效时，动力制动被切除，动力制动和空气制动的联锁功能失效，CAB-B型制动控制系统将根据制动手柄的制动指令，输出机车制动缸压力，空气制动自动起作用。

(3)当操纵单独制动手柄实施机车制动操作时，CAB-B型制动控制系统执行空气制动，输出机车制动缸压力。

(4)当机车通过自动制动施加动力制动时，可通过单独制动手柄施加单独空气制动，当制动缸压力达到90 kPa时，切除动力制动。

(5)当机车施加紧急制动时，可操纵其他设备使用动力制动，在动力制动力大于40 kN时，切除空气制动，即CAB-B型制动控制系统不输出机车制动缸压力。

2.1.2.2.4 列车电空制动

CAB-B型制动控制系统列车电空制动功能采用五线制(常用制动、缓解、保压、紧急制动及DC 110 V地线)的控制方式，同时通过显示屏显示列车电空制动的车列电空状态及可用车辆百分比。

2.1.2.2.5 智能化与信息化

CAB-B型制动控制系统是一种分布式网络智能模块控制的制动控制系统，具备系统单机自检、故障诊断、安全导向、数据记录与存储等智能化、信息化功能，为系统智能维护和检修提供了条件。

2.1.2.2.6 与LKJ/ATP系统配合

CAB-B型制动控制系统具备与LKJ/ATP系统配合的功能，可接收LKJ/ATP系统的信号，施加对应的惩罚制动。

### 2.1.3 主要技术参数

CAB-B型制动控制系统的主要技术参数符合TJ/JW 100—2020《分布式网络智能

模块机车空气制动控制系统暂行技术规范》的规定，系统主要技术性能参数见表 2-3。

**表 2-3 CAB-B 型制动控制系统主要技术性能参数**

| 序号 | 参数名称 | 参数要求 |
|---|---|---|
| 1 | 使用温度 | 车内部件：－40～＋70 ℃。车外部件：－50～＋70 ℃ |
| 2 | 工作电压 | 额定电压：优先 DC 110 V。工作电压：DC 77～137.5 V。纹波系数：≤15％ |
| 3 | 系统漏泄量 | 系统完全充满风后，切断总风向列车管的补风，列车管漏泄量不大于 10 kPa/5 min |
| | | 在列车管减压 50 kPa 时，切断总风向列车管的补风，列车管漏泄量不大于 10 kPa/5 min |
| | | 均衡风缸减压(50±10) kPa，压力稳定后，其漏泄量应不大于 10 kPa/5 min |
| 4 | 自动制动 | 充风缓解作用：自动制动手柄保持在运转位时，可实现列车管的定压充风及机车制动缸的完全缓解。均衡风缸压力为(500±5) kPa，列车管压力为(500±10) kPa(500 kPa 定压)或均衡风缸压力为(600±5) kPa，列车管压力为(600±10) kPa(600 kPa 定压) |
| | | 在紧急制动后使用运转位充气缓解时，单机列车管压力从 0 升至 480 kPa(500 kPa 定压)或 580 kPa(600 kPa 定压)的时间小于 9 s 或 11 s |
| | | 在一次缓解时，机车制动缸压力从常用制动最大压力降至 40 kPa 的时间小于 7 s(500 kPa 定压)或 8.5 s(600 kPa 定压) |
| 5 | 自动制动 | 常用制动作用：列车管最小减压量为(50±5) kPa，制动缸压力为(100±15) kPa，常用制动可持续或阶段减压至常用全制动减压量 |
| | | 定压为 500 kPa 时，均衡风缸在 5～7s 减压 140 kPa，最终减压 140～160 kPa；列车管减压量不低于 140 kPa；机车制动缸最大压力为(360±15) kPa，上升至 95％最大压力的时间为 6～8 s |
| | | 定压为 600 kPa 时，均衡风缸在 6～8s 减压 170 kPa，最终减压 170～190 kPa；列车管减压量不低于 170 kPa；机车制动缸最大压力为(420±15) kPa，上升至 95％最大压力的时间为 7～9.5 s。为满足平稳操纵，客运机车制动缸最大压力和升压时间允许适当调整 |
| | | 具有过量减压作用，能够进行超出列车管全制动减压量的减压作用。制动缸压力不超过(450±20) kPa |
| | | 系统实施常用制动和缓解，压力稳定时，列车管压力应在均衡风缸压力±10 kPa 范围内 |
| | | 选择阶段缓解位时，本务模式下制动控制系统充风至定压，自动制动手柄置常用全制动位。当自动制动手柄从常用全制动位阶段性地移至初制动位时，列车管压力随自动制动手柄阶段上升，制动缸压力相应阶段减少 |
| 6 | 单独制动 | 操作单独制动手柄能控制机车的制动和缓解作用，而不会影响列车管的压力变化 |
| | | 单独制动可实施阶段制动或阶段缓解作用 |
| | | 单独制动手柄置全制动位时，机车制动缸的最大压力为(300±15) kPa，单台机车制动缸压力从 0 升至 285 kPa 的时间为 2～4 s |
| | | 当单独制动手柄处于运转位时，机车缓解制动。全制动缓解时，单台机车制动缸压力从最大值降至 40 kPa 的时间为 3～5 s，并最终缓解到 0 |
| 7 | 单独缓解 | 制动控制系统应能缓解机车因自动制动产生的制动作用，单独缓解后手柄应能自动复位 |
| | | 常用制动的制动缸压力，在单缓复位后不能恢复 |
| | | 紧急制动的制动缸压力，在单缓复位后允许恢复 |

续上表

| 序号 | 参数名称 | 参数要求 |
|---|---|---|
| 8 | 紧急制动 | 紧急制动可以有下列几种方式产生：<br>(1)自动制动手柄置紧急位；<br>(2)监控装置或其他装置给出的紧急制动请求；<br>(3)按紧急制动按钮或拉紧急制动阀(车长阀)；<br>(4)列车分离；<br>(5)其他原因造成机车列车管减压速率大于 80 kPa/s 时 |
| | | 紧急制动时，切除机车牵引动力 |
| | | 紧急制动电磁阀采用得电紧急的控制方式 |
| | | 紧急制动时，机车制动控制系统应切断列车管的补风作用 |
| | | 紧急制动发生后，在收到零速信号后 60 s 后方可缓解紧急制动作用 |
| | | 紧急制动时，制动缸压力在 3～7s 内达到 400 kPa，最终达到(450±20) kPa |
| | | 单机紧急制动时，列车管从定压降至 0 的时间小于 3s。机车制动缸最大压力为(450±20) kPa |
| 9 | 重联操作 | 重联机车或机车非操纵端设置为重联模式后，制动控制器仅紧急制动有效 |
| | | 设置为重联机车后，有相应的指示 |
| | | 在平均管的作用下，制动控制系统能实现对重联机车的制动和缓解控制，以及作为重联机车通过平均管响应本务机车的制动和缓解操作控制。重联机车的制动缓解作用与本务机车的制动缓解协调一致 |
| 10 | 无动力回送 | 启用机车无动力回送装置应保证回送机车能与铁路机车车辆任意编组，回送机车在编组列车中不影响整个列车制动系统的正常工作 |
| | | 回送机车的列车管设置充风缩孔，保证充风流量的限制 |
| | | 无动力回送机车在列车实施制动时，机车制动缸的最大压力为 200～250 kPa |
| 11 | 惩罚制动 | 当监控装置或其他装置产生惩罚制动指令的时候，制动控制系统将根据惩罚指令产生惩罚制动。<br>在对惩罚制动作用进行缓解之前，应把自动制动手柄放在抑制位至少 1 s 对惩罚制动进行复位。惩罚源消除是惩罚制动复位的必要条件 |

## 2.2 主要部件原理及结构

### 2.2.1 制动控制器

制动控制器包含自动制动手柄(以下简称大闸手柄)和单独制动手柄(以下简称小闸手柄)。制动控制器通过内部 CAN 网络实时与 CAB-B 型制动控制系统内其他 CAN 网络节点进行通信。制动控制器通过非接触式编码器获取手柄位置信息，并通过微动开关输出相关硬线信号，同时在紧急制动位(以下简称紧急位)具备机械排风功能。制动控制器外形如图 2-5 所示。

制动控制器主要由面板、插销、框架、大闸单元(包括大闸鼓轮机构、齿轮机构、大

图 2-5 制动控制器外观

闸单元凸轮机构、编码器、微动开关和气阀)、小闸单元(包括小闸鼓轮机构、齿轮机构、小闸单元凸轮机构、编码器、微动开关和感应开关)和控制模块组成。大闸手柄通过控制列车管的压力来实现列车的制动和缓解,小闸手柄直接控制机车的制动和缓解。机车运行时,拔出重联位插销,大闸手柄释放,可在各个位置间进行操作;机车换端操作或停止运行时,大闸手柄回归重联位,插销插入锁住大闸手柄。

制动控制器结构组成如图 2-6 所示,红色手柄为大闸手柄,在重联位配有插销孔,黑色手柄为小闸手柄。

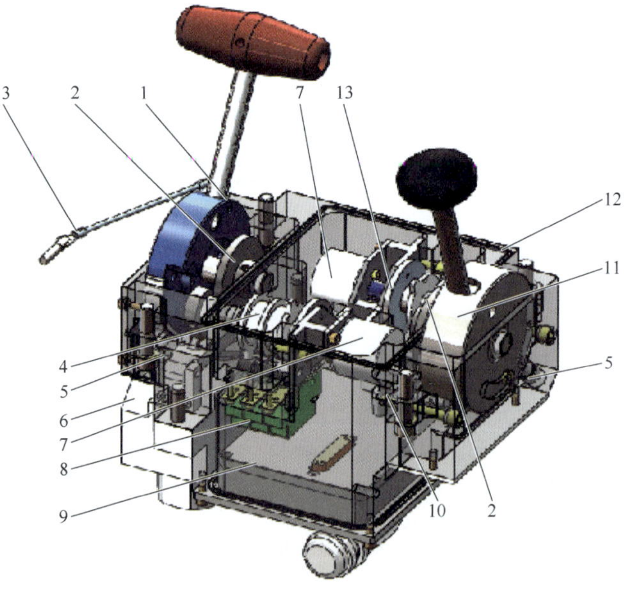


1—大闸鼓轮机构;2—齿轮机构;3—插销;4—大闸单元凸轮机构;5—定位机构;6—气阀;7—编码器;8—微动开关;9—智能节点;10—感应开关;11—小闸鼓轮机构;12—框架;13—小闸单元凸轮机构。

图 2-6 制动控制器结构组成

#### 2.2.1.1　主要技术参数

制动控制器符合 TJ/JW 046—2014《交流传动机车制动控制器暂行技术条件》和 TJ/JW 100—2020《分布式网络智能模块机车空气制动控制系统暂行技术规范》的要求。

(1)质量:(10±0.5)kg。

(2)工作电压:DC 24 V。

(3)防护等级:IP65(电气部件,安装至司机台面后)。

(4)排风阀接口:G3/4。

(5)手柄扭矩:制动区内 0.4～6.5 N·m,离开紧急位 3.0～8.8 N·m,离开其他位 2.0～6.5 N·m。

#### 2.2.1.2　工作原理

1. 自动制动

大闸手柄位于制动控制器的左侧,手柄手持部分为红色,大闸手柄前推最前位为紧急位,往后拉依次为重联位、抑制位、全制动位、制动区、初制动位、运转位,各位置功能分别如下:

(1)运转位:列车管按定压进行充风控制,是列车制动进行缓解和充风的位置。

(2)初制动位:列车管按初制动减压量进行减压控制的位置。

(3)制动区:控制列车管压力减压,列车产生制动作用,列车管减压量随手柄在此区域的位置不同而变化。

(4)全制动位:列车管按全制动减压量进行减压控制的位置。

(5)抑制位:该位置是制动控制系统开机解锁和惩罚制动解锁的工作位置。

(6)重联位:该位置是列车管按常用减压速率减压至 100 kPa 以下的位置,通常是机车制动控制系统非操纵端以及无动力回送时大闸所放位置,配有插销孔可进行锁定。

(7)紧急位:此位置具有列车管排风功能,能对机车或列车施行紧急制动,手柄置于该位置列车管压力以紧急速率放风到 0。

制动控制器设有采集大闸手柄位置的编码器,并在运转位、全制动位、紧急位设有微动开关,用于输出与手柄级位对应的信号。大闸手柄在运转位与紧急位之间移动时,编码器和微动开关输出手柄对应位置、级位的信号,经网络控制模块采集并进行处理,通过 CAN 网络按照通信协议将制动指令信息和自诊断故障信息发送给制动系统其他智能控制部件。

当大闸手柄置于紧急位时，触发制动控制器内部的排风阀动作，直接打开列车管通大气的排风口，对列车管进行紧急排风；同时，微动开关输出的硬线信号直接控制系统前遮断电磁阀（中立电磁阀）和紧急电磁阀得电，切断列车管补风风源及打开列车管排风通路，保证紧急制动可靠。

大闸手柄位置识别对应关系见表 2-4。

表 2-4 大闸手柄位置识别对应关系

| 序号 | 大闸手柄位置 | 列车管减压量指令/kPa | |
|---|---|---|---|
| | | 定压 500 | 定压 600 |
| 1 | 运转位 | 0 | 0 |
| 2 | 初制动位 | 50 | 50 |
| 3 | 制动区 | 51～149 | 51～179 |
| 4 | 全制动位 | 150 | 180 |
| 5 | 抑制位 | 150 | 180 |
| 6 | 抑制位与重联位之间 | 151～499 | 181～599 |
| 7 | 重联位 | 500 | 600 |
| 8 | 紧急位 | 500 | 600 |

2. 单独制动

小闸手柄位于制动控制器右侧，手柄手持部分为黑色，手柄前推最前位为全制动位，往后拉依次为制动区、运转位，向右侧压为单缓位（又称侧压缓解位），将小闸手柄向右侧压，松手后可自动复位，小闸手柄各位置都可侧压。小闸手柄在各位置功能分别如下：

（1）运转位：机车正常运行时所放位置，用来缓解小闸产生的机车制动缸压力。

（2）制动区：机车单独制动压力随手柄在区域的位置而变化。

（3）全制动位：机车最大单独制动位。

（4）单缓位：单独缓解大闸产生的机车制动，而小闸状态不受影响。

制动控制器设有采集小闸手柄位置的编码器，并在运转位、全制动位设有微动开关，同时设有接近感应开关（输出侧压信号），用于输出与手柄级位对应的信号。小闸手柄在运转位与全制动位之间移动时，或进行侧压操作时，编码器、微动开关和（或）接近感应开关输出手柄对应位置、级位的信号，经由网络控制模块采集并进行处理，通过 CAN 网络按照通信协议将制动指令信息和自诊断故障信息发送给制动控制系统其他智能控制部件。

小闸手柄位置识别对应关系见表 2-5。

表 2-5 小闸手柄位置识别对应关系

| 序号 | 小闸手柄位置 | 发出小闸目标值/kPa |
|---|---|---|
| 1 | 运转位 | 0 |
| 2 | 制动区 | 1～299 |
| 3 | 全制动位 | 300 |
| 4 | 单缓位 | 不影响目标值 |

3. 制动控制器安全导向设计

制动控制器具备自身故障检测与安全导向功能，与制动控制系统配合，提升制动系统的安全性，主要包括编码器故障、编码器与微动开关状态不匹配故障、智能节点故障、小闸侧压信号故障、CAN 通信故障、制动控制器失电故障等，具体如下。

(1)编码器故障

当采集到的编码器值超过手柄的正常可用范围时，判断为编码器超范围故障。

大闸编码器故障时，上报自阀故障和自阀传感器故障，制动控制系统自动施加惩罚制动。

小闸编码器故障时，上报单阀故障和单阀传感器故障，此时小闸制动区失效，系统通过小闸运转位和全制动位的硬线信号实现单独制动和缓解。制动控制系统接收到单阀故障信号后，当小闸手柄置于运转位时，小闸压力缓解；当小闸手柄离开运转位时，输出小闸压力 300 kPa。

(2)编码器与微动开关状态不匹配故障

当编码器与微动开关状态不一致时，判断为编码器与微动开关不匹配故障，大闸信号不一致时，上报自阀故障和自阀微动开关故障，制动控制系统自动施加惩罚制动；小闸信号不一致时，上报单阀故障和单阀微动开关故障，此时小闸制动区失效，制动控制系统通过运转位和全制动位硬线信号实现小闸缓解和制动。

制动控制系统接收到单阀故障信号后，当小闸手柄置于运转位时，小闸压力缓解；当小闸手柄离开运转位时，输出小闸压力 300 kPa。

(3)智能节点故障

智能节点具有看门狗功能，当微机控制器故障或软件运行异常，软件生命信号不再变化时，系统将会重启智能节点。若重启后能正常工作，则对系统无影响；若重启后生命信号仍不能恢复，则制动控制系统判断制动控制器通信中断，自动触发常用惩罚制动。

(4)小闸单缓信号故障

当智能节点检测到单缓位接近开关信号有效，且持续超过一定时间时，制动控制器将不再采信该信号，并将输出的单缓位复位。只有当该硬线信号消失后再次有效时，闸位才再次输出单缓位。

(5)CAN通信故障

制动控制器设置有两路互为热备冗余的CAN总线。当其中任意一路故障时，制动控制器仍然可以正常工作；当两路CAN总线都故障时，制动控制系统判断制动控制器通信丢失，自动施加常用惩罚制动。

(6)制动控制器失电故障

制动控制器异常失电时，制动控制器生命信号不再变化，制动控制系统判断制动控制器通信丢失，自动施加常用惩罚制动。

#### 2.2.1.3 对外接口

制动控制器对外采用DC 24 V供电，通过19芯电连接器采用CAN网络与制动控制系统通信，19芯电连接器对外接口定义见表2-6。

表2-6 19芯电连接器对外接口定义

| 引脚编号 | 功能描述 | 引脚编号 | 功能描述 |
|---|---|---|---|
| 1(A) | 预留 | 11(L) | 屏蔽1(外屏蔽) |
| 2(B) | 预留 | 12(M) | 预留 |
| 3(C) | 顶留 | 13(N) | A-B设置(电源DC 24 V) |
| 4(D) | 预留 | 14(P) | A-B设置(检测DC 24 V) |
| 5(E) | DC 24 V−(系统电源负) | 15(Q) | CAN2GND |
| 6(F) | CAN2L | 16(R) | CAN1GND |
| 7(G) | CAN2H | 17(S) | DC 24 V+(系统电源) |
| 8(H) | CAN1L | 18(T) | 大闸紧急位微动开关输出紧急信号DC 24 V |
| 9(J) | CAN1H | 19(U) | 屏蔽2(CAN屏蔽) |
| 10(K) | 预留 | — | — |

制动控制器底部设有连接列车管的机械接口，列车管接制动控制器气阀进口，列车排风管(与大气连通)接制动控制器气阀出口，如图2-7所示。

#### 2.2.1.4 智能节点

智能节点主要用于实现制动控制器操作手柄位置信号的数字化采集和处理，实

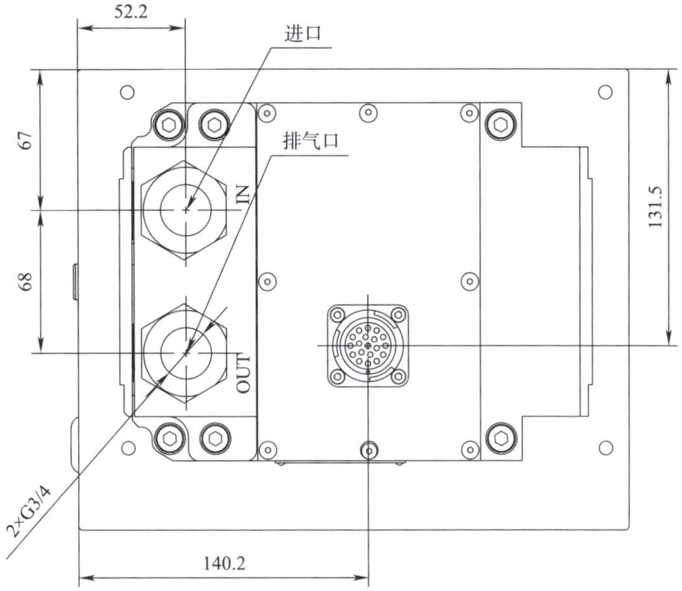


**图 2-7 制动控制器机械接口**(单位:mm)

现制动控制器与系统其他部件之间的网络通信功能。制动控制器智能节点采用内嵌式盒装结构,电子板卡封装在盒式外壳中,对外采用底部出线方式,通过一个连接器与外部进行电气接口连接,如图 2-8 所示。

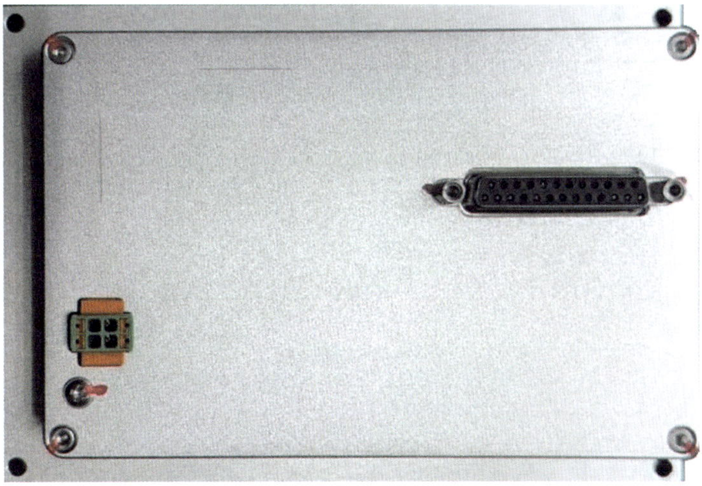

**图 2-8 智能节点**(网络控制模块)

制动控制器智能节点主要由微机控制器、CAN 通信模块、电源模块及数字量采集模块等组成,通过采集非接触式编码器信号获取手柄位置信息,并将其转换为 CAN 网络数据,发送闸位信息。

### 2.2.2 制动显示屏

制动显示屏(LCDM)是CAB-B型制动控制系统模式设置、状态设置和信息显示的人机交互设备,还具备日志记录、系统自检及传感器校准等功能。其中模式设置包含本务、补机、单机设置;状态设置包含列车管压力控制投入/遮断,均衡风缸定压,列车管补风/不补风等设置;信息显示包含均衡风缸、列车管、总风缸、制动缸等压力值及列车管流量的实时显示。

制动显示屏正面如图2-9所示,左侧设置有电源指示灯和亮度调节按键,下方设置功能选择按键。电源指示灯在制动显示屏上电后常亮黄色,断电后电源指示灯常灭。亮度调节按键从上至下依次为增加亮度"+"、减少亮度"−"和自动调节亮度"A"。制动显示屏下方的功能选择按键"F1"~"F8",可根据功能界面提示信息进行设置和查询等操作。制动显示屏安装有蜂鸣器,按键按下时会发出提示音。

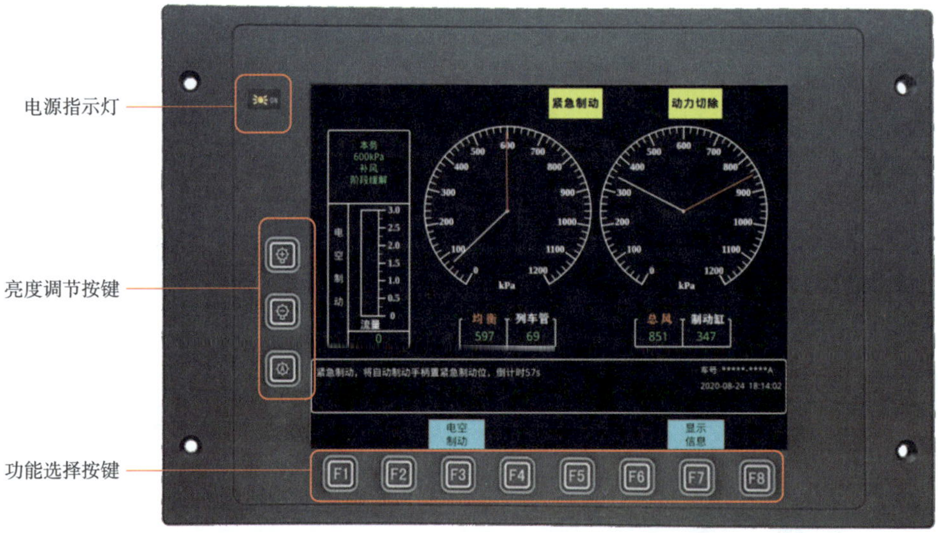


图2-9 制动显示屏

#### 2.2.2.1 主要技术参数

制动显示屏主要技术参数如下:

(1)外形尺寸:345 mm×65 mm×227 mm。

(2)屏幕尺寸:10.4英寸(26.42 cm)。

(3)电压范围:DC 77~137.5 V。

(4)功率：最高 30 W。

(5)工作温度：－40～＋70 ℃。

(6)分辨率：≥800×600。

(7)电气接口：

制动显示屏背面如图 2-10 所示，设有 3 个对外接口，分别为 CAN 通信总线接口(J1)、调试接口(J2)和电源接口(J3)，同时背面两端设置接地螺柱。相关接口和引脚定义详见表 2-7～表 2-10。

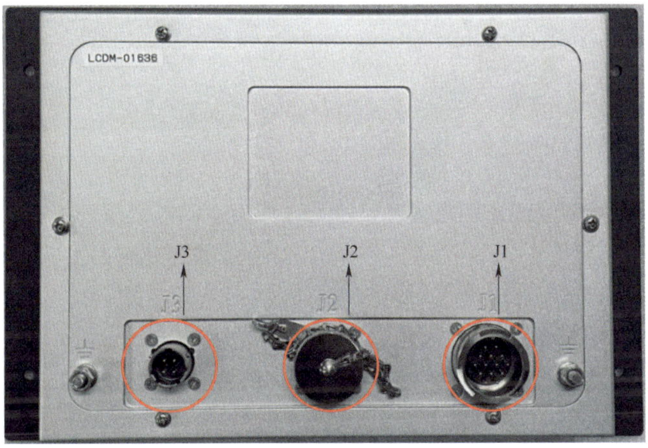


图 2-10 制动显示屏背面

表 2-7 电气接口功能定义

| 接口名称 | 功能描述 |
| --- | --- |
| 通信总线接口(J1) | 包含两路相互冗余的 CAN 网络、A/B 端识别、转接大闸电源和紧急硬线输出等电气连接。用于和制动系统其他智能节点通信及硬线连接 |
| 调试接口(J2) | 用于程序调试、下载 |
| 电源接口(J3) | 包含两路 110 V 电源，用于显示屏供电 |

表 2-8 J1 引脚定义

| 引脚编号 | 功能描述 | 引脚编号 | 功能描述 |
| --- | --- | --- | --- |
| 1(A) | CAN2L | 8(H) | 大闸紧急信号 |
| 2(B) | 屏蔽 1(总屏蔽) | 9(I) | 屏蔽 2(CAN 屏蔽) |
| 3(C) | EBV 电源 24 V＋ | 10(J) | CAN2H |
| 4(D) | EBV 电源 24 V－ | 11(K) | CAN2GND |
| 5(E) | CAN1L | 12(L) | A-B 端设置(电源＋) |
| 6(F) | CAN1H | 13(M) | CAN1GND |
| 7(G) | 大闸紧急电源 24V＋ | 14(N) | A-B 端设置(检测) |

表 2-9 J2 引脚定义

| 引脚编号 | 功能描述 | 引脚编号 | 功能描述 |
| --- | --- | --- | --- |
| 1 | 网口 TX+ | 11 | USB GND |
| 2 | 网口 TX− | 12 | 串口 GND |
| 3 | 网口 RX+ | 13 | 备用 |
| 4 | 网口 RX− | 14 | 串口 RXD1 |
| 5 | 备用 | 15 | 串口 TXD1 |
| 6 | 备用 | 16 | 备用 |
| 7 | USBP1 | 17 | 备用 |
| 8 | USBM1 | 18 | 备用 |
| 9 | USBVCC1 | 19 | 备用 |
| 10 | 备用 | — | — |

表 2-10 J3 引脚定义

| 引脚编号 | 功能描述 | 引脚编号 | 功能描述 |
| --- | --- | --- | --- |
| 1 | 110 V+ | 3 | 110 V+ |
| 2 | 110 V− | 4 | 110 V− |

#### 2.2.2.2 工作原理

制动显示屏通过接收来自制动控制器、电气接口单元、电空控制单元的 CAN 网络数据，实现相关操纵提示、故障状态提示、制动信息显示等功能。另外制动显示屏将相关设置和校准指令发送至 CAN 网络，对应的设备执行指令，完成制动控制系统的设置和校准。

制动显示屏具备数据存储功能，包含日志记录、故障信息，机车号、模式和状态设置等信息。制动显示屏上电后读取存储的机车号和制动控制系统状态设置信息，当制动显示屏处于占用端激活后，将实时发送制动控制系统状态设置信息。制动显示屏可识别 CAN 总线插头(J1)设定的 A-B 端地址信息，当连接的 CAN 总线插头 A-B 端地址信息发生变化时，重启制动显示屏，才能改变 A/B 端显示状态。若将 CAN 总线插头(J1)切除，制动显示屏主界面会报送“制动显示屏 CAN 通信故障”。

制动显示屏具备系统自诊断功能，在程序运行失效时，如异常瞬态干扰使程序进入死循环、卡滞，可在规定的时间内完成自动复位。

在运行过程中如出现黑屏、花屏等现象，制动显示屏本身不会主动产生制动控制系统惩罚制动，司机可借助操纵台的机械风表掌握制动控制系统状态。若需进行制动控制系统本补转换，可尝试断电重启制动显示屏；若无法复位恢复，则需更换制动显示屏。

### 2.2.3　电空控制单元

电空控制单元(EPCU)接收制动控制器的指令及其他制动指令，并按指令要求控制机车或列车的制动缓解作用，包括列车管控制模块、制动缸控制模块、单独控制模块等三个智能节点模块，以及空气制动阀模块、辅助功能模块、电源模块和过滤器，各模块布置如图 2-11 所示。

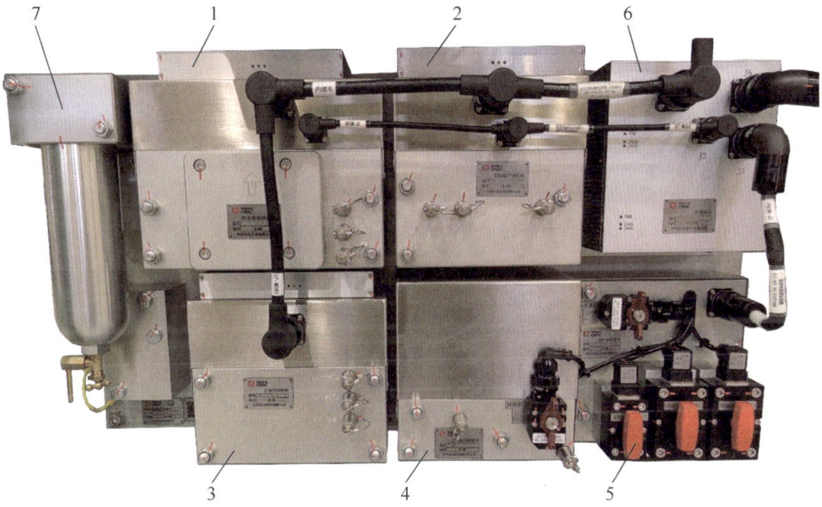


1—列车管控制模块；2—制动缸控制模块；3—单独控制模块；4—空气制动阀模块；
5—辅助功能模块；6—电源模块；7—过滤器。

图 2-11　电空控制单元模块布置

三个智能节点模块采用双 CAN 网络通信，具有自诊断功能，并可通过 LED 指示灯显示模块工作状态，模块的硬件节点和软件相互统一，通过外部电气布线实现智能模块自身身份的识别并运行相应的控制程序，实现智能模块的分布式控制。

电空控制单元在下列条件下能正常工作：

(1)最大相对湿度：月平均最大相对湿度不大于 95%(该月月平均最低温度不低于 25 ℃)。

(2)使用温度：－40～＋70 ℃。

(3)振动条件：满足现行 GB/T 21563《轨道交通　机车车辆设备　冲击与振动试验》中 1 类的规定。

#### 2.2.3.1 列车管控制模块

1. 模块功能

列车管控制模块是电空控制单元的重要组成部件，其主要功能为通过对均衡风缸的充排气控制，实现列车管的充排气控制，从而实现列车的制动与缓解。具体功能如下：

(1)列车管充风流量的监测；

(2)均衡风缸的压力控制；

(3)列车管的压力控制；

(4)列车管的紧急排风；

(5)列车管补风/不补风的控制；

(6)列车管阶段缓解/一次缓解的控制；

(7)均衡风缸与列车管压力采集与监测；

(8)均衡风缸、列车管、总风等压力测试。

列车管控制模块失电时将产生常用制动，列车管减压量超过常用全制动。

列车管控制模块适用于500 kPa或600 kPa的定压，能够设定对应的均衡风缸压力，并具备均衡风缸压力调整功能，调整步长为10 kPa，调整范围为定压的±50 kPa。

2. 模块技术参数

列车管控制模块采用集成式机电一体化设计，所有气阀均集成安装在模块阀体内，传感器、电磁阀安装在模块阀体上部，电子板卡及其线束连接器等通过电气防护罩集成安装在模块阀体上，结构紧凑。此外，列车管控制模块采用一体化橡胶密封垫，简化了列车管控制模块的安装。列车管控制模块外形如图2-12所示。

图2-12 列车管控制模块外形

列车管控制模块技术参数如下：

(1)工作压力范围：0～1 000 kPa。

(2)工作电压：DC 24 V。

(3)智能节点额定功率：15 W。

(4)外形尺寸：300 mm×170 mm×250 mm。

3. 结构组成

列车管控制模块由智能节点和气阀组件组成，如图 2-13 所示。智能节点为列车管控制模块的电子控制部件，用于接收 CAN 网络的控制指令，采集气阀组件上传感器的压力值，控制气阀组件上的各电磁阀得失电，向 CAN 网络发出相关数据等。气阀组件由中继阀、切换阀、遮断阀、紧急排风阀、电磁阀、传感器等主要部件组成。其中中继阀用于控制列车管压力。切换阀用于均衡冗余控制的投入和失电时均衡风缸排风。遮断阀设有前遮断阀和后遮断阀，前遮断阀用于不补风模式下和紧急制动时切断列车管供风，后遮断阀用于补机状态下隔离中继阀，切断列车管和中继阀之间的气路。紧急排风阀用于紧急制动时排列车管的风。电磁阀用于控制相关气路的通断。传感器用于检测相关气路压力。

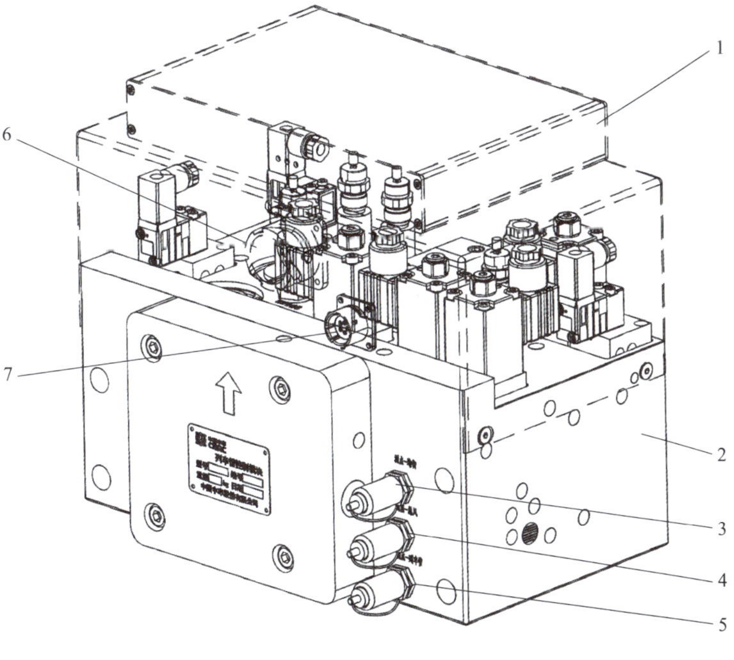


1—智能节点；2—气阀组件；3—均衡测点；4—总风测点；5—列车管测点；6—J1 插头；7—J2 插头。

**图 2-13 列车管控制模块结构组成**

4. 模块工作原理

列车管控制模块管路原理及结构原理分别如图 2-14 和图 2-15 所示。

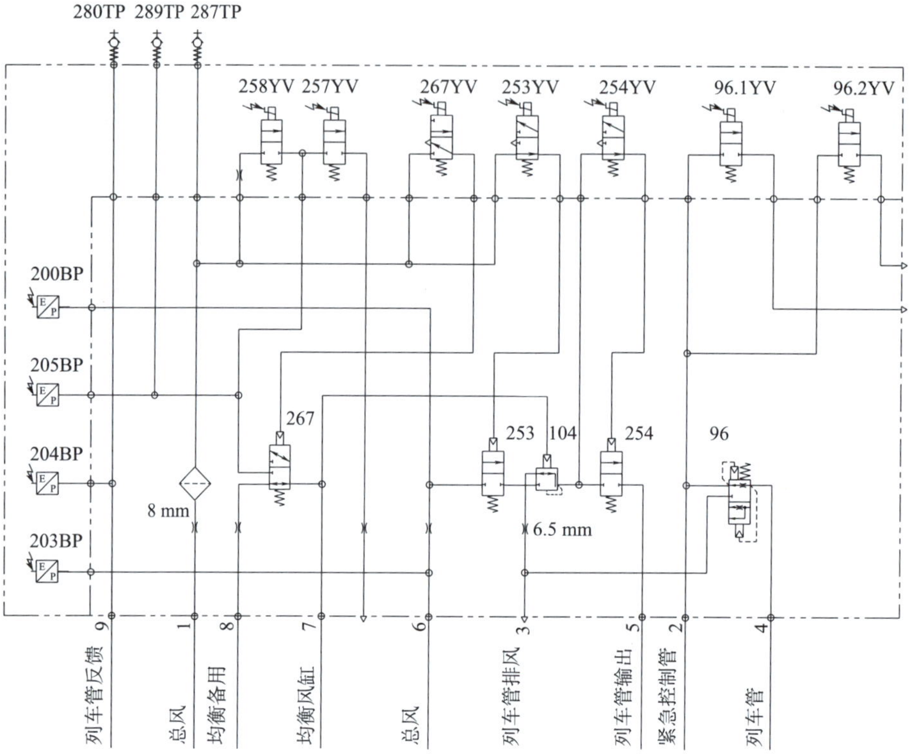


图 2-14 列车管控制模块管路原理

总风测点(总风压力测点)287TP 用于检测总风压力;200BP、203BP 为压力传感器,203BP 检测总风压力,200BP 和 203BP 之间设有缩孔,200BP 检测通过缩孔后的总风压力,智能节点通过比较它们之间的压力差值,计算出列车管的充风流量;列车管测点(列车管压力测点)280TP 和列车管传感器 204BP 用于检测列车管反馈管压力;258YV、257YV 为充风电磁阀与排风电磁阀,用于控制均衡风缸的充风与排风;均衡风缸测点(均衡风缸压力测点)289TP 和均衡风缸传感器 205BP 用于检测均衡风缸压力。

267YV 为均衡切换电磁阀,与切换阀 267 配合使用,常得电。当 267YV 失电时,切换阀 267 制动缸控制模块产生的均衡备用压力导通至均衡风缸,作为中继阀 104 的预控压力;当 267YV 得电时,切换阀 267 将列车管控制模块产生的预控压力导通至均衡风缸,作为中继阀 104 的预控压力。

前遮断阀 253 与前遮断电磁阀 253YV 一起完成遮断作用,用于控制系统的补

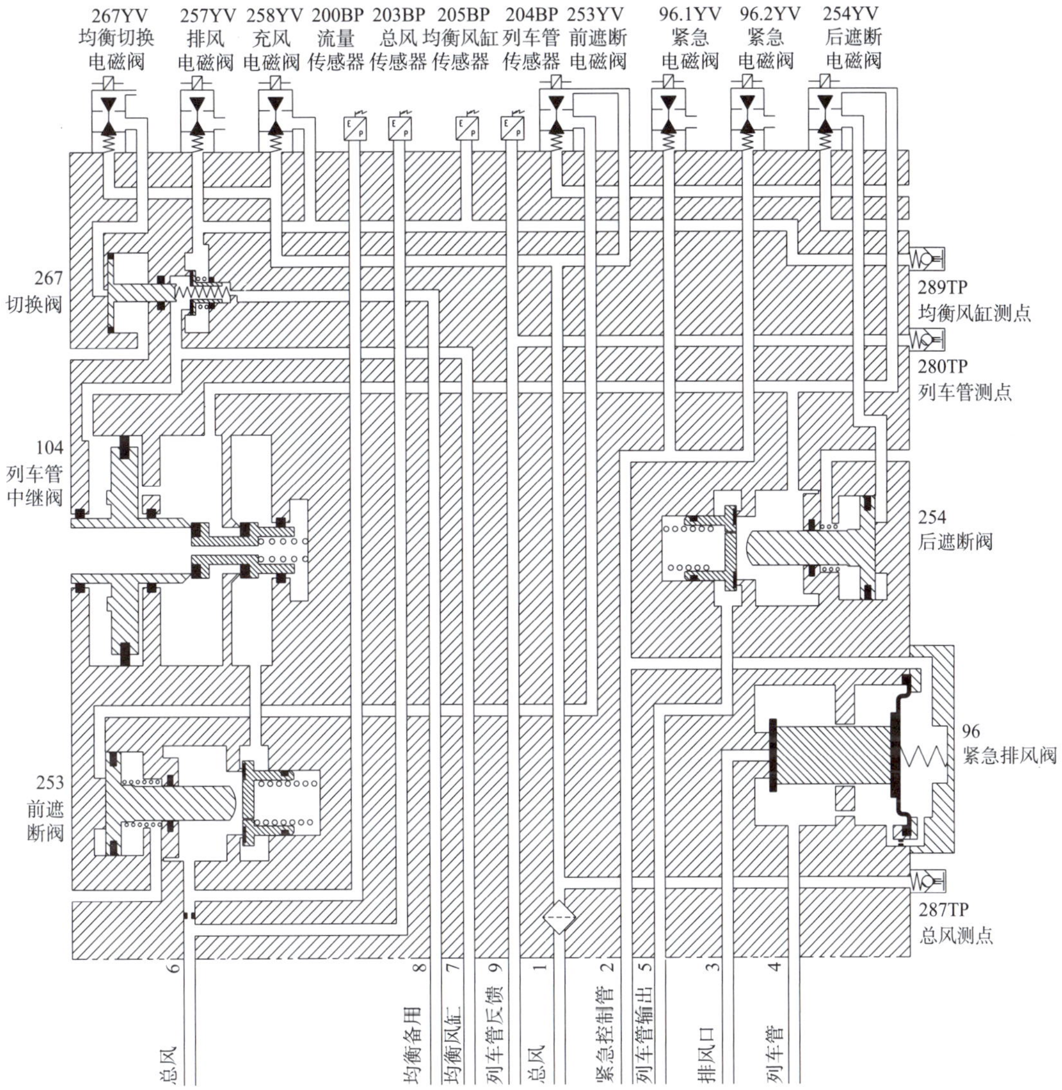


图 2-15 列车管控制模块结构原理

风/不补风功能以及紧急制动后切断列车管补风；104 为控制列车管压力的中继阀，中继阀 104 根据均衡风缸压力与总风压力输出相应列车管压力；后遮断阀 254 与后遮断电磁阀 254YV 起到列车管自遮断的作用；紧急排风阀 96 与紧急电磁阀 96.1YV、紧急电磁阀 96.2YV 起到紧急排风的作用，96.1YV 与 96.2YV 相互冗余，其中任一电磁阀得电，紧急排风阀 96 将动作，迅速排空列车管压力。

列车管控制模块中列车管充风流量检测装置采用差压式原理，如图 2-16 所示。在 200BP、203BP 两个总风压力传感器中间设有缩孔，列车管充风时，200BP、203BP 均检测总风压力，通过比较它们的压力差值，计算出列车管的充风流量。

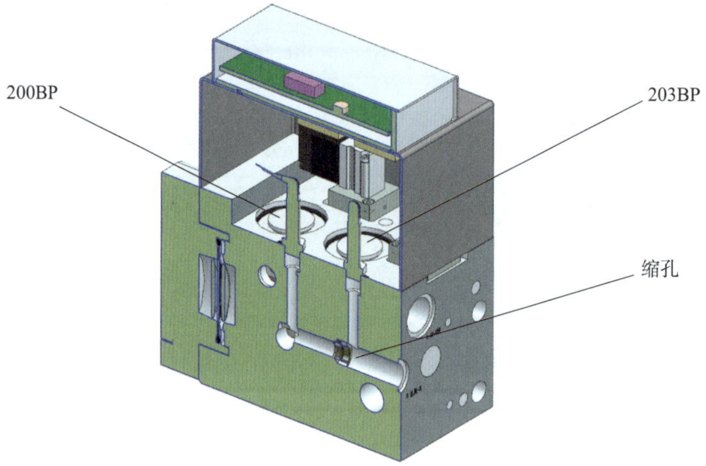


图 2-16 列车管控制模块中流量检测示意

充风流量 $Q$ 基于节流件(缩孔)两侧产生的压力差 $\Delta P$ 进行测定,流体在经过缩孔时,因管道截面变窄,故管道内流体流速变大,流体动能也随之增加。在此流段内,流体的能量损失较小,可忽略不计,故可假定流体在该流段内的总能量为固定值。由能量守恒定律可知,在理想情况下,当流体流速增加后,部分静压会转换成流体动能,而流体所具有的静压力值会随之下降,此时,将会产生一个压差,该压差与流体流量间存在一定的函数关系[$Q=f(\Delta P)$],可通过对该压差进行测量,即可确定流体的流量值。

5. 部件结构原理

(1)紧急排风阀

紧急排风阀位于列车管控制模块内,原理图代号为 96。紧急排风阀由其内部膜板上下腔室压力差及复位弹簧驱动,进入相应的工作位置。紧急排风阀具有结构紧凑、动作可靠等特点,须配合电磁阀(通常为紧急电磁阀)共同工作,依靠电磁阀排空预控腔室的压力来触发紧急排风阀动作;可设置多个电磁阀来排预控腔室的压力,触发紧急排风阀动作,紧急排风阀的控制易于扩展。

如图 2-17 所示,紧急排风阀由阀体 1、阀芯 2、阀芯弹簧 3、活塞体 4、膜板 5、阀盖 6、复位弹簧 7 等组成。阀芯 2 位于活塞体 4 内,在复位弹簧 7 和阀芯弹簧 3 的作用下压在阀座 V 上,将列车管压力与大气隔离开。缩孔 c 沟通膜板 5 上下方的腔室 b、腔室 a。A1 接列车管,A2 接预控腔室,A3 为排风口,紧急制动时,列车管控制模块或外部紧急指令控制紧急电磁阀得电,排空预控腔室(腔室 b)压力,紧急排风阀动作，沟通 A1 与 A3 通路，列车管压力急速下降。

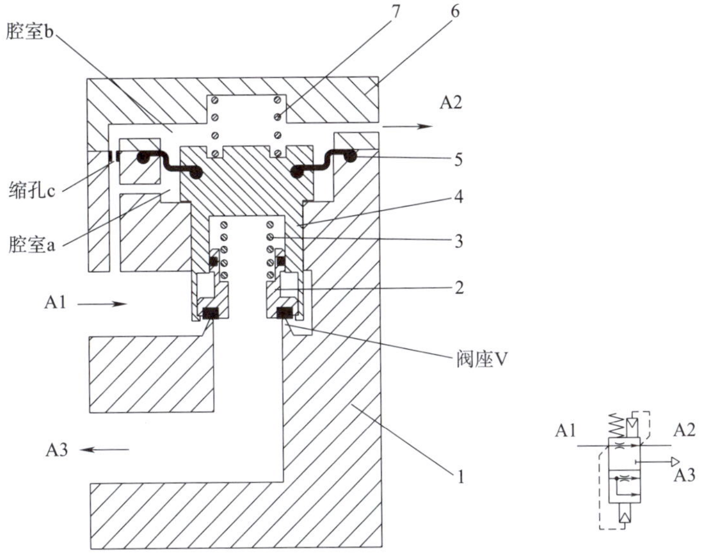


1—阀体；2—阀芯；3—阀芯弹簧；4—活塞体；5—膜板；6—阀盖；7—复位弹簧。

**图 2-17　紧急排风阀结构原理**

紧急排风阀具有正常位和紧急排风位两个作用位置。紧急排风阀工作位置由紧急电磁阀排空或保持膜板上方腔室 b 内的压力确定，正常时，紧急电磁阀关闭膜板上方腔室 b 的排风口，列车管在充风或排风时，膜板上下腔室产生的压差均克服不了复位弹簧的力，活塞体不会移动，紧急排风阀不会进入紧急排风位。当有紧急指令时，紧急电磁阀动作，排空膜板上方腔室 b 的压力，膜板上下腔室产生的压差足以推动活塞体移动，紧急排风阀进入紧急排风位。

如图 2-18 所示，紧急电磁阀关闭膜板上方腔室 b 与大气的通路，复位弹簧将活塞体下压，阀芯与阀座 V 接触，关闭列车管与大气之间的通路。列车管充风时，由于有缩孔 c 沟通膜板上、下方的腔室 b 和腔室 a，虽然膜板下方腔室 a 的压力高于膜板上方腔室 b 的压力，但其压力差所产生的力不足以克服复位弹簧的力，膜板无法带动活塞体上移，阀芯仍与阀座 V 接触，列车管与大气之间的通路仍处于关闭状态，列车管可正常充风。列车管排风时，膜板下方腔室 a 压力低于膜板上方腔室 b 压力，活塞体被施加了一个额外向下的力，使阀芯更紧密地压在阀座 V 上，列车管与大气的通路处于关闭状态，紧急排风阀处于正常位。

如图 2-19 所示，紧急电磁阀得电，打开膜板上方腔室 b 与大气的通路，腔室 b 压力迅速排空，腔室 a 压力大于腔室 b，其压力差产生的力足以克服复位弹簧的弹簧力，膜板带动活塞体上移，阀芯和阀座 V 分离，打开列车管和大气之间的通路，排列车管的风，紧急排风阀处于紧急排风位。当列车管压力降到不足以克服复位弹簧压力时，活塞体在复位弹簧和重力作用下复位，阀芯和阀座 V 接触，并形成密封，关闭列车管与大气之间的通路，紧急排风阀恢复至正常位。

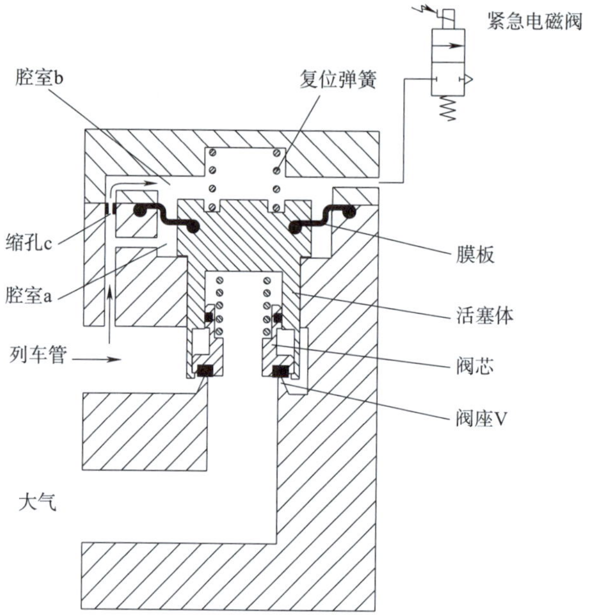


图 2-18 紧急排风阀(正常位)

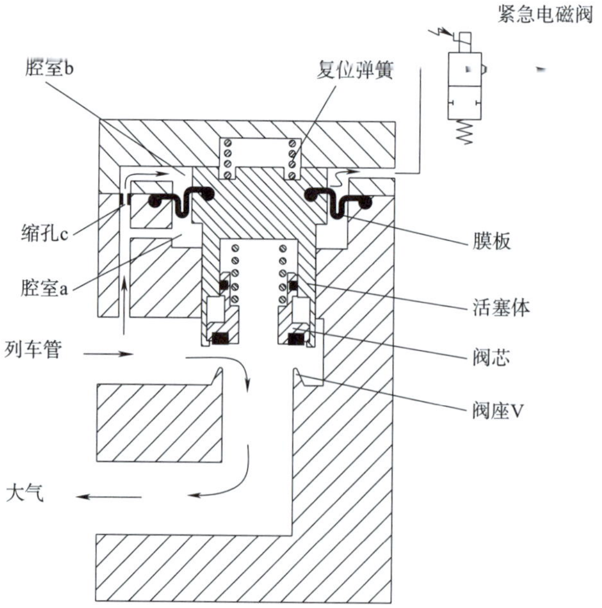


图 2-19 紧急排风阀(紧急排风位)

(2)遮断阀

遮断阀是一种两位两通气动阀，用于控制气路的导通和截止。在列车管控制模块中用于前遮断阀 253，控制总风与中继阀输入口通路的导通和截止，同时在列车管控制模块中用于后遮断阀 254，列车管压力进入后遮断阀的控制口，控制中继阀输出口与列车管通路的导通和截止。

遮断阀采用截门式密封结构，阀芯为平衡式设计。如图 2-20 所示，遮断阀由阀芯弹簧 1、阀芯 2、活塞 3、复位弹簧 4、阀体 5 等组成。阀芯 2 在阀芯弹簧 1 的作用下压在阀座 V 上，进气口 A1 和出气口 A2 之间的通路截止。复位弹簧 4 安装在活塞上，给活塞 3 提供复位的作用力。活塞 3 下方与阀体之间为控制腔室(腔室 c)，控制口 A4 的压力进入控制腔室。遮断阀动作压力为 30～90 kPa。

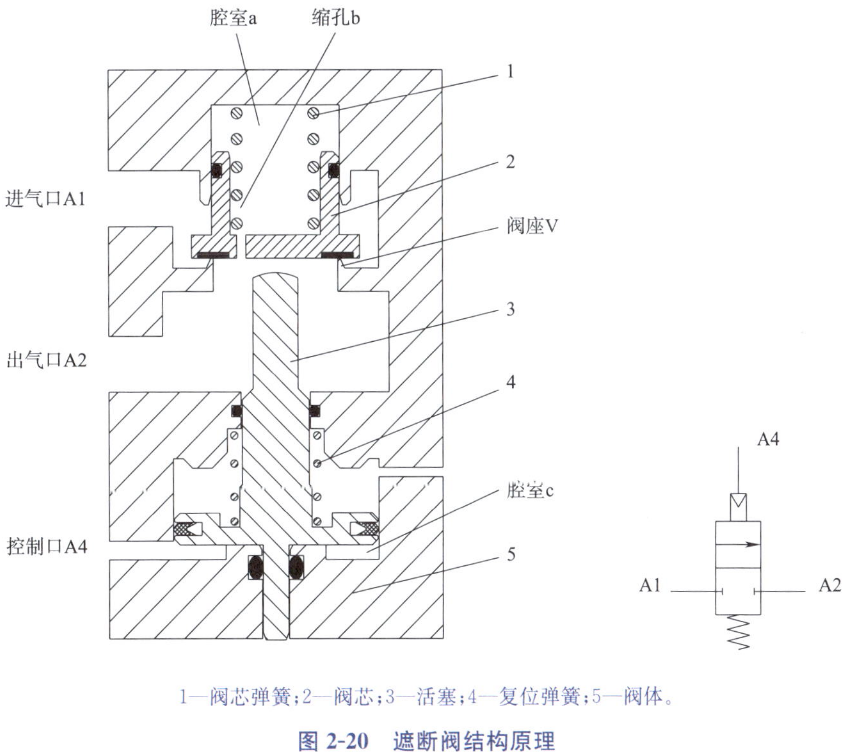


1—阀芯弹簧；2—阀芯；3—活塞；4—复位弹簧；5—阀体。

**图 2-20 遮断阀结构原理**

遮断阀具有开通位和关闭位两个作用位置。作用位置的转换由遮断阀控制口 A4 压力控制。

遮断阀开通位：当控制口 A4 通入压缩空气，腔室 c 压力上升到大于切换压力时，活塞在腔室 c 压力的作用下上移，带动阀芯上移，打开进气口 A1 与出气口 A2 之间的通路，遮断阀处于开通位，如图 2-21 所示。

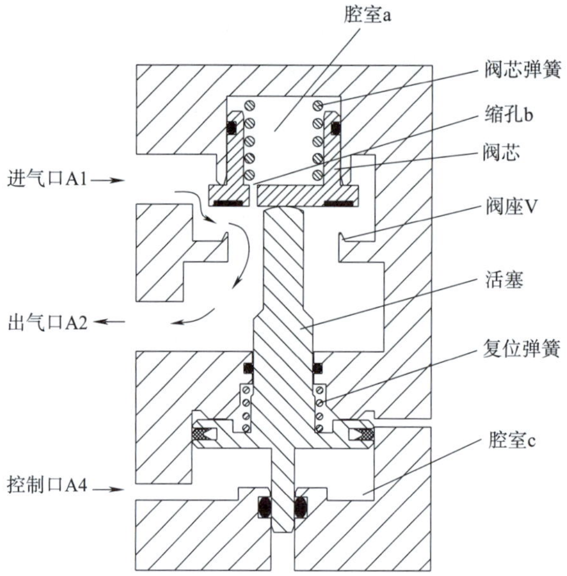


图 2-21 遮断阀(开通位)

遮断阀关闭位:当控制口 A4 排风,腔室 c 压力下降至低于动作压力时,活塞在复位弹簧的作用下移动,同时阀芯在阀芯弹簧的作用下复位;当阀芯接触阀座形成密封后,进气口 A1 与出气口 A2 之间的通路截止,遮断阀处于关闭位。由于缩孔 b 沟通腔室 a 和出气口 A2,故腔室 a 的压力与出气口 A2 的压力相等,阀芯上下之间不存在压力差,即出气口 A2 的压力不会对阀芯产生额外的作用力。阀芯与阀座之间的密封由阀芯弹簧保证,不受进气口 A1 或出气口 A2 的压力影响,如图 2-22 所示。

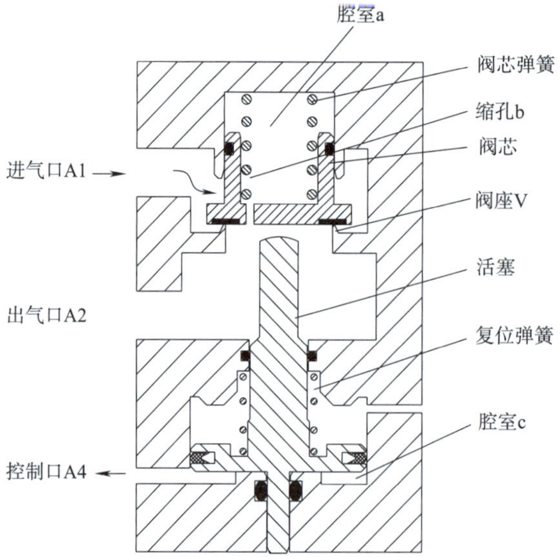


图 2-22 遮断阀(关闭位)

(3)切换阀

切换阀是一种两位三通气动阀,用于控制气路切换。如图 2-23 所示,复位弹簧 1 安装在阀体内部,给活塞 4 提供复位力;阀芯弹簧 2 用于给阀芯 3 提供复位和密封力;阀芯 3 为截门式阀芯,与阀座 V1、活塞顶部配合,形成双阀口密封,完成 3 个气路的切换。阀座 V1 与阀芯 3 配合,用于导通或截止常闭口 A1 与出气口 A2。活塞 4 安装在阀体 5 内,活塞 4 顶部设有阀口 V2,与阀芯 3 配合,用于导通或截止常开口 A3 与出气口 A2。活塞 4 左侧与阀体 5 之间为控制腔室(腔室 a),与控制口 A4 连通。

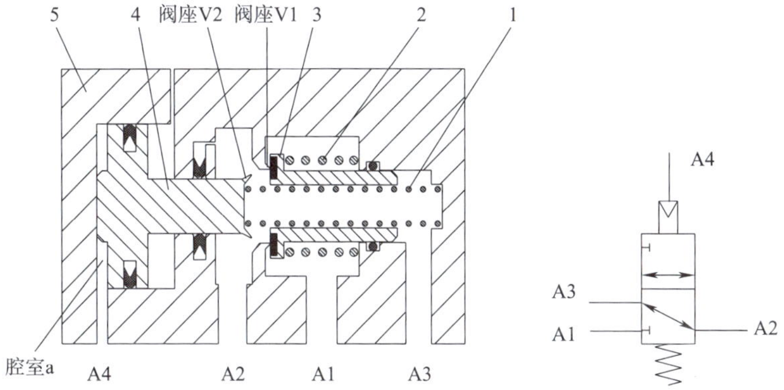


1—复位弹簧;2—阀芯弹簧;3—阀芯;4—活塞;5—阀体。

**图 2-23 切换阀结构原理**

切换阀具有初始位和切换位两个作用位。当控制口 A4 无压力输入,腔室 a 压力小于切换压力时,切换阀处于初始位;当控制口 A4 输入压缩空气,腔室 a 压力大于转换压力时,切换阀处于切换位。

如图 2-24 所示,控制口 A4 无压力输入,腔室 a 压力小于切换压力时,活塞处于最左侧,在阀芯弹簧的作用下,阀芯与阀座 V1 接触形成密封,常闭口 A1 与出气口 A2 之间的通路截止。同时,由于活塞处于最左侧位置,活塞顶部阀座 V2 与阀芯分离,常开口 A3 与出气口 A2 之间的通路导通,切换阀处于初始位。

如图 2-25 所示,控制口 A4 进入压缩空气,腔室 a 压力大于切换压力时,活塞在腔室 a 的压力带动下,克服复位弹簧的作用力右移,活塞顶部阀座 V2 与阀芯接触形成密封,常开口 A3 与出气口 A2 之间的通路截止。然后,阀芯在活塞的带动下右移,与阀座 V1 分离,常闭口 A1 与出气口 A2 之间的通路导通,切换阀处于切换位。

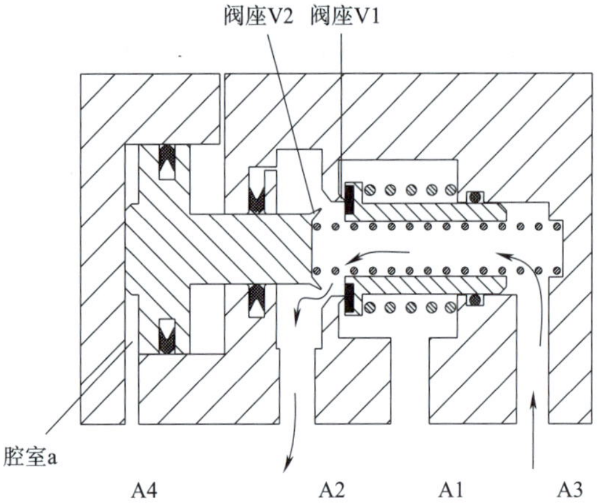


图 2-24 切换阀(初始位)

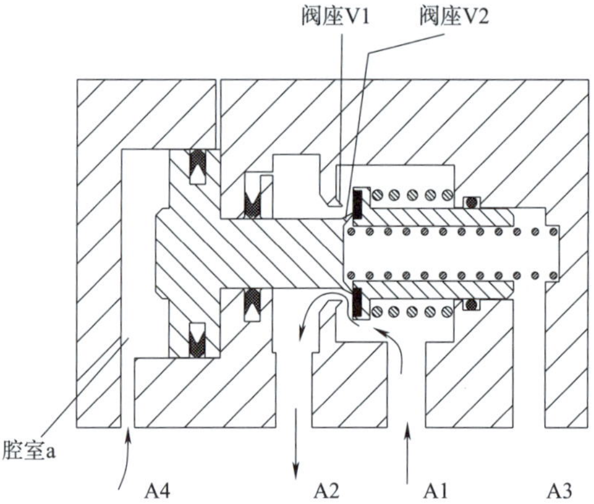


图 2-25 切换阀(切换位)

(4)中继阀

中继阀能根据均衡风缸压力控制列车管压力,起流量放大作用,实现列车管的缓解、保压和制动作用。中继阀在原理图上的代号为 104。中继阀主要由阀杆弹簧 1、阀杆 2、活塞 3、膜板 4、阀体 5 等组成,如图 2-26 所示。

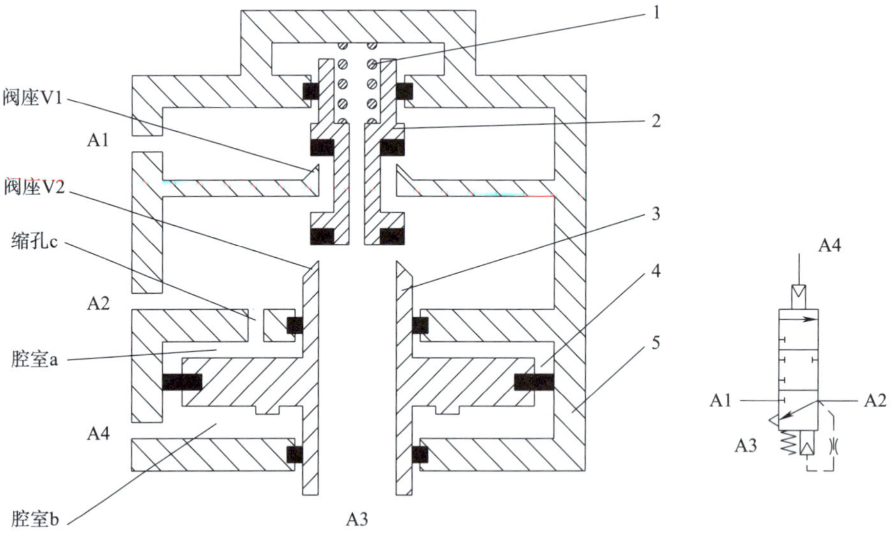


1—阀杆弹簧;2—阀杆;3—活塞;4—膜板;5—阀体。

图 2-26 中继阀结构原理

活塞、膜板下部和阀体之间形成的腔室 b 称为预控腔室,与均衡风缸 A4 连通;活塞、膜板上部与阀体之间的腔室 a 称为反馈腔室。阀杆上装有两个密封圈,分别与阀座 V1 和活塞顶部的阀座 V2 形成两个密封阀口，其中阀座 V1 处的密封阀口控制总风 A1 与列车管 A2 之间通路的导通和截止，活塞顶部阀座 V2 处的密封阀口控制列车管口 A2 与排气口 A3 之间通路的导通和截止。此外，列车管 A2 通过缩孔 c 与腔室 a 沟通，作用在活塞、膜板上方，平衡腔室 a 和腔室 b 的压力。

中继阀有充风缓解位、保压位和制动位等 3 个工作位置。

①充风缓解位

如图 2-27 所示，均衡风缸 A4 充风压力上升时，压缩空气进入膜板、活塞下方的腔室 b，膜板、活塞下方压力升高，活塞上移，与阀杆下侧密封圈接触，关闭列车管 A2 与排气口 A3 之间的通路。随后活塞带动阀杆一起上移，阀杆上侧密封圈与阀座 V1 分离，打开总风 A1 与列车管 A2 之间的通路，列车管充风，压力上升，中继阀处于充风缓解位。

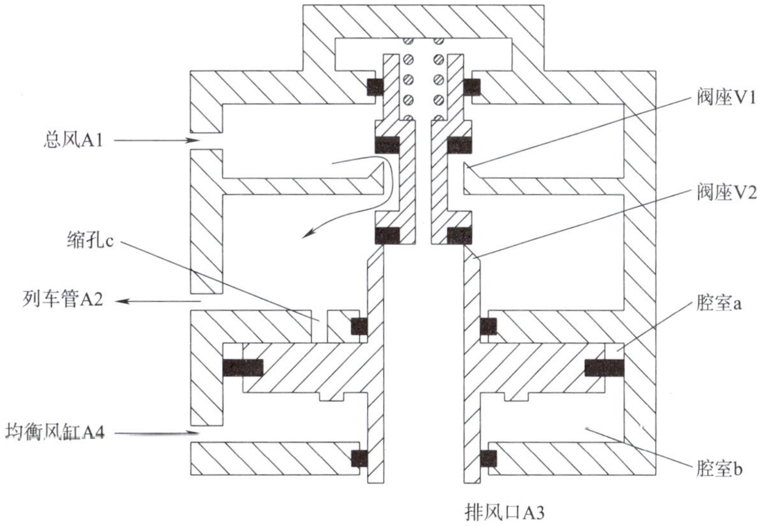


**图 2-27 中继阀**（充风缓解位）

②保压位

如图 2-28 所示，当均衡风缸 A4 压力不变时，列车管 A2 压缩空气经缩孔 c 进入腔室 a，与膜板、活塞下方腔室 b 进行平衡，活塞移至中间位置。此时，阀杆上侧密封圈与阀座 V1 接触，总风 A1 与列车管 A2 之间的通路关闭，同时，阀杆下侧密封圈与活塞顶部的阀座 V2 保持接触，列车管 A2 与排气口 A3 之间的通路被切断，列车管 A2 压力保持，中继阀处于保压位。

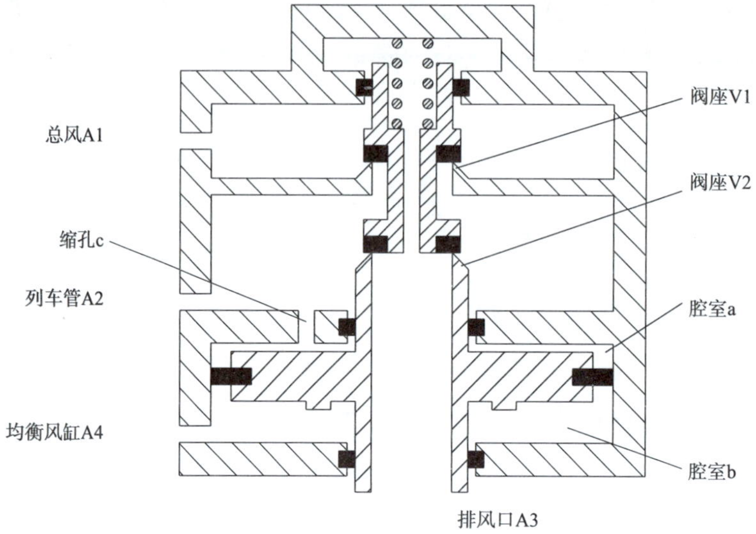


**图 2-28　中继阀**(保压位)

③制动位

如图 2-29 所示,当均衡风缸 A4 压力下降时,膜板、活塞下方腔室 b 压力降低,膜板、活塞上方与下方形成压力差。该压力差推动活塞下移,阀杆上侧密封圈先与阀座 V1 接触,关闭总风 A1 和列车管 A2 之间的通路,同时阀杆停止下移,活塞仍继续下移,活塞顶部阀座 V2 与阀杆下侧密封圈分离,打开列车管 A2 和排气口 A3 之间的通路,实现列车管排风,压力下降,中继阀处于制动位。

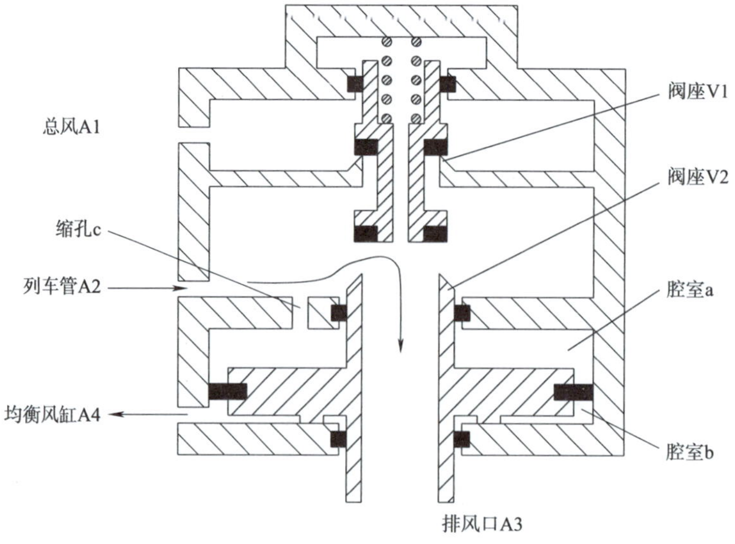


**图 2-29　中继阀**(制动位)

#### 2.2.3.2　制动缸控制模块

1. 模块功能

制动缸控制模块的主要功能是根据列车管的压力变化，输出机车制动缸的压力。具体功能如下：

(1)根据列车管压力输出制动缸压力；

(2)电空制动失效时，制动缸压力自动切换至机械分配阀控制；

(3)具备电空联锁功能；

(4)具备制动缸等压力测试功能；

(5)重联模式时，响应平均管压力输出制动缸压力。

制动控制系统具有制动力不衰减特性，当制动缸及其管路漏泄时，压力能自动补偿。

单独控制模块故障时，系统将通过制动缸控制模块实现其功能，输出平均管压力，控制重联机车制动缸压力。同时制动缸控制模块也可以响应小闸手柄指令，实现机车单独制动控制。

制动缸控制模块采用集成式机电一体化设计，所有气阀均集成安装在模块阀体内，传感器、电磁阀安装在模块阀体上部，电子板卡及其线束连接器等通过电气防护罩集成安装在模块阀体上，结构紧凑。此外，制动缸控制模块采用一体化橡胶密封垫，简化了制动缸控制模块的安装。制动缸控制模块外形如图 2-30 所示。

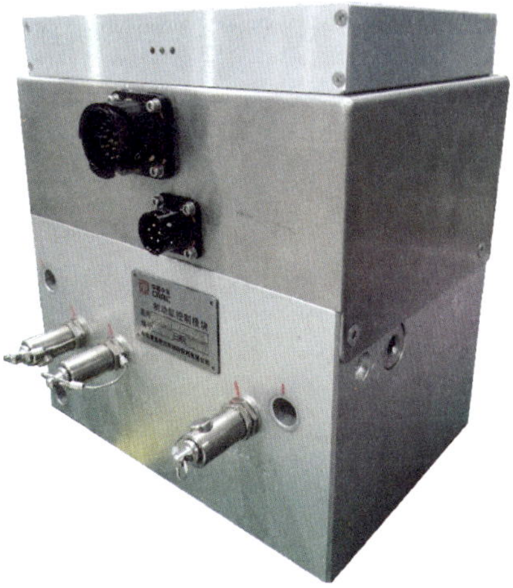

图 2-30　制动缸控制模块外形

2. 模块技术参数

制动缸控制模块技术参数如下：

(1)工作压力范围：0～1 000 kPa。

(2)工作电压：DC 24 V。

(3)智能节点额定功率：15 W。

(4)外形尺寸：230 mm×170 mm×250 mm。

3. 结构组成

制动缸控制模块由智能节点和气阀组件组成，如图 2-31 所示。智能节点为制动缸控制模块的电子控制部件，用于接收 CAN 网络的控制指令，采集气阀组件上传感器的压力值，控制各电磁阀得失电，并向 CAN 网络发出相关数据。气阀组件主要由作用阀、切换阀、双向阀、电磁阀、传感器等部件组成，其中作用阀用于控制制动缸压力，两个切换阀分别用于均衡冗余压力、来自三通阀输出压力的投入和截止。双向阀用于比较模块内部的预控压力和外部的平均管压力，并输出较大压力值至作用阀。电磁阀用于控制相关气路的通断，传感器用于检测相关气路压力。

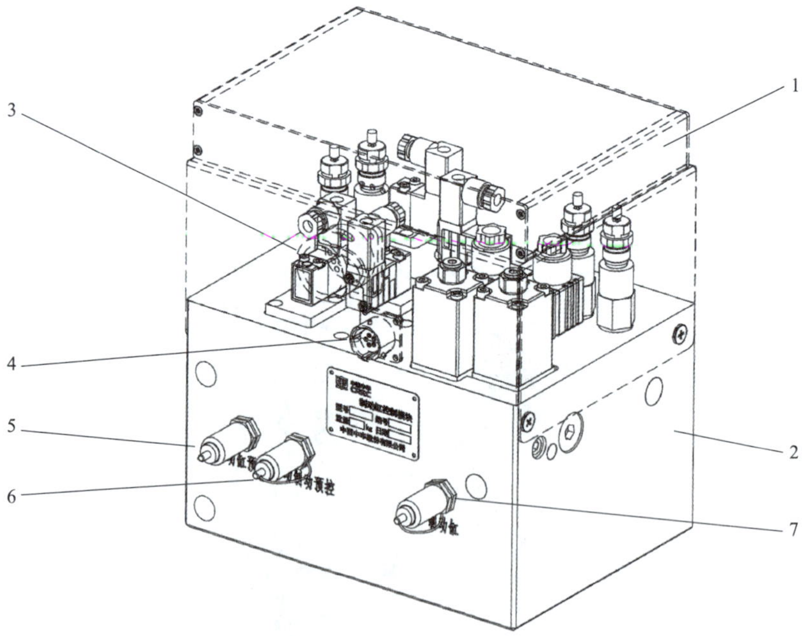


1—智能节点；2—气阀组件；3—J1 插头；4—J2 插头；5—制动缸预控测点；
6—自动制动预控测点；7—制动缸测点。

**图 2-31 制动缸控制模块结构组成**

4. 模块工作原理

制动缸控制模块管路原理及结构原理分别如图 2-32 和图 2-33 所示。

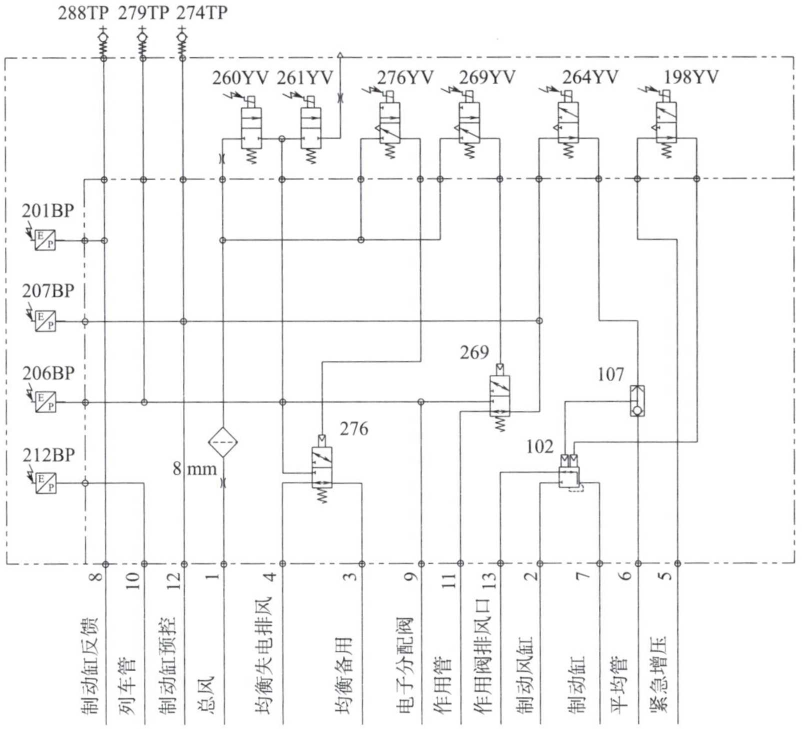


图 2-32 制动缸控制模块管路原理

212BP 为列车管压力传感器,用于检测列车管压力;288TP 为制动缸压力测点,201BP 为制动缸传感器,用于检测制动缸压力;260YV 为制动电磁阀,261YV 为缓解电磁阀,用于控制预控风缸的充风与排风;279TP 为自动制动预控压力测点,206BP 为电子分配阀传感器,用于检测 260YV、261YV 输出的压力;274TP 为制动缸预控压力测点,207BP 为制动缸预控传感器,用于检测作用阀 102 自动制动一侧的预控压力。

276YV 为切换电磁阀,与切换阀 276 配合使用,实现制动缸控制模块冗余均衡风缸压力控制功能。当 276YV 失电时,切换阀 276 沟通均衡备用管 3 与大气的通路(均衡失电排风管 4),制动缸控制模块冗余均衡风缸压力控制未启用;当 276YV 得电时,切换阀 276 将 260YV、261YV 输出的闭环控制压力导通至均衡备用管 3,制动缸控制模块冗余均衡风缸压力控制启用。

切换电磁阀 269YV 与切换阀 269 配合使用,269YV 常得电,当制动缸控制模块冗余其他模块、电磁阀故障或模块失电时,269YV 失电。当 269YV 得电时,切换阀

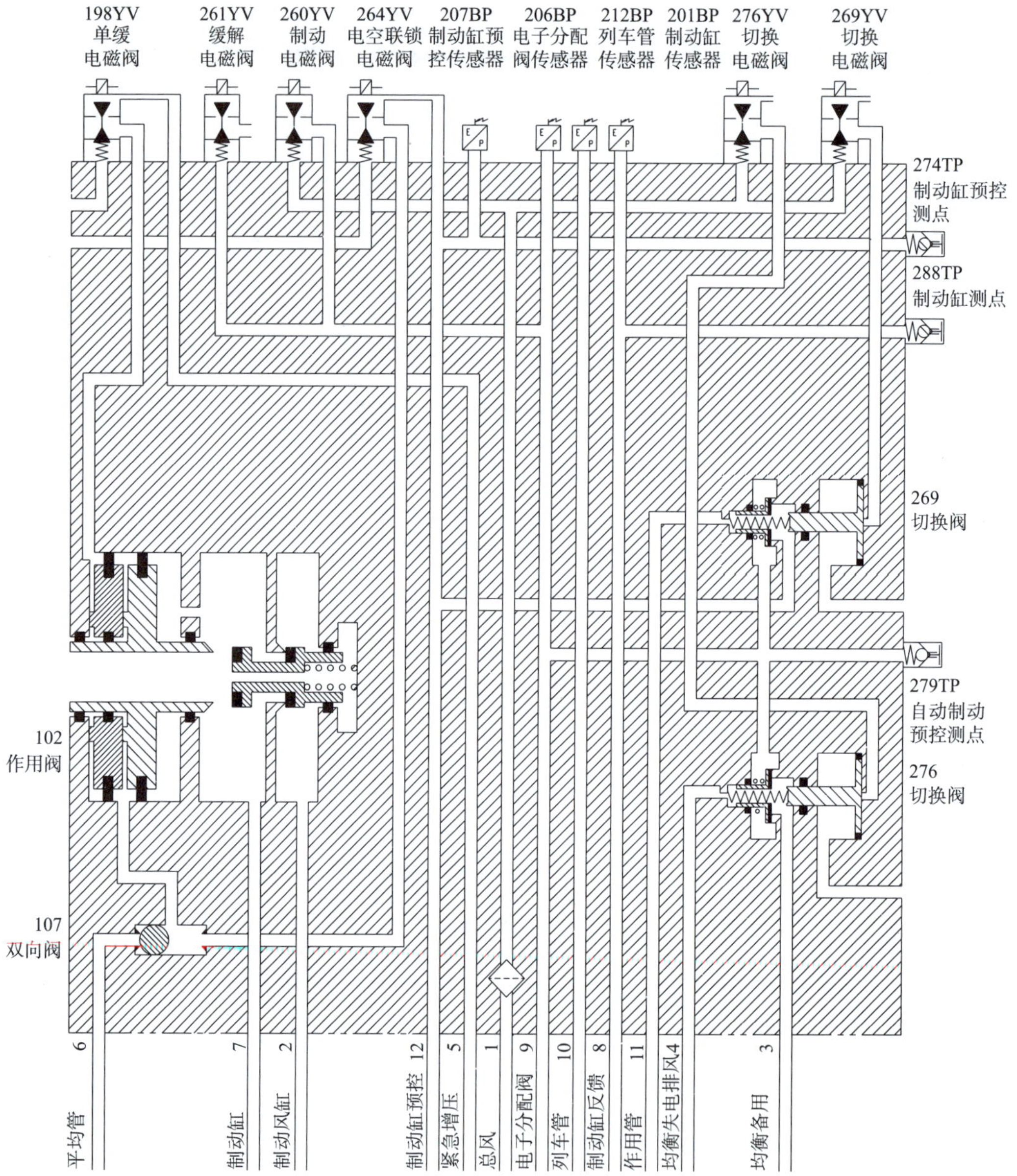


**图 2-33 制动缸控制模块结构原理**

269 输出 260YV、261YV 闭环控制的压力，作为作用阀 102 的预控压力；当 269YV 失电时，切换阀 269 输出三通阀的容积室压力，作为作用阀 102 的预控压力。

264YV 为电空联锁电磁阀，当机车发出电空联锁信号时，264YV 得电，排空作用阀 102 自动制动一侧的压力，实现电空联锁功能。107 为双向阀，一侧输入来自电空联锁电磁阀 264YV 的自动制动压力，另一侧为平均管 6 输入的平均管压力，双向阀 107 输出两者较大的压力至作用阀 102 预控腔室。102 为控制制动缸压力的作用阀，常用制动时，作用阀 102 根据双向阀 107 输出的预控压力输出相应的制动缸压力；紧急制动时，作用阀 102 比较双向阀 107 输出的预控压力和来自紧急增压管 5 的预控压力，按预控压力较大值输出相应的制动缸压力；198YV 为单缓电磁阀，单缓和电空联锁作用时，排空紧急增压的制动缸预控压力。

5. 部件结构原理(作用阀 102)

作用阀 102 为双膜板结构，具有两个预控腔室，根据进入两个预控腔室压力的大小，制动缸作用阀输出两个预控腔室较大的压力，实现制动缸的缓解、保压和制动作用。

如图 2-34 所示，制动缸作用阀由阀杆弹簧 1、阀杆 2、阀体 3、主活塞 4、副活塞 5 等零件组成。

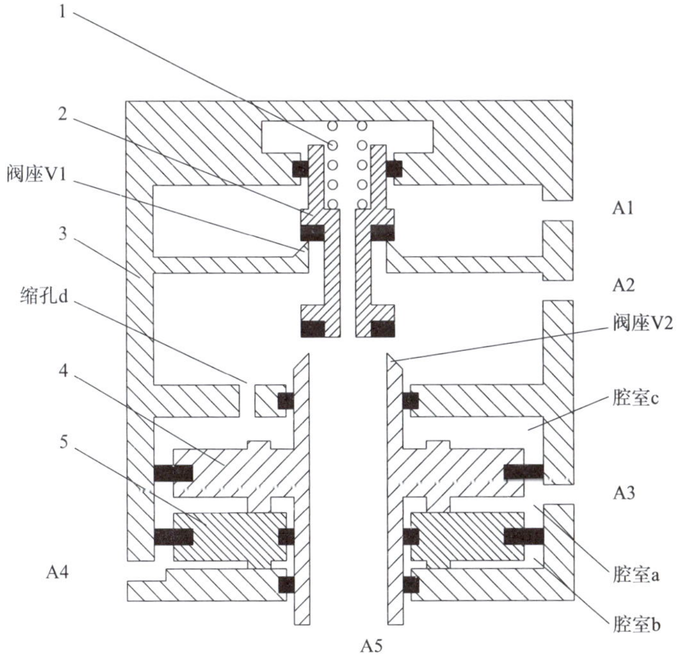


1—阀杆弹簧；2—阀杆；3—阀体；4—主活塞；5—副活塞。

**图 2-34 作用阀 102 结构原理**

作用阀 102 的主活塞和副活塞之间形成的腔室 a 为一个预控腔室，与常用预控口 A3 连通；副活塞和阀体之间形成的腔室 b 为另一个预控腔室，与紧急预控口 A4 连通；主活塞与阀体之间形成的腔室 c 为反馈腔室。阀杆上设有两个密封圈，分别与阀座 V1 和阀座 V2 接触形成密封副，其中阀座 V1 处的密封副控制进气口 A1 与出气口 A2 之间通路的导通和截止，阀座 V2 处的密封副控制出气口 A2 与排气口 A3

之间通路的导通和截止。此外，出气口 A2 通过缩孔 d 与腔室 c 沟通，作用在主活塞上方，平衡腔室 c 和腔室 a、b 的压力。

作用阀 102 有常用制动位、紧急制动位、保压位和缓解位等 4 个工作位置。

(1)常用制动位

如图 2-35 所示，常用预控口 A3 压力上升时，压缩空气进入主活塞和副活塞之间的预控腔室 a，主活塞下方压力升高，带动主活塞上移，与阀杆下侧密封圈接触，关闭出气口 A2 与排气口 A5 之间的通路。随后主活塞带动阀杆一起上移，阀杆上侧密封圈与阀座分离，打开进气口 A1 与出气口 A2 之间的通路，进风口的压缩空气经过阀座与阀杆上侧密封圈之间的阀口进入出气口 A2，出气口 A2 压力上升，与出气口 A2 相连的制动缸压力同时上升，作用阀 102 处于常用制动状态。

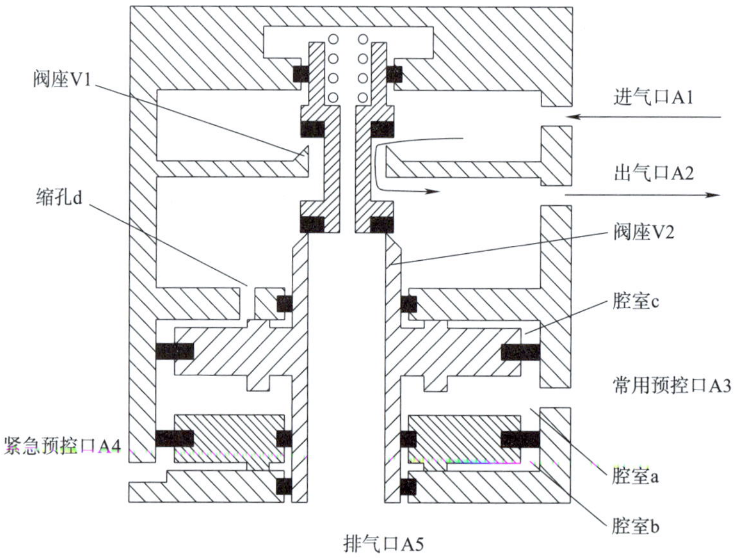


图 2-35 作用阀 102(常用制动位)

(2)紧急制动位

如图 2-36 所示，紧急预控口 A4 压力上升时，压缩空气进入副活塞和端盖之间的紧急预控腔室 b，副活塞下方压力升高，同时，制动控制系统会控制预控腔室 a 的压力上升，主活塞下方压力升高，副活塞上移并带动主活塞上移，主活塞上移后与阀杆下侧密封圈接触，关闭出气口 A2 与排气口 A5 之间的通路。随后副活塞通过主活塞带动阀杆一起上移，阀杆上侧密封圈与阀座分离，打开进气口 A1 与出气口 A2 之间的通路，进风口的压缩空气经过阀座与阀杆上侧密封圈之间的阀口进入出气口 A2，出气口 A2 压力上升，与出气口 A2 相连的制动缸压力同时上升，作用阀 102 处于紧急制动状态。

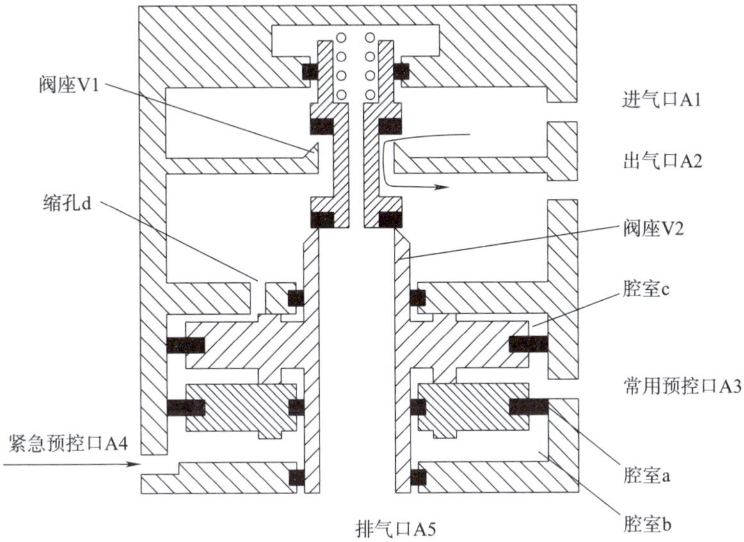


图 2-36　作用阀 102(紧急制动位)

(3)保压位

如图 2-37 所示,常用制动或紧急制动后,当常用预控口 A3 或紧急预控口 A4 压力不变时,出气口 A2 压力上升或下降后,出气口 A2 压缩空气通过平衡孔进入主活塞上方,与主活塞或副活塞下方的预控腔室 a 或预控腔室 b 压力进行平衡,平衡后主活塞移至中间位置。此时,阀杆上侧密封圈与阀座接触,进气口 A1 与出气口 A2 之间的通路关闭,同时,阀杆下侧密封圈与活塞顶部一直保持接触,出气口 A2 与排气口 A5 之间的通路被切断,出气口 A2 压力保持,作用阀 102 处于保压位(a)或保压位(b)。

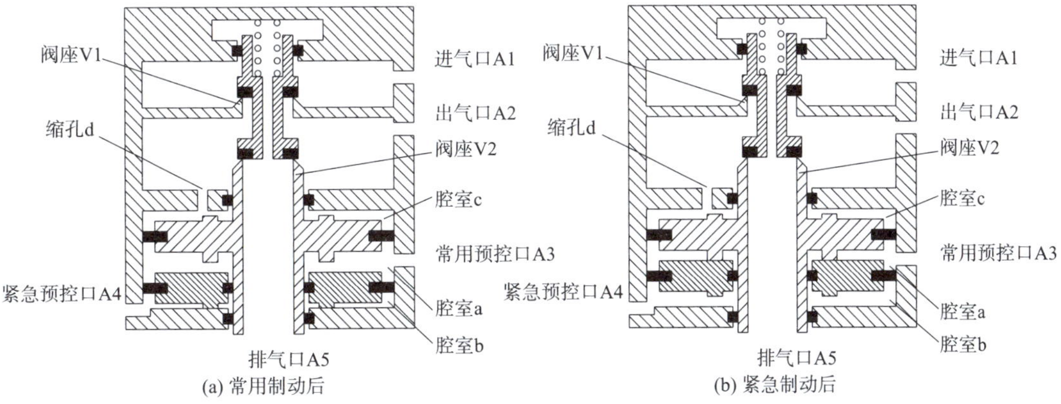


图 2-37　作用阀 102(保压位)

(4)缓解位

如图 2-38 所示,当常用预控口 A3 或紧急预控口 A4 压力下降时,主活塞、副活塞下方压力下降,常用制动后缓解时,主活塞上方与其下方形成压力差;紧急制动后缓解时,主活塞上方与副活塞下方形成压力差,该压力差推动主活塞下移,阀杆上侧密封圈首先与阀座接触,关闭进气口 A1 和出气口 A2 的通路,同时阀杆停止下移,但主活塞继续下移,当活塞顶部与阀杆下侧密封圈分离,打开出气口 A2 和排气口 A5 之间的通路,出气口 A2 的压力通过主活塞中心孔进入排气口 A5 排出大气,出气口 A2 压力下降,作用阀 102 处于缓解位。

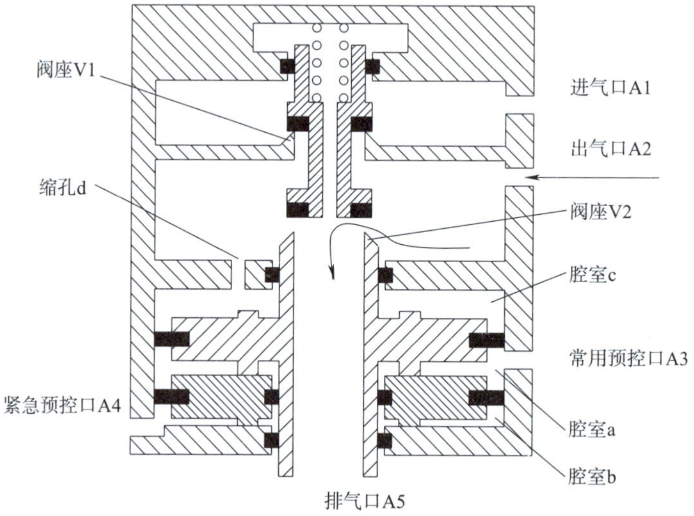


图 2-38 作用阀 102(缓解位)

### 2.2.3.3 单独控制模块

1. 模块功能

单独控制模块能实现对制动缸的压力控制,并输出平均管压力。具体功能如下:

(1)具有平均管等压力测试功能;

(2)响应单独制动,提供对制动缸和平均管的压力控制;

(3)制动缸控制模块故障时,提供对制动缸的压力控制。

单独控制模块采用集成式机电一体化设计,所有气阀均集成安装在模块阀体内,传感器、电磁阀安装在模块阀体上部,电子板卡及其线束连接器等通过电气防护罩集成安装在模块阀体上,结构紧凑。此外,单独控制模块采用一体化橡胶密封垫,简化了单独控制模块的安装。单独控制模块外形如图 2-39 所示。

图 2-39 单独控制模块外形

2. 模块技术参数

单独控制模块技术参数如下：

(1)工作压力范围：0～1 000 kPa。

(2)工作电压：DC 24 V。

(3)智能节点额定功率：15 W。

(4)外形尺寸：230 mm×170 mm×245 mm。

3. 结构组成

单独控制模块由智能节点和气阀组件组成，如图 2-40 所示。智能节点为单独控制模块的电子控制部件，用于接收 CAN 网络的控制指令，采集气阀组件上传感器的压力值，控制各电磁阀得失电，并向 CAN 网络发出相关数据。气阀组件由单膜板作用阀、切换阀、双向阀、遮断阀、电磁阀、传感器等主要部件组成。其中单膜板作用阀用于控制平均管压力，切换阀用于单独预控压力冗余控制，遮断阀用于切断平均管的压力输出。电磁阀用于闭环控制预控风缸压力以及相关气路通断的控制，传感器用于检测相关气路压力。

4. 模块工作原理

单独控制模块管路原理及结构原理分别如图 2-41 和图 2-42 所示。

208BP 为平均管预控压力传感器，209BP 为平均管压力传感器，210BP 单独预控风缸压力传感器，213BP 为总风压力传感器。275TP 为平均管预控压力测点，278TP 为平均管压力测点，281TP 为单独预控压力测点。

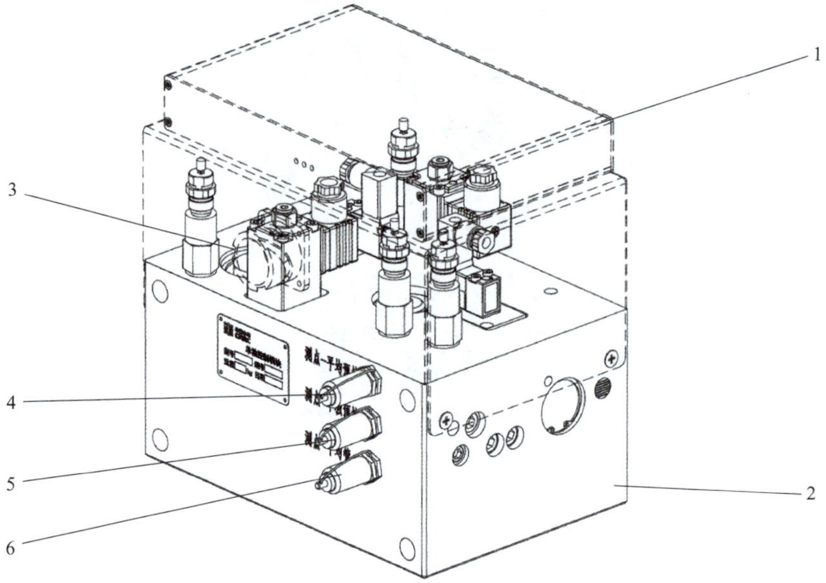


1—智能节点；2—气阀组件；3—J1 插头；4—平均预控测点；5—单独预控测点；6—平均管测点。

图 2-40 单独控制模块结构组成

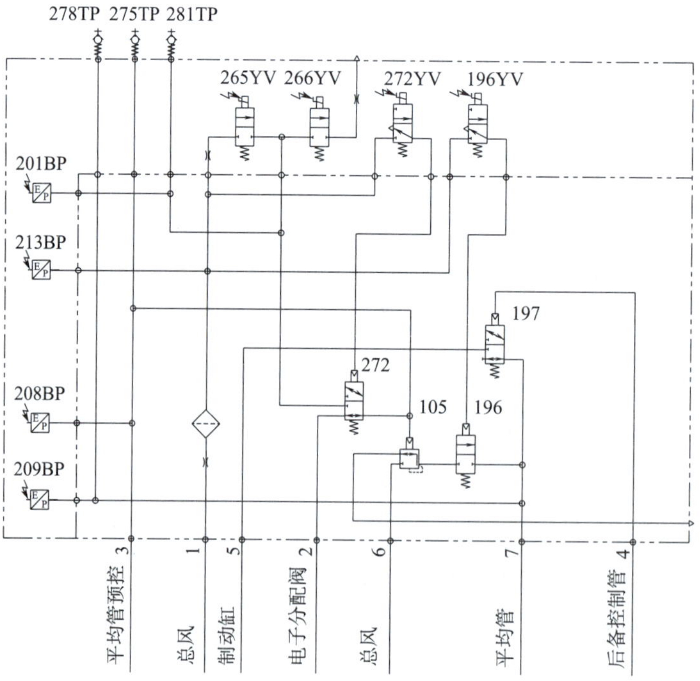


图 2-41 单独控制模块管路原理

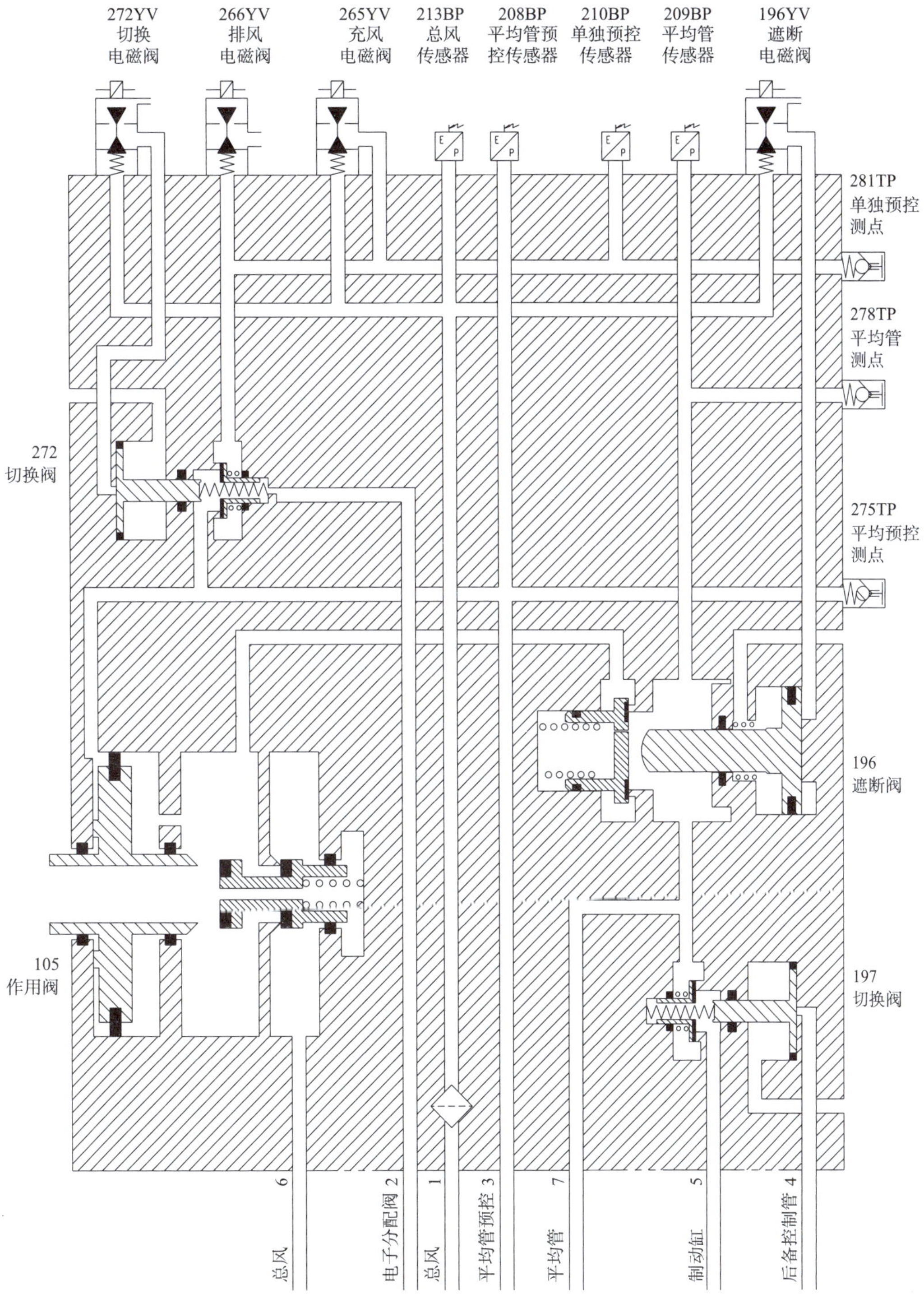


图 2-42　单独控制模块结构原理

265YV、266YV为充风电磁阀与排风电磁阀，用于控制单独预控风缸的充风与排风。电磁阀272YV与切换阀272配合使用，当272YV失电时，切换阀272导通制动缸控制模块产生的备用预控压力至作用阀105预控腔室作为预控压力；当272YV得电时，切换阀272将单独控制模块产生的单独预控压力导通至作用阀105预控腔室作为预控压力。105为控制平均管压力的作用阀，作用阀105根据预控腔室压力输出相应的平均管压力。电磁阀196YV与遮断阀196配合使用，当196YV得电时，遮断阀196导通作用阀105输出口与平均管的通路；当196YV失电时，遮断阀196截断作用阀105输出口与平均管的通路。切换阀197根据后备控制管4的压力控制制动缸与平均管的导通和截止，当后备控制管压力大于切换阀197的设定动作值时，导通制动缸和平均管的通路，否则截止制动缸和平均管的通路。

5. 部件结构原理(作用阀105)

作用阀105为单膜板结构，根据预控腔室压力实现平均管压力的控制，具备平均管压力泄漏后的自动补偿功能。

如图2-43所示，作用阀105主要由阀杆弹簧1、阀杆2、活塞3、膜板4、阀体5等零件组成。

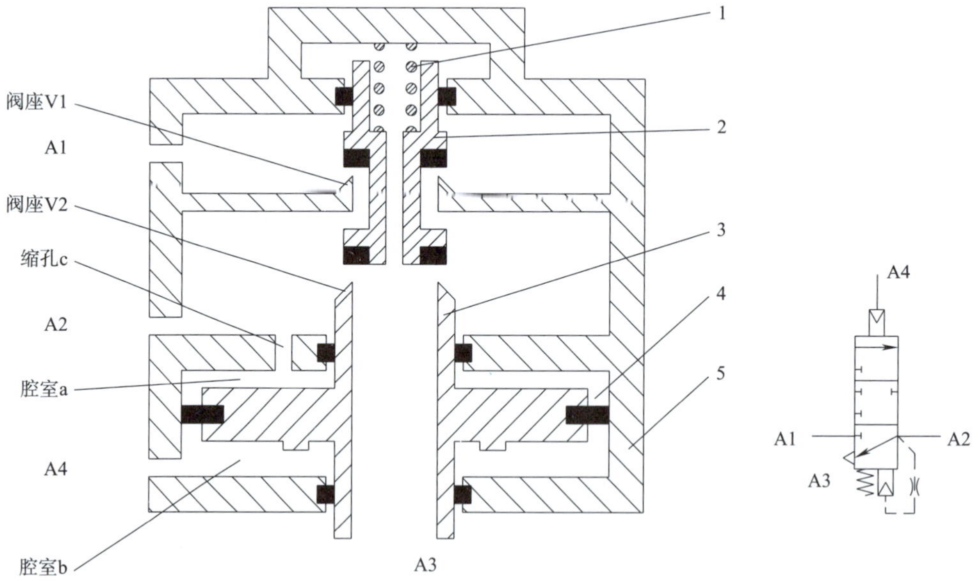


1—阀杆弹簧；2—阀杆；3—活塞；4—膜板；5—阀体。

**图2-43 作用阀105结构原理**

作用阀105的膜板、活塞下侧和阀体之间形成的腔室b为预控腔室，与预控口A4连通；膜板、活塞上侧与阀体之间形成的腔室a为反馈腔室。阀杆上设有两个密封圈，分别与阀座 V1 和活塞顶部的阀座 V2 形成两个密封副，其中阀座 V1 处的密封副控制进气口 A1 与出气口 A2 之间通路的导通和截止，活塞顶部阀座 V2 处的密封副控制出气口 A2 与排气口 A3 之间通路的导通和截止。此外，出气口 A2 通过缩孔 c 与腔室 b 沟通，作用在膜板、活塞上方，平衡腔室 b 和腔室 a 压力。

作用阀 105 有制动位、保压位和缓解位等 3 个工作位置。

(1)制动位

如图 2-44 所示，预控口 A4 压力上升时，压缩空气进入膜板、活塞下方的腔室 b，膜板、活塞下方压力升高，活塞上移，与阀杆下侧密封圈接触，关闭出气口 A2 与排气口 A3 之间的通路。随后活塞带动阀杆一起上移，阀杆上侧密封圈与阀座 V1 分离，打开进气口 A1 与出气口 A2 之间的通路，进气口的压缩空气经阀座 V1 与阀杆上侧密封圈之间的通路进入出气口 A2，出气口 A2 压力上升，作用阀 105 处于制动位。

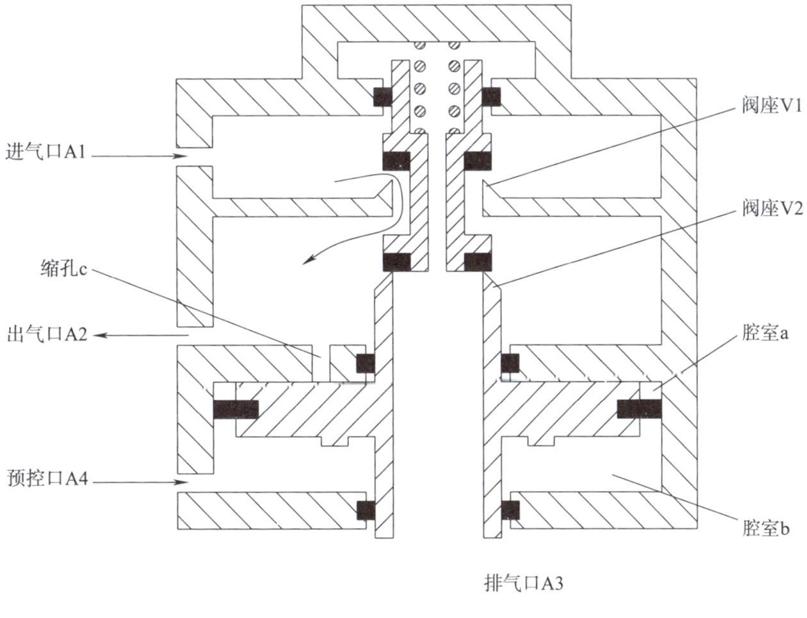


图 2-44 作用阀 105(制动位)

(2)保压位

如图 2-45 所示，当预控口 A4 压力不变时，出气口 A2 的压缩空气通过缩孔 c 进入膜板、活塞上方腔室 a，与膜板、活塞下方腔室 b 压力进行平衡，平衡后活塞移至中间位置，此时，阀杆上侧密封圈与阀座 V1 接触，进气口 A1 与出气口 A2 之间的通路关闭，同时，阀杆下侧密封圈与活塞顶部阀座 V2 保持接触，出气口 A2 与排气口 A3

之间的通路被切断，出气口 A2 压力保持，作用阀 105 处于保压位。

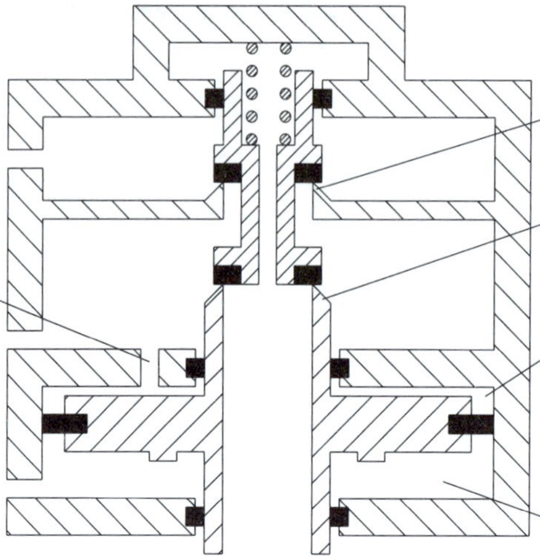


图 2-45　作用阀 105（保压位）

（3）缓解位

如图 2-46 所示，当预控口 A4 压力下降时，膜板、活塞下方腔室 b 压力降低，膜板、活塞上方与下方形成压力差，该压力差推动活塞下移，阀杆上侧密封圈先与阀座 V1 接触，关闭进气口 A1 和出气口 A2 的通路，同时阀杆停止下移，但活塞仍继续下移，当活塞顶部阀座 V2 与阀杆下侧密封圈分离时，打开出气口 A2 和排气口 A3 之间的通路，出气口 A2 压力下降，作用阀 105 处于缓解位。

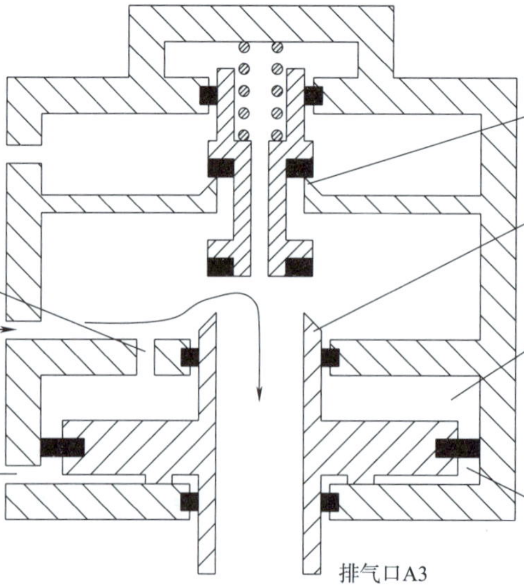


图 2-46　作用阀 105（缓解位）

### 2.2.3.4　空气制动阀模块

1. 模块功能

空气制动阀模块在系统中作为制动缸控制的冗余，响应列车管压力变化实现对制动缸的压力控制。具体功能如下：

(1)系统或模块故障时提供制动缸的后备压力控制；

(2)机车失电时输出机车制动缸控制压力。

此外，空气制动阀模块还设有转换塞门，用于无动力回送时限制制动缸压力。

空气制动阀模块大部分气阀集成安装在模块阀体内，结构紧凑。此外，空气制动阀模块采用一体化橡胶密封垫，简化了空气制动阀模块的安装。空气制动阀模块外形如图 2-47 所示。

图 2-47　空气制动阀模块外形

2. 模块技术参数

空气制动阀模块技术参数如下：

(1)工作压力范围：0～1 000 kPa。

(2)外形尺寸：230 mm×170 mm×230 mm。

3. 结构组成

如图 2-48 所示，空气制动阀模块由三通阀、减压阀和气阀组件等部件组成。三通阀根据列车管压力变化，输出容积室压力。减压阀分为紧急增压减压阀和无动力减压阀[①]两种。气阀组件由切换阀、塞门、双向阀、阀体等主要部件组成。

① 产品标识上为“无火减压阀”，下同。

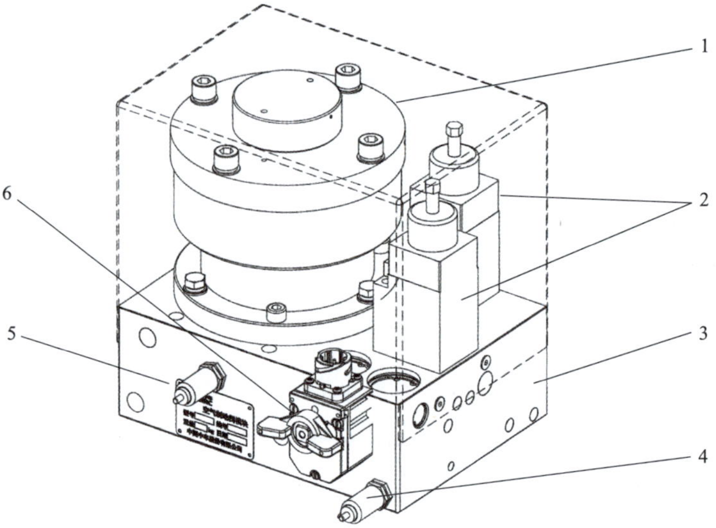


1—三通阀;2—减压阀;3—气阀组件;4—无动力回送测点;5—紧急增压测点;6—转换塞门。

**图 2-48 空气制动阀模块结构组成**

4. 模块工作原理

空气制动阀模块管路原理及结构原理分别如图 2-49 和图 2-50 所示。

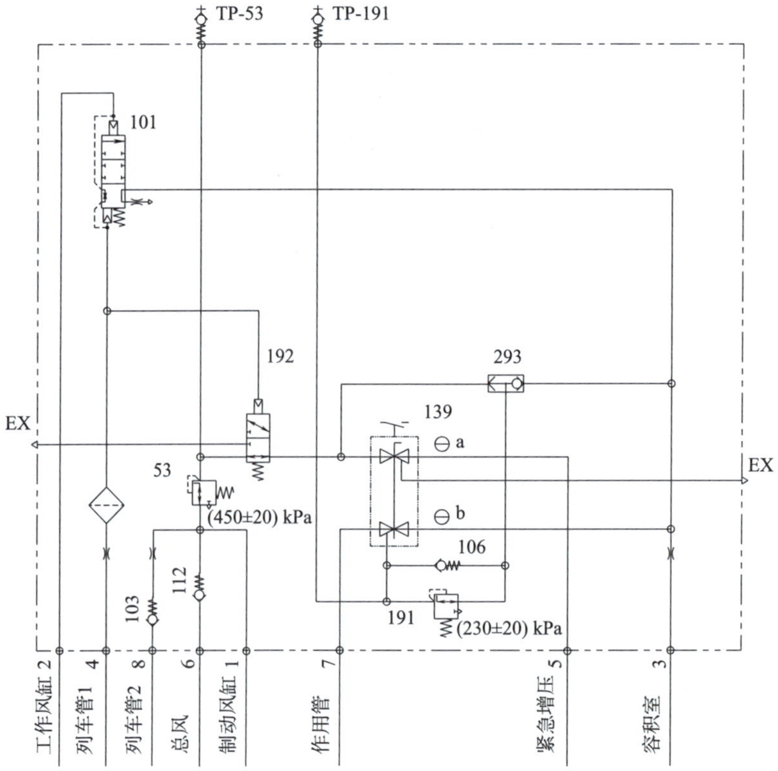


**图 2-49 空气制动阀模块管路原理**

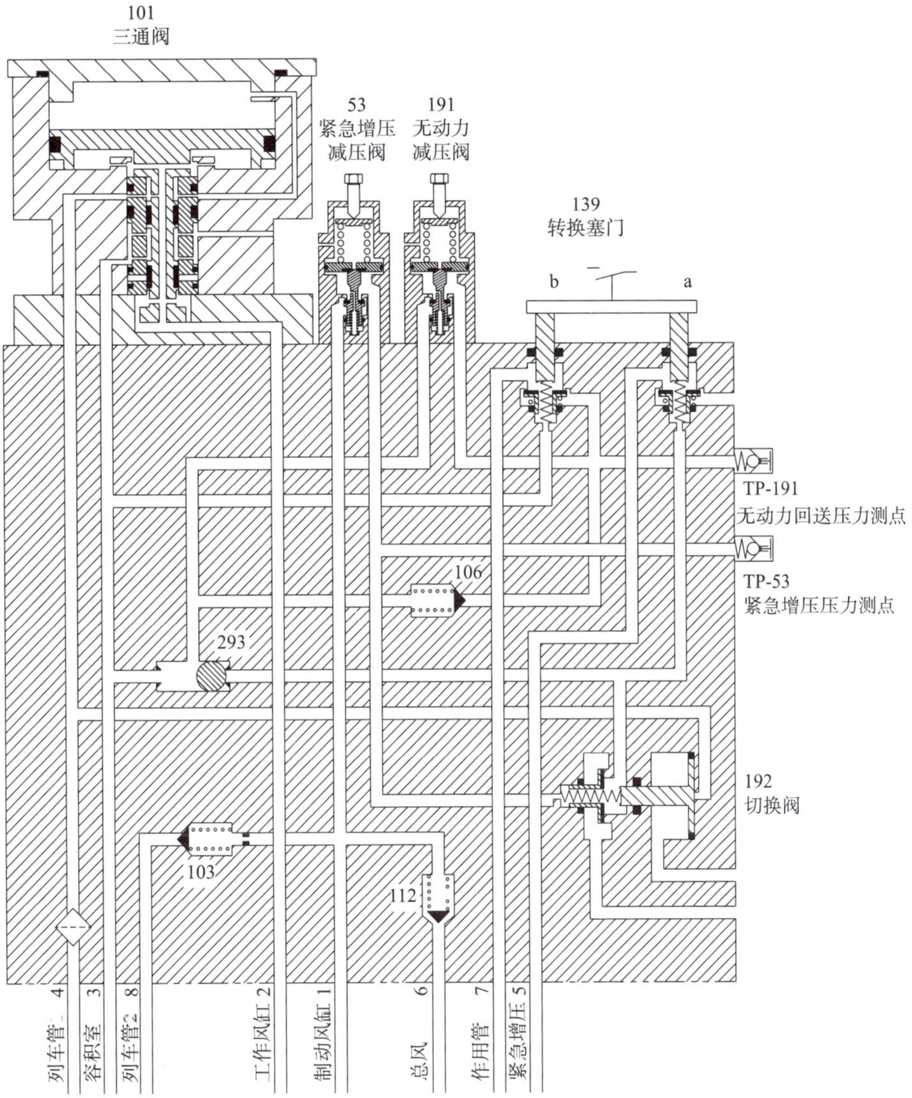


**图 2-50 空气制动阀模块结构原理**

101 为三通阀，192 为切换阀，293 为双向阀，139 为转换塞门，53、191 为减压阀，103、112、106 为单向阀，TP-53、TP-191 为压力测点。三通阀 101 根据列车管压力的变化输出容积室压力。紧急增压减压阀 53 与切换阀 192 配合使用，输出紧急增压压力，当列车管压力低于约 100 kPa 时，切换阀 192 动作，总风经紧急增压减压阀 53、切换阀 192 输出设定的紧急增压压力(450±20) kPa，使制动控制系统具备列车管低压时制动缸压力增压保护功能。双向阀 293 一侧输入来自三通阀 101 的容积室，另一侧为切换阀 192 输出的紧急增压压力，双向阀 293 输出两者较大的压力至无动力减压阀 191 进气口。无动力减压阀 191 设定的压力值为(230±20) kPa,用于无动力回送工况下限制制动缸压力,单向阀 106 用于列车管充风缓解时增大作用管 7 的缓解的流量。转换塞门 139 设有 a、b 两组通道,a 组通道控制紧急增压压力的输出,b 组通道控制三通阀 101 的压力输出,转换塞门 139 在正常位时,a 通道可输出紧急增压的压力,b 通道沟通三通阀 101 的容积室与作用管的通路;转换塞门在无动力位时,a 通道截止紧急增压的压力并排空紧急增压管 5 的压力,b 通道沟通无动力减压阀 191 出气口与作用管 7 的通路。单向阀 112 用于总风向制动风缸充风,单向阀 103 用于无动力回送时列车管向制动风缸充风。

5. 部件结构原理

(1)三通阀

三通阀是一种二压力自动制动式空气制动阀,具有阶段制动、一次缓解功能。其与制动系统中的列车管、工作风缸和容积室(作用风缸)相连接,根据列车管压力变化,控制容积室压力。

三通阀主要由阀体、阀盖、主活塞、主控套、滑动套、主活塞杆、稳定挡圈及各类密封圈等构成,如图 2-51 所示。

主活塞杆上套有滑动套,主控活塞可带动滑动套上下移动,切换三通阀内部相关气路。

三通阀有充风缓解位、常用制动位和制动保压位等三个作用位置。

①充气缓解位

当三通阀处于初充风状态时,工作风缸、作用风缸压力均为 0,列车管压力空气经安装面气孔进入主活塞上方,将主活塞向下推,主活塞杆通过其上肩推动滑动套一起向下移,直至主活塞下底面接触到阀体时为止,此时三通阀处于充风缓解位,如图 2-52 所示。

(a)工作风缸充风通路

列车管压力空气经安装面气孔→主控套→滑动套→主活塞杆→安定弹簧座→下盖安装面气孔→工作风缸。

当列车管减压后再充风缓解时,此时工作风缸、作用风缸均有压力空气。由于列车管缓解时,列车管压力上升,主活塞带动滑动套下移到充风缓解位。这时,工作风缸得到再充风,其充风通路与初充风完全相同。

(b)作用风缸排风缓解通路

作用风缸→下盖安装面气孔→阀体→主控套→滑动套联络槽→主控套→阀体排风口。

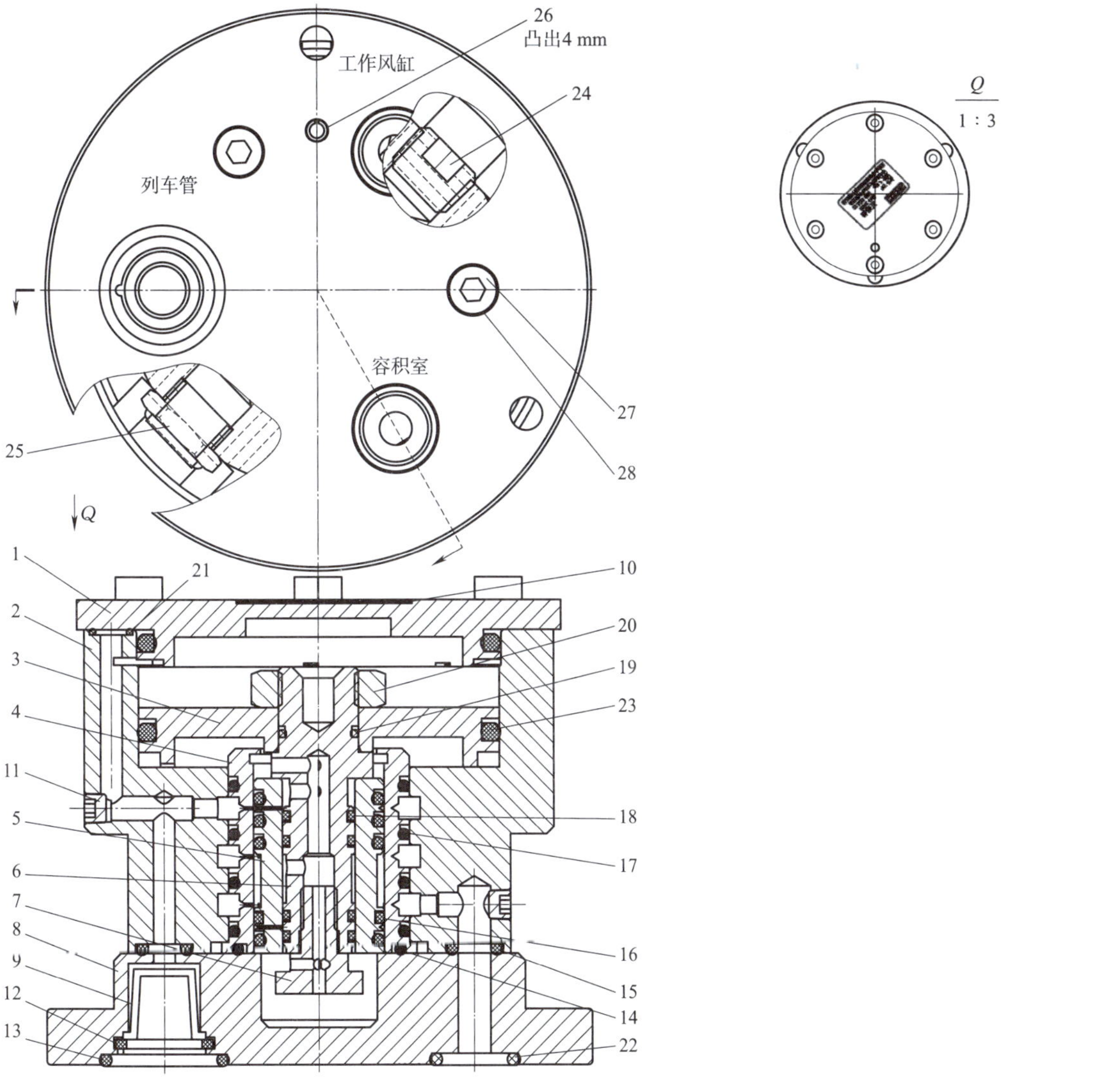


1—上盖；2-阀体；3—主活塞；4—主控套；5—滑动套；6—主活塞杆；7—稳定杆；8—下盖；9—过滤器；10—铭牌；11—螺堵；12～19—密封圈；20—螺母 M22×1.5；21～23—密封圈；24—螺堵；25—消音器；26—弹性圆柱销；27—内六角螺钉；28—弹簧垫圈。

**图 2-51 三通阀结构原理**

②常用制动位

当列车管以常用制动速率减压时，因工作风缸压力空气来不及经充风通路向列车管逆流，三通阀主活塞两侧产生压力差。由于滑动套与主控套间的静摩擦力大于主活塞杆与滑动套之间摩擦力、主活塞重力和其他阻力，因此只是主活塞杆上移，而

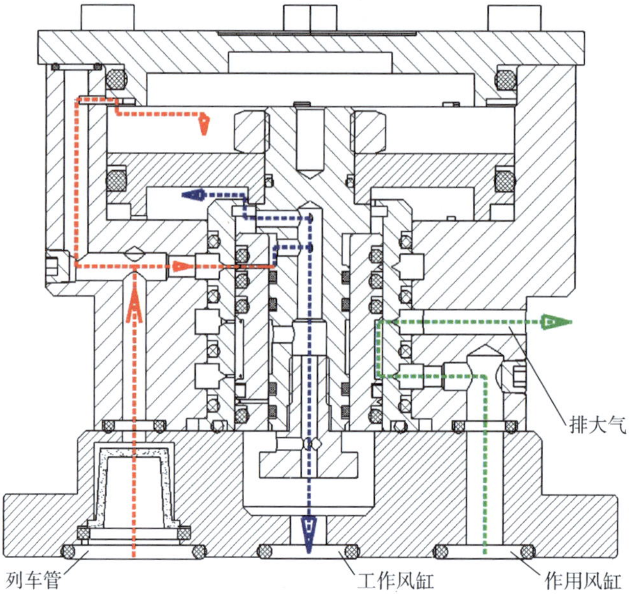


图 2-52 三通阀(充气缓解位)

滑动套未动,工作风缸向列车管逆流的通路被切断。由于列车管逆流通路被切断,列车管继续减压增大了主活塞两侧的压力差,于是主活塞杆带动滑动套克服与主控套间的摩擦阻力继续上移,切换到制动位,沟通了工作风缸向作用风缸的充气通路,产生制动作用,如图 2-53 所示。

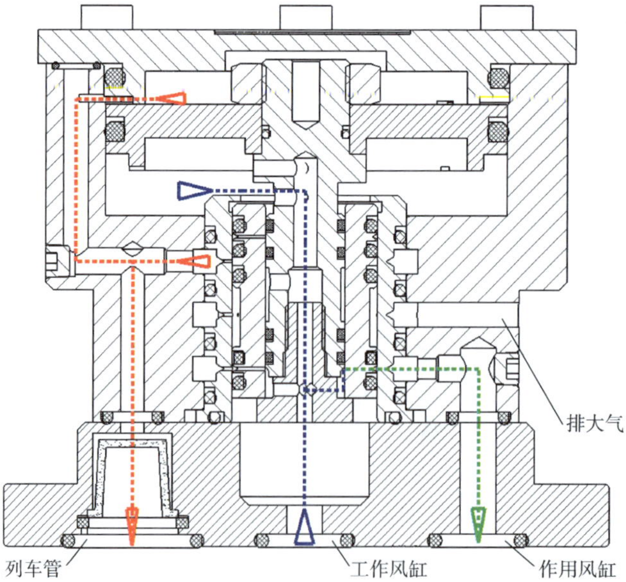


图 2-53 三通阀(常用制动位)

作用风缸充风气路：工作风缸压力→下盖安装面气孔→安定弹簧座中心孔→滑动套→主控套→阀体→作用风缸。

③制动保压位

列车管停止减压，初期由于主活塞和滑动套都还在制动位，工作风缸仍向作用风缸充风，工作风缸压力继续降低，直到主活塞两侧的列车管与工作风缸压力相近时，主活塞向下移动，切断工作风缸与作用风缸的通路，工作风缸停止向作用风缸充风，工作风缸和作用风缸压力保持，此时的三通阀处于保压位，如图 2-54 所示。

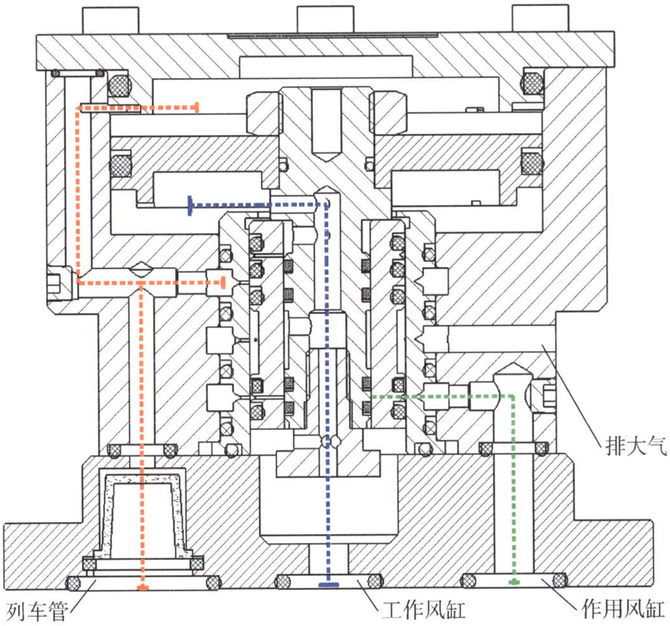


**图 2-54　三通阀**（制动保压位）

(2)减压阀

空气制动阀模块内部的减压阀设有紧急增压减压阀 53 和无动力回送减压阀 191。其中紧急增压减压阀 53 整定压力值为 450 kPa，用于给紧急增压气路提供压缩空气；无动力回送减压阀 191 整定压力值为 230 kPa，用于无动力回送工况下限制制动缸最高压力小于 250 kPa。这两种减压阀内部结构一致，为活塞式结构。

减压阀主要由调节螺钉、弹簧座、调压弹簧、阀体、活塞、阀芯、复位弹簧等零件组成，如图 2-55 所示。减压阀采用截门式平衡阀芯结构，逆向卸荷式设计，具备溢流功能。

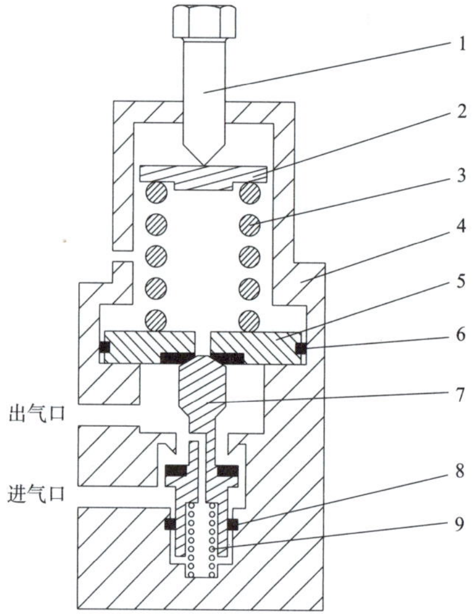


1—调节螺钉;2—弹簧座;3—调压弹簧;4—阀体;5—活塞;6、8—密封圈;7—阀芯;9—复位弹簧。

**图 2-55 减压阀结构原理**

### 2.2.3.5 辅助功能模块

1. 模块功能

辅助功能模块设有Ⅰ架制动缸隔离塞门、Ⅱ架制动缸隔离塞门、紧急制动隔离塞门和无动力塞门。通过操作塞门可实现切除或导通Ⅰ架、Ⅱ架制动缸压力,切除或导通外部硬线紧急制动信号控制的紧急电磁阀,切除或导通无动力回送工况下列车管向总风充风通路等功能。

辅助功能模块部分气阀集成安装在模块阀体内,结构紧凑。辅助功能模块采用一体化橡胶密封垫,简化了辅助功能模块的安装。辅助功能模块外形如图 2-56 所示。

**图 2-56 辅助功能模块外形**

2. 模块技术参数

辅助功能模块技术参数如下:

(1)工作压力范围:0～1 000 kPa。

(2)外形尺寸:230 mm×235 mm×230 mm。

3. 结构组成

如图 2-57 所示,辅助功能模块由电气防护罩和气阀组件组成。气阀组件由塞门、双向阀、单向阀、电磁阀等主要部件组成。

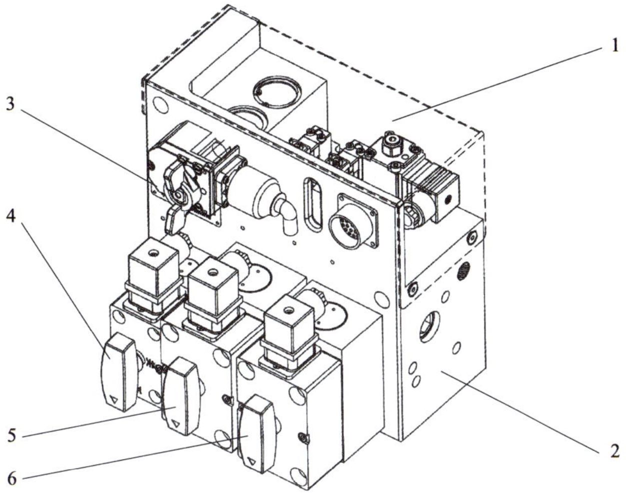


1—电气防护罩；2—气阀组件；3—无动力塞门；4—紧急制动隔离塞门；5—Ⅱ架制动缸隔离塞门；6—Ⅰ架制动缸隔离塞门。

**图 2-57　辅助功能模块结构组成**

4. 模块工作原理

辅助功能模块管路原理及结构原理分别如图 2-58 和图 2-59 所示。

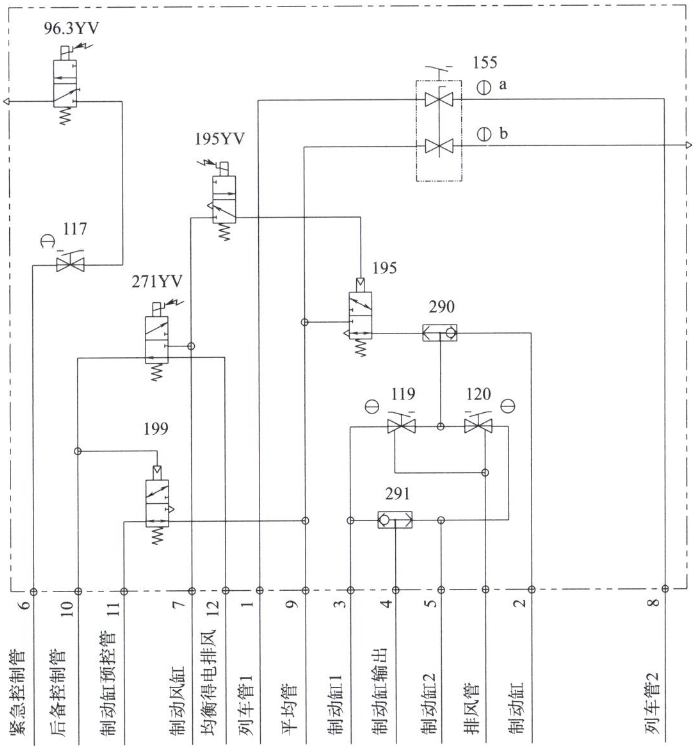


**图 2-58　辅助功能模块管路原理**

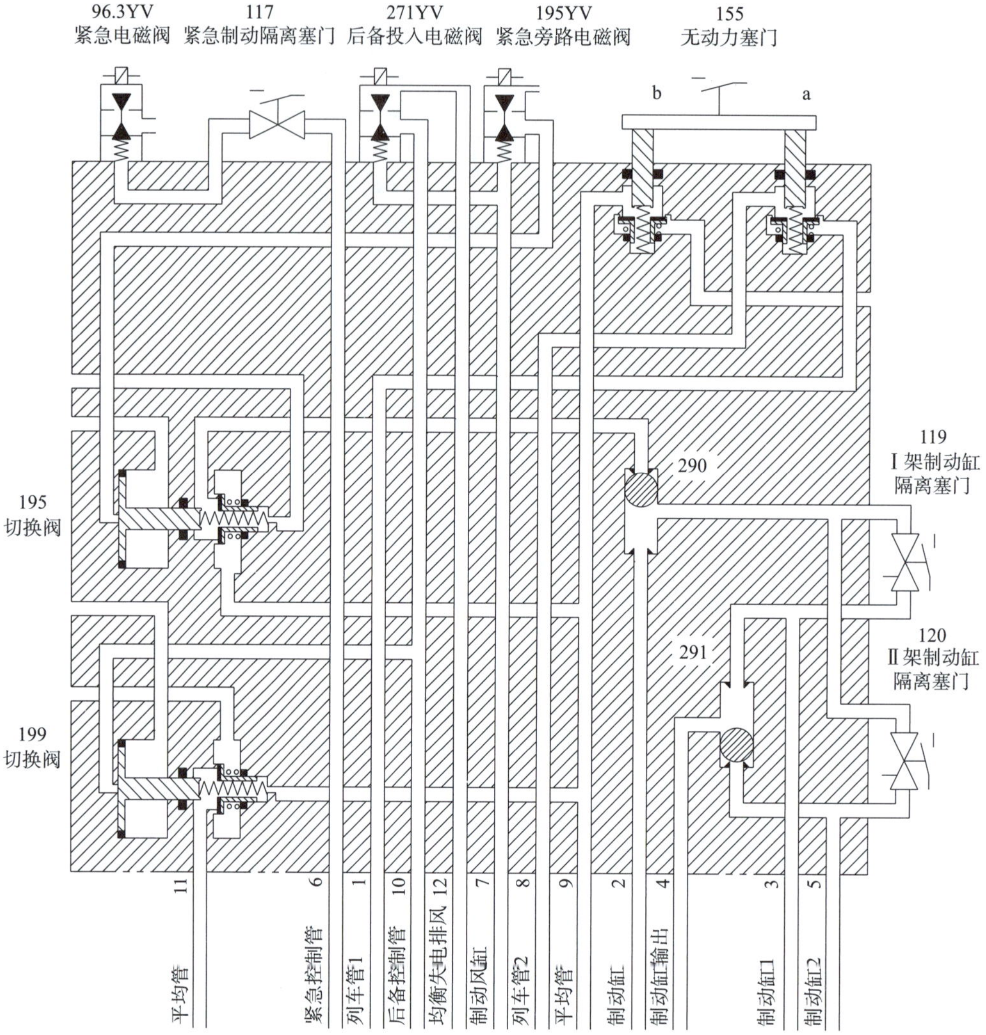


**图 2-59　辅助功能模块结构原理**

96.3YV 为紧急电磁阀，由外部硬线控制；117 塞门为紧急制动隔离塞门，用于切除 96.3YV 电磁阀。271YV 为后备制动投入电磁阀，空气后备制动投入时得电，输出控制压力至切换阀 199 控制口，切换阀 199 动作，截止平均管至作用阀 102 预控的通路。155 为无动力塞门，用于控制总风向列车管充风及平均管排大气两条通路导通和截止。195YV 为紧急旁路电磁阀，紧急制动时得电，输出控制压力至切换阀 195 控制口，切换阀 195 动作，输出平均管压力至双向阀 290 一侧；双向阀 290 比较来自切换阀 195 和制动缸管（2 号口）的压力，输出两者之间较大的压力至制动缸。双向阀 291 输出制动缸 1 和制动缸 2 之间较大的压力。119 为Ⅰ架制动缸隔离塞门，120 为Ⅱ架制动缸隔离塞门。

### 2.2.3.6 电源模块

1. 模块功能

电源模块将机车提供的电源转换成 DC 24 V,为智能节点、电磁阀、传感器及制动控制器提供可靠的电源供给。电源模块外形如图 2-60 所示。

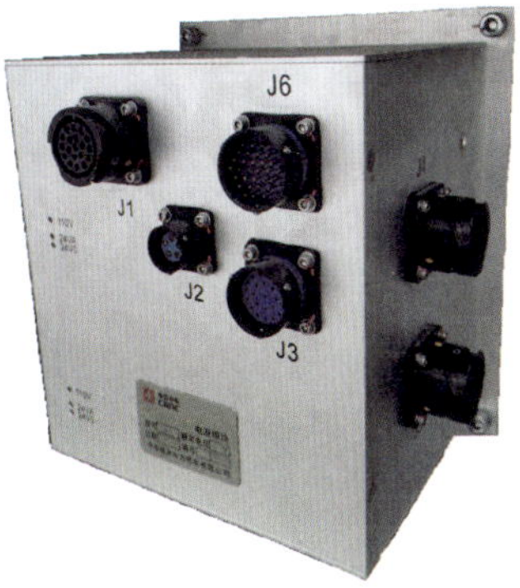


图 2-60 电源模块外形

2. 模块技术参数

电源模块主要技术参数如下:

(1)额定工作电压:DC 110 V(或 DC 74 V)。

(2)质量:3 kg。

(3)输出电压:DC 24 V。

(4)额定输出功率:300 W。

3. 模块结构组成

电源模块设置有 6 个对外连接器,分别命名为 J1、J2、J3、J4、J5、J6,其结构组成如图 2-61 所示。

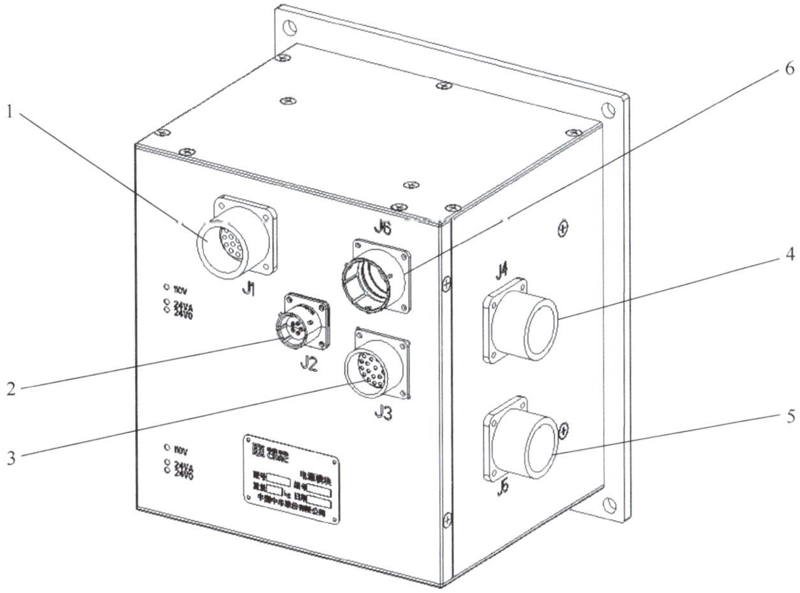


1—J1 连接器;2—J2 连接器;3—J3 连接器;4—J4 连接器;5—J5 连接器;6—J6 连接器。

图 2-61 电源模块结构组成

各连接器的功能描述如下:

(1)J1:用于智能模块CAN总线及24V供电电源线的连接以及EIU的CAN总线连接。

(2)J2:用于智能模块硬线信号的传输。

(3)J3:用于连接辅助功能模块、空气制动阀模块的塞门、电磁阀等硬线信号。

(4)J4:Ⅰ端制动控制器及制动显示屏线缆连接接口。

(5)J5:Ⅱ端制动控制器及制动显示屏线缆连接接口。

(6)J6:电空控制单元的对外接口,与接线箱模块相连。

4. 模块工作原理

电源模块设置有两块电源板卡,两路电源板卡独立运行,并行输出,电源模块接收外部供给的两路直流电源,将其转换为DC 24 V电源,电源模块的电源板1和电源板2互为热备冗余,电源模块工作原理框图如图2-62所示。

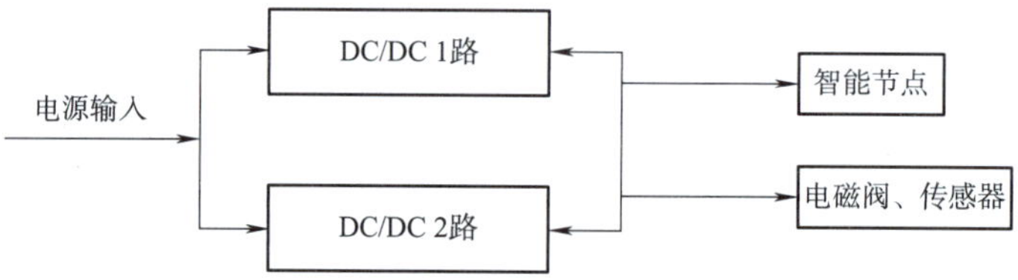


图2-62 电源模块工作原理框图

### 2.2.3.7 过滤器模块

1. 模块功能

过滤器模块包括总风、列车管和平均管过滤器,用于过滤压缩空气,保护制动系统内部部件,如图2-63所示。

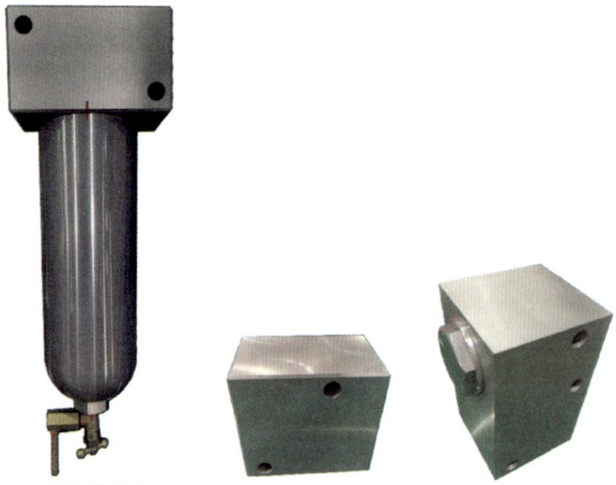

(a) 总风过滤器 (b) 列车管过滤器 (c) 平均管过滤器

图2-63 过滤器外形

2. 模块技术参数

(1)总风过滤器和平均管过滤器技术参数如下：

①过滤精度：40 μm。

②阀体及外壳材质：铝合金。

(2)列车管过滤器技术参数如下：

①一级过滤采用 60 目不锈钢网，二级过滤精度为 5 μm。

②阀体材质：铝合金。

### 2.2.4 电气接口单元

电气接口单元(EIU)是实现 CAB-B 型制动控制系统电气输入、输出及网络通信功能的部件，具有 I/O 控制、网络通信、指示灯状态显示、日志存储、单机自检及故障诊断等功能，电气接口单元外形如图 2-64 所示。

图 2-64 电气接口单元外形

1. 结构组成

EIU 采用非标准机箱的定制结构，由 DI/O 板、控制板、电源板和 LED 板组成，EIU 板卡组成结构如图 2-65 所示。

DI/O 板：用于输入硬线信号的采集和输出硬线信号的发送，提供了 24 路 DC 110 V(或 74 V)的输入采集通道和 2 路 DC 24 V 的输入采集通道，以及 16 路 DC 110 V(或 74 V)的输出发送通道。

控制板：对网络数据、I/O 数据进行计算处理，并通过 CAN 网络实现与制动控制系统的其他节点通信，通过 MVB 网络、TRDP 网络与机车上其他设备通信，实时存储制动控制系统数据，通过以太网通信接口上传和下载 EIU 数据文件。

电源板：引入 DC 110 V(或 74 V)工作电源，为控制板提供 DC 5 V 电源，为 DI/O 板提供 DC 110 V(或 74 V)、DC 24 V、DC 5 V 电源。

LED 板：具有 6 行 4 列共 24 个发光二极管，通过发光二极管的亮、灭、快闪、慢闪等不同状态显示出 EIU 的信号情况。

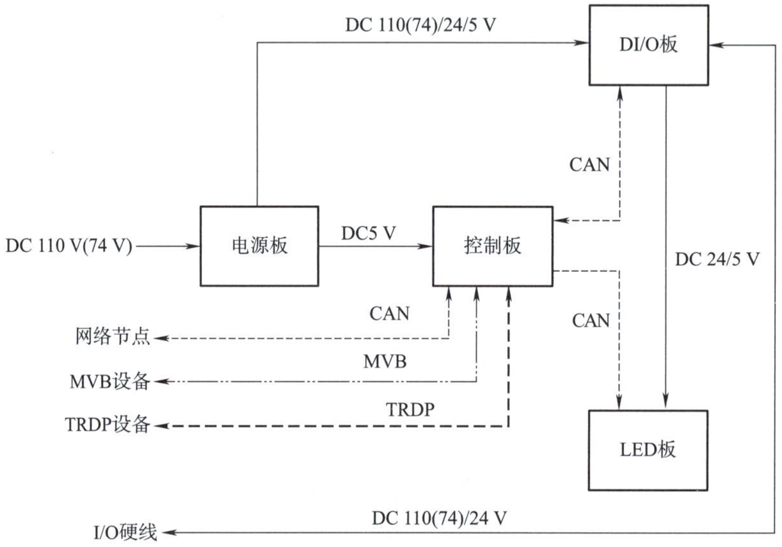


图 2-65 EIU 板卡组成结构

2. 机箱外观

(1)机箱为长方体形状，外壳颜色为蓝色。

(2)机箱前面板有 8 个连接器，所有连接器是水平直出式方向，其中 J1 和 J6 是 19 芯圆形连接器，J4-1、J4-2、J5 是 M12-D4 型连接器，J2 是 55 芯圆形连接器，J3-1 和 J3-2 是一组公、母头的 D-SUB9 连接器。

(3)机箱外壳右侧板设有接地螺柱，提供接地保护。

(4)机箱前面板右上方的 6 行 4 列矩阵共 24 个指示灯，亮灯时呈绿色。

(5)机箱铭牌在机箱前面板左上部，标注名称、型号、规格、编号、重量、通信介质、出厂日期等基本信息。

3. 主要技术参数

电气接口单元的主要技术参数如下：

(1)外形尺寸：145 mm×350 mm×271.5 mm。

(2)额定电压：DC 74 V 或 DC 110 V。

(3)额定功率：30 W。

(4)工作温度：—40～+70 ℃。

4. 电气接口

EIU通信介质为MVB(ESD+、EMD)、以太网(TRDP)、CAN等，具有8个对外连接器，如图2-66所示。

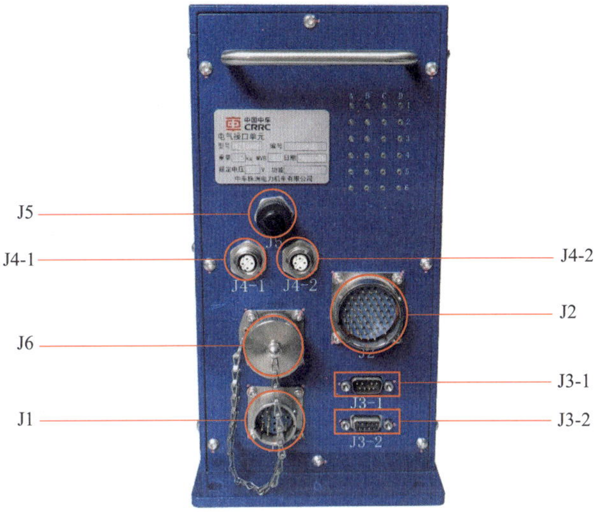


图 2-66 EIU电气接口连接器

(1)J1连接器

J1连接器用于制动控制系统内部的CAN网络通信，采用双路CAN通道，接收电空控制单元(EPCU)、制动控制器(EBV)、制动显示屏(LCDM)的CAN网络数据，同时将机车的指令信号通过CAN网络发送给EPCU、EBV和LCDM。J1连接器CAN网络信号内容详见表2-11。

表 2-11 J1连接器CAN网络信号

| 类 别 | 数据内容 | 备 注 |
| --- | --- | --- |
| EIU接收 | EPCU的列车管压力、均衡风缸压力、总风压力、制动缸压力、制动缸预控压力、单独预控压力、平均管压力、电磁阀状态 | 数据源：列车管控制模块BPCM、制动缸控制模块BCCM、单独控制模块IBCM |
| | 自动制动控制器位置、单独制动控制器位置、制动区模拟量、制动控制器状态 | 数据源：Ⅰ端和Ⅱ端的制动控制器(EBV) |
| | 本务/补机/单机、补风/不补风、一次缓解/阶段缓解、定压500/600 kPa、小闸投入/切除等电空设置状态、单机自检指令、传感器校准指令、定压微调指令 | 数据源：Ⅰ端和Ⅱ端的制动显示屏(LCDM) |

续上表

| 类　别 | 数据内容 | 备　注 |
|---|---|---|
| EIU 发送 | 紧急、惩罚、占用端信号、机车速度、断钩保护 | MVB 网络、以太网、硬线开关量的机车指令发送至 EPCU |
| | 列车管压力、均衡风缸压力、总风压力、制动缸压力、CAN 节点通信状态、单机自检信息、制动控制系统工况、制动控制系统故障信息 | 制动控制系统状态发送至 LCDM |

(2)J2 连接器

J2 连接器用于制动控制系统 I/O 硬线输入输出通信,电源引入。J2 连接器 I/O 输入输出信号内容详见表 2-12。

**表 2-12　J2 连接器 I/O 输入输出信号**

| 类　别 | 数据内容 | 备　注 |
|---|---|---|
| EIU 电源 | 两路冗余的 I/O 输出信号的供电电源、两路冗余的工作电源 | — |
| EIU 接收 | 机车紧急、大闸紧急、机车惩罚、电钥匙激活信号、零速信号、制动柜电联锁塞门状态 | 硬线开关量采集信号 |
| EIU 发送 | 紧急输出、牵引封锁输出、车列电空输出、电制动切除输出 | 硬线开关量发送信号 |

(3)J3-1 连接器和 J3-2 连接器

J3-1 连接器和 J3-2 连接器用于 EIU 与机车系统的 MVB 通信,J3-1 连接器是公头,J3-2 连接器是母头,若制动控制系统作为 MVB 网络的终端设备,连接器上须连接终端电阻插头。J3 连接器通信内容详见表 2-13。

**表 2-13　J3 连接器通信内容**

| 类　别 | 数据内容 |
|---|---|
| 接收和发送 | 与机车 MVB 通信,接收机车的机车速度、占用端信号、紧急惩罚指令,发送制动控制系统的总风压力、均衡风缸压力、列车管压力、制动缸压力、充风流量、电制动申请值、制动控制系统状态信号 |

(4)J4 连接器

J4 连接器用于制动控制系统以太网通信,以及 EIU 软件的运行监控调试、文件传输、软件更新、存储日志文件下载。J4 连接器以太网通信内容详见表 2-14。

**表 2-14　J4 连接器以太网通信**

| 类　别 | 数据内容 |
|---|---|
| 接收和发送 | 与机车以太网(TRDP)通信,接收机车的机车速度、占用端信号、紧急惩罚指令,发送制动控制系统的总风压力、均衡风缸压力、列车管压力、制动缸压力、充风流量、电制动申请值、制动控制系统状态信号 |
| 在线调试 | 监控调试 EIU 软件涉及的所有信号,查看底层接口数据 |
| 上传和下载 | 上传软件,下载制动控制系统的数据存储日志文件 |

(5)J5 连接器

J5 连接器为预留的 USB 接口。

(6)J6 连接器

J6 连接器采用双 CAN 网络通信,其接口协议与 J1 连接器保持一致,主要用于系统在线监控、调试。

5. 其他功能

(1)日志存储

EIU 启动后,实时将制动系统数据写入数据磁盘,实现日志存储功能。每个日志文件最大为 4M,EIU 的日志存储空间为 16G,可持续存储约 3 个月时间的制动控制系统数据信息。存储空间不足时,EIU 自动删除最先存储的日志文件,为后续新创建的日志文件留出存储空间,实现新旧日志文件的替换和存储数据的有效更新。

(2)故障诊断

EIU 的故障诊断对象主要包括:内部 I/O 板的生命信号、各智能节点生命信号、数字量输出反馈信号、机车网络控制系统生命信号等,相应的故障信息将通过内部 CAN 网络发送给制动显示屏,以及通过网络总线发送给机车网络控制系统。

(3)状态指示

EIU 的前面板上设有 24 个 LED 灯,指示灯的亮、灭、闪表示制动控制系统的不同状态,具体定义详见表 2-15。

表 2-15　指示灯状态定义

| 标识 1 | 标识 2 | | | |
|---|---|---|---|---|
| | A | B | C | D |
| 1 | 亮:110 V 电源正常 | 亮:24 V 电源正常 | 闪:灯板卡运行正常 | 闪:控制板运行正常 |
| 2 | 亮:J4-2 的 CPU 为主控。<br>灭:J4-1 的 CPU 为主控。<br>闪:从控 CPU 故障 | 灭:接收 I/O 两路 CAN 正常。<br>慢闪:接收 I/O 的 CAN0 故障。<br>快闪:接收 I/O 的 CAN1 故障。<br>长亮:接收 I/O 两路 CAN 故障 | 灭:接收节点两路 CAN 正常。<br>慢闪:接收节点的 CAN0 故障。<br>快闪:接收节点的 CAN1 故障。<br>长亮:接收节点两路 CAN 故障 | 亮:电钥匙激活 |
| 3 | 闪:EIU 生命信号跳动 | 闪:BPCM 生命信号跳动 | 闪:BCCM 生命信号跳动 | 闪:IBCM 生命信号跳动 |
| 4 | 闪:EBV1 生命信号跳动 | 闪:EBV2 生命信号跳动 | 闪:机车 CCU 生命信号跳动 | 闪:I/O 生命信号跳动 |

续上表

| 标识 1 | 标识 2 | | | |
|---|---|---|---|---|
| | A | B | C | D |
| 5 | 亮:有零速 | 亮:有 DBI 信号输入 | 亮:有 ATP 惩罚 1 信号输入 | 亮:有 ATP 惩罚 2 应用 |
| 6 | 亮:有 ATP 惩罚 3 信号输入 | 亮:有机车紧急 1 信号输入 | 亮:有机车紧急 2 信号输入 | 亮:紧急制动输出 |

## 2.2.5 辅助控制装置

辅助控制装置布局如图 2-67 所示，主要包括停放制动模块、升弓及辅压机启停控制模块、撒砂控制模块、空压机启停控制模块等部件。

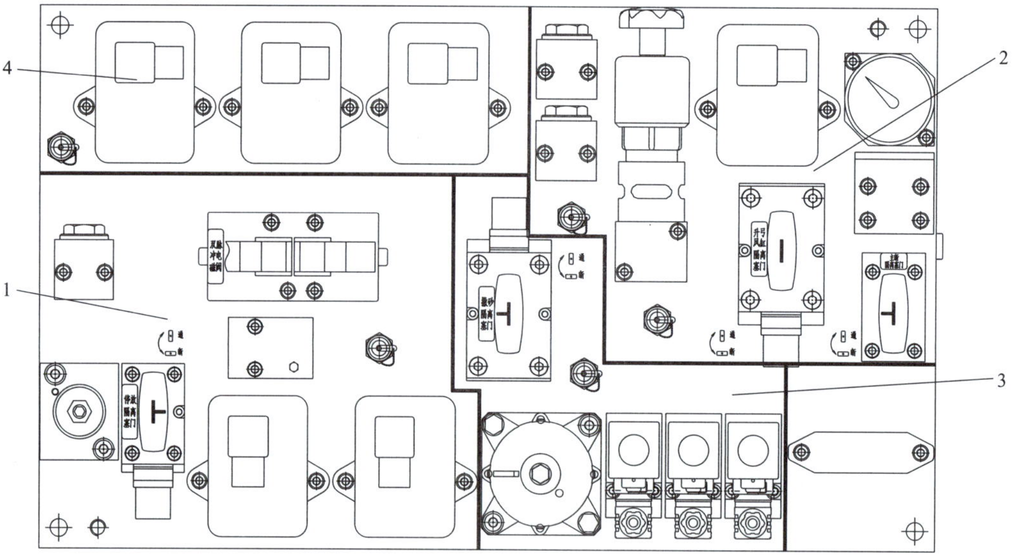


1—停放制动控制模块；2—升弓及辅压机启停控制模块；3—撒砂控制模块；4—空压机启停控制模块。

**图 2-67 辅助控制装置布局**

### 2.2.5.1 停放制动控制模块

停放制动控制模块的主要功能是接收控制指令，控制机车走行部机车停放制动缸压力。相应的管路原理如图 2-68 所示，主要部件功能详见表 2-16。

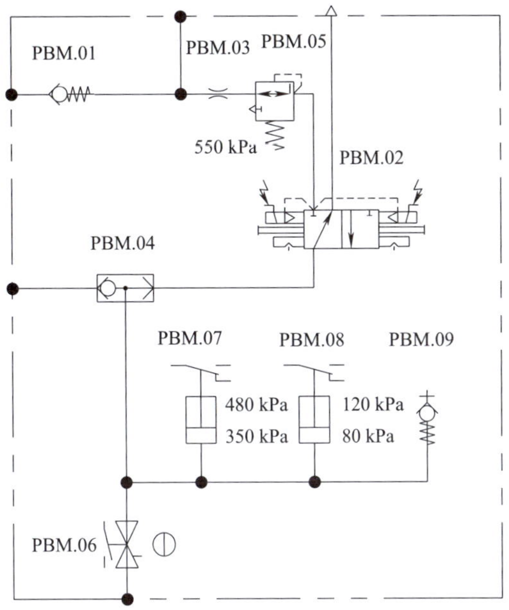


图 2-68 停放制动控制模块管路原理

表 2-16 停放制动控制模块主要部件

| 代 号 | 部 件 | 功 能 |
|---|---|---|
| PBM. 01 | 止回阀 | 保持停放气路的风源压力 |
| PBM. 02 | 双脉冲电磁阀 | 控制停放缸的充风和排风，按压右侧按钮(红色)施加停放制动，按压左侧按钮(绿色)缓解停放制动 |
| PBM. 03 | 缩孔 | 限制停放缸的充风流量 |
| PBM. 04 | 双向阀 | 制动缸管路压力与停放供风管压力进行比较，两者之间较大压力的压缩空气与停放缸相通 |
| PBM. 05 | 停放减压阀 | 调节进入停放制动控制模块的供风压力，整定压力值(550±20) kPa |
| PBM. 06 | 停放隔离塞门 | 控制停放制动管的通断，当塞门处于关闭位时，将停放缸压力空气排向大气 |
| PBM. 07 | 停放缓解压力开关 | 停放制动管压力达到(480±20) kPa 后，开关闭合，传输停放完全缓解信号给 CCU |
| PBM. 08 | 停放制动压力开关 | 停放制动管压力降到(120±20) kPa 后，开关闭合，传输停放完全施加信号给 CCU |
| PBM. 09 | 停放压力测点 | 检测停放制动管压力 |

机车缓解停放制动时，双脉冲电磁阀(PBM. 02)处于停放缓解位，总风经双脉冲电磁阀(PBM. 02)充入停放制动缸，当停放制动缸中的空气压力达到停放缓解压力开关(PBM. 07)缓解整定值以上时，停放制动完全缓解。

机车实施停放制动时，双脉冲电磁阀(PBM. 02)处于停放制动位，停放制动缸中的压缩空气通过双脉冲电磁阀(PBM. 02)排出，当停放制动缸中的空气压力达到停放制动压力开关(PBM. 08)制动整定值以下时,停放制动完全施加,停放弹簧产生停放制动力,避免机车溜车。同时,也可以通过操纵双脉冲电磁阀(PBM. 02)上两侧按钮对停放制动进行手动控制。

### 2.2.5.2 升弓及辅压机启停控制模块

升弓及辅压机启停控制模块的主要功能是为受电弓和主断路器提供干燥、稳定的压缩空气。相应的管路原理如图 2-69 所示,主要部件功能详见表 2-17。

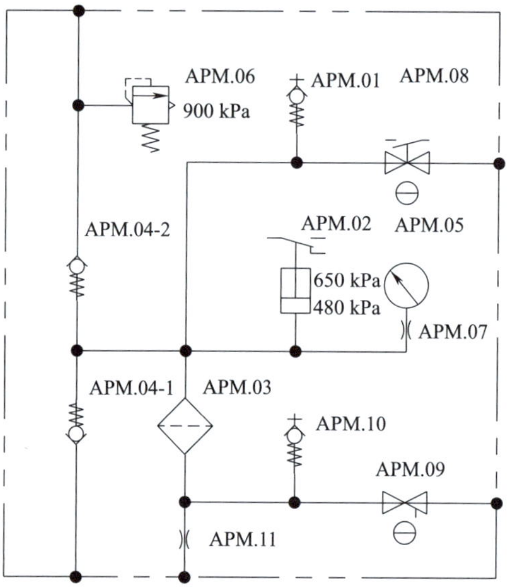


图 2-69 升弓及辅压机启停控制模块管路原理

表 2-17 升弓及辅压机启停控制模块主要部件

| 代　号 | 部　件 | 功　能 |
|---|---|---|
| APM. 01 | 升弓管路压力测点 | 检测升弓风缸压力 |
| APM. 02 | 辅压机控制压力开关 | 升弓管路压力达到设定压力值后,输出开关量信号给 CCU |
| APM. 03 | 过滤器 | 过滤升弓管路、主断管路压缩空气 |
| APM. 04-1 | 止回阀 | 保持来自总风的风源压力 |
| APM. 04-2 | 止回阀 | 保持来自辅助压缩机的风源压力 |
| APM. 05 | 升弓管路压力表 | 显示升弓管路压力 |
| APM. 06 | 安全阀 | 确保辅压机管路不超过 900 kPa 的设定压力 |
| APM. 08 | 升弓风缸隔离塞门 | 隔离升弓风缸管路 |
| APM. 09 | 主断隔离塞门 | 控制主断管的通断,当塞门处于关闭位时,将主断管路压力空气排向大气 |
| APM. 10 | 主断压力测点 | 检测主断管路压力 |

模块中辅压机控制压力开关(APM.02)用于控制辅助压缩机的启停。机车升弓指令发出后,若升弓风缸压力低于 480 kPa 时,控制电路经辅压机控制压力开关(APM.02)发出电信号,辅助压缩机自动投入工作;当升弓风缸压力高于 650 kPa 时,辅压机控制压力开关(APM.02)动作,辅助压缩机自动停止工作。

升弓及辅压机启停控制模块中的压缩空气来自机车总风缸和辅助压缩机组。

### 2.2.5.3 撒砂控制模块

撒砂控制功能须与司机脚踏开关、紧急制动、防空转等配合使用。相应的管路原理如图 2-70 所示,主要部件功能详见表 2-18。

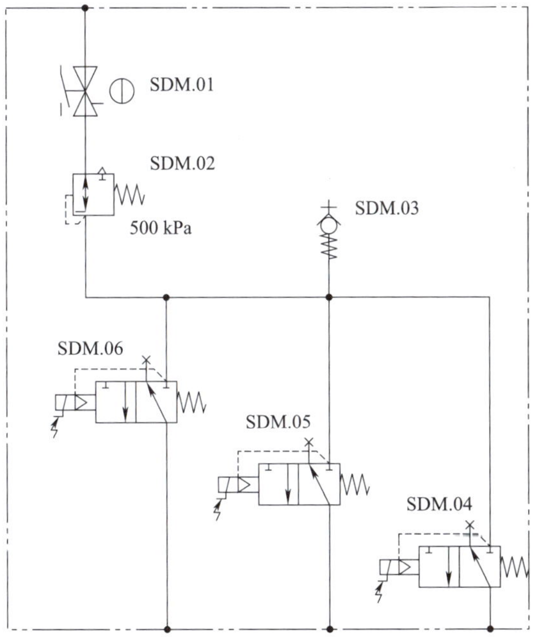


图 2-70 撒砂控制模块管路原理

表 2-18 撒砂控制模块主要部件

| 代 号 | 部 件 | 功 能 |
| --- | --- | --- |
| SDM.01 | 撒砂隔离塞门 | 控制撒砂管路的通断,当塞门处于关闭位时,将撒砂管理压力空气排向大气 |
| SDM.02 | 撒砂减压阀 | 调节进入撒砂控制模块的供风压力,整定压力值(450±20) kPa |
| SDM.03 | 撒砂压力测点 | 检测撒砂管路压力 |
| SDM.04 | 撒砂干燥电磁阀 | 控制干砂管路的压力 |
| SDM.05 | 向后撒砂电磁阀 | 控制向后撒砂管路的压力 |
| SDM.06 | 向前撒砂电磁阀 | 控制向前撒砂管路的压力 |

### 2.2.5.4 空压机启停控制模块

空压机启停控制模块由三个压力开关(ACSM. 01、ACSM. 02、ACSM. 03)和一个压力测点(ACSM. 04)组成。压力开关 ACSM. 01、ACSM. 03 输出信号,用于空压机启停控制;压力开关 ACSM. 02 输出总风低压信号;压力测点 ACSM. 04 用于检测总风压力。

空压机启停控制模块管路原理如图 2-71 所示。

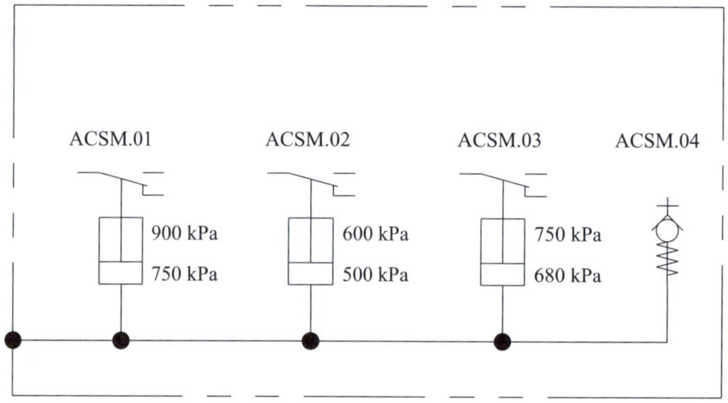


图 2-71 空压机启停控制模块管路原理

### 2.2.5.5 阀类部件结构原理

1. 双脉冲电磁阀

双脉冲电磁阀由主阀体 1、阀端盖 17、手控按钮 10、作用活塞 13、主阀芯 11 等组成,其结构如图 2-72 所示。双脉冲电磁阀用于停放制动控制,此阀为二位三通双电控形式,阀上配有两个电磁线圈,阀体上刻印 P 口为进风口,连接调压后的总风、中间 A 口为出风口,连接停放制动缸管,O 口为排风口。阀体两端为手控按钮,在无电控制信号情况下,可通过按下手控按钮来使阀换向,达到给 A 口输入压力或者排空 A 口压力的目的。

双脉冲电磁阀为双电控换向阀,采用脉冲信号(DC 110 V)来使电磁阀得电,驱动主阀芯换向动作。

当排风线圈得电后,其先导电枢管吸合,先导压力通过作用活塞 13 推动主阀芯 11(主阀芯中间位置为凹槽结构,根据凹槽所处位置不同,通过此凹槽分别将 P 口和 A 口沟通或将 A 口和 O 口沟通),双脉冲电磁阀 P 口至 A 口通风,A 口有压力输出。

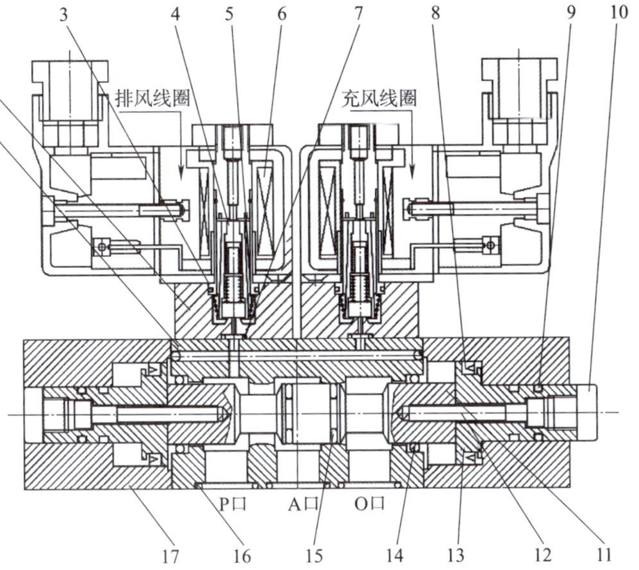


1—主阀体;2—安装座;3、7、8、9、14～16—密封圈;4—先导电枢管;5—先导复位弹簧;
6—电磁线圈;10—手控按钮;11—主阀芯;12—紧固螺钉;13—作用活塞;17—阀端盖。

**图 2-72 双脉冲电磁阀结构**

当排风线圈失电后,其先导复位弹簧 5 使先导电枢管 4 复位,由于主阀的稳态作用,P 口与 A 口依然处于沟通状态,A 口压力输出可以保持。这样在阀长期工作状态中,线圈不会发热,既增加了阀的工作可靠性,又可节省能源。在需要将 A 口(出风口)关闭时,只需将另一电磁线圈(充风线圈)通入控制信号(DC 110 V)保持 1～2 s,主阀即可换向,从而实现机车制动控制系统对停放缸进行充风和排风的控制。

2. 停放减压阀

停放减压阀结构如图 2-73 所示,主要由上、下两部分组成,上部是具有调整功能的机械部件,下部是具有充风、排风和稳压功能的气控部件。调整螺栓、螺母、上阀体、弹簧座、调整弹簧、推杆、弹簧套、卡簧、定位销等组成上部分,下阀体、阀芯、第一弹簧、第二弹簧、活塞、膜板、膜板盖、阀座等组成气控部分。

停放减压阀通过旋转调整螺栓 25,设定调整弹簧 13 的压缩量来调整输出压力的大小,第二弹簧 18 主要用于控制调压精度。

初充风时,调整弹簧 13 下压膜板活塞组成,顶开阀芯 2,打开总风向阀座中间腔室的通路,来自充气口的总风压力进入中间腔室及膜板 20 的下腔。该压缩空气作用于膜板 20 上的力向上,与调整弹簧 13 对膜板 20 向下的作用力进行比较,当输出口压力低于调整弹簧力时,停放减压阀气控部分将持续给出口供风。

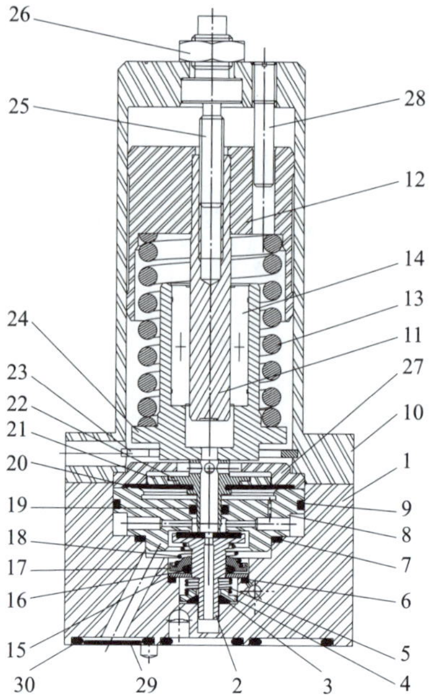


1—下阀体；2—阀芯；3、6、7、9、16、19、30—O形密封圈；4—垫圈；5—第一弹簧；8—阀座；10—上阀体；11—推杆；12—弹簧套；13—调整弹簧；14—轴承；15、17—垫片；18—第二弹簧；20—膜板；21—活塞环；22—活塞；23—卡簧；24—弹簧座；25—调整螺栓；26—螺母；27—膜板盖；28—定位销；29—滤网。

**图 2-73　停放减压阀结构示意**

当出口压力接近整定值，膜板 20 下腔压力将逐渐增大，抵消调整弹簧 13 对阀芯 2 的作用力，膜板 20 将趋于平衡，膜板活塞组成与阀座 8 下阀口、阀芯 2 密封面三者接触形成密封，停放减压阀处于保压状态。

当出口压力大于整定值，膜板 20 下腔压力继续增大，克服调整弹簧力，推动活塞 22 上移，使膜板活塞组成离开阀芯 2 密封面，打开出风口与大气口的通路，排出多余的压力，直至膜板 20 重新平衡为止。同时阀芯 2 由于第二弹簧 18 向上的力与阀座 8 接触，形成密封，关闭进风口，此时停放减压阀处于溢流状态。

## 2.2.6　紧急阀

紧急阀的作用是当列车管压力快速下降且压力下降速率大于设定值时，迅速打开列车管排大气的通路，加快列车管的排风，提高紧急制动波速。紧急阀一旦被触动后，必须要保持一定的时间才会复位，紧急阀动作灵敏度约为 80 kPa/s。

紧急阀由紧急活塞、紧急室、安定弹簧、阀芯、阀芯弹簧、阀体等零件组成，其外形如图 2-74 所示，结构如图 2-75 所示。

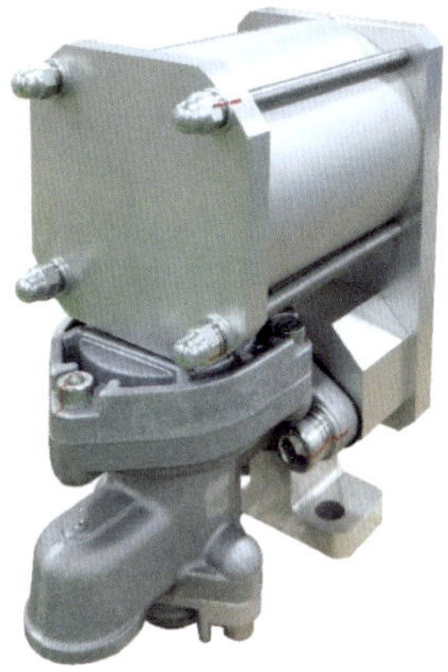

图 2-74 紧急阀外形

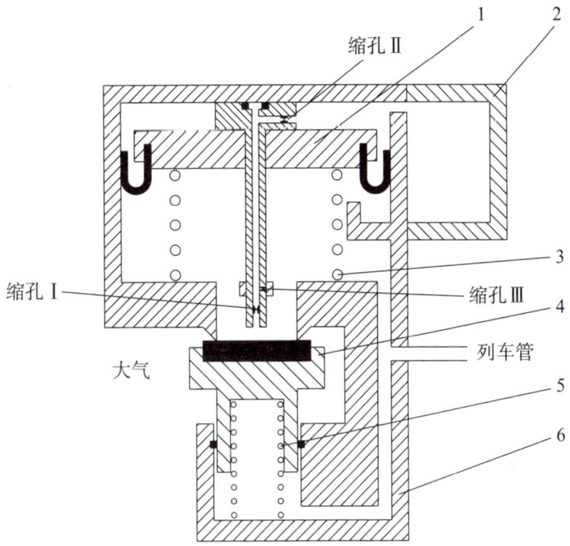


1—紧急活塞；2—紧急室；3—安定弹簧；4—阀芯；5—阀芯弹簧；6—阀体。

图 2-75 紧急阀结构

紧急活塞的活塞杆轴向中心孔内设有缩孔Ⅰ，用来以控制紧急室压力空气向列车管的逆流速率；紧急活塞的活塞杆上部还设有径向缩孔Ⅱ，用来控制列车管压力空气向紧急室的充气速度；在紧急活塞的活塞杆下部处，钻有的径向缩孔Ⅲ，用以在紧急制动后控制紧急室压力空气排入大气的时间。

紧急阀有充气位、常用制动位和紧急制动位等 3 个作用位置。

1. 充气位

如图 2-76 所示，当列车管压力上升，充气缓解时，紧急活塞在列车管压缩空气和安定弹簧的作用下紧紧压在上盖上，处于上极限位，紧急阀处于充气位。此时，紧急活塞上部的密封圈与上盖紧密贴合，列车管压缩空气通过紧急活塞底部中心孔，再经缩孔Ⅰ，最后经紧急活塞上部径向缩孔Ⅱ到紧急活塞上侧并向紧急室充气。紧急活塞上部的径向缩孔Ⅱ控制充气速度，避免紧急室充气过快而引起意外的紧急制动。列车管压缩空气还经阀体内暗道到达阀芯下侧，抵消作用在阀芯上的压力，与阀芯弹簧一起使阀芯处于关闭状态。紧急室压力充至与列车管压力相等后，紧急活塞在安定弹簧作用下，仍保持上部极端位置。

2. 常用制动位

如图 2-77 所示，当列车管以常用制动速率减压时，紧急活塞下部的列车管压力降低，紧急室的压缩空气经紧急活塞杆顶面的径向缩孔Ⅱ来不及逆流，紧急活塞两侧产生较小的压力差，克服安定弹簧的反力，紧急活塞略下移，上方的密封圈稍稍脱离上盖，顶面的轴向中心孔口开放，紧急室的压缩空气仅经缩孔Ⅰ逆流，可保证紧急室压缩空气逆流速率与列车管减压速率一致，紧急活塞两侧不再形成更大的压力差，紧急活塞悬浮在此位置。列车管减压停止后，紧急室压缩空气继续逆流，直到紧急室压力与列车管相等后，不再逆流，紧急活塞在安定弹簧作用下又恢复到上极限位置。

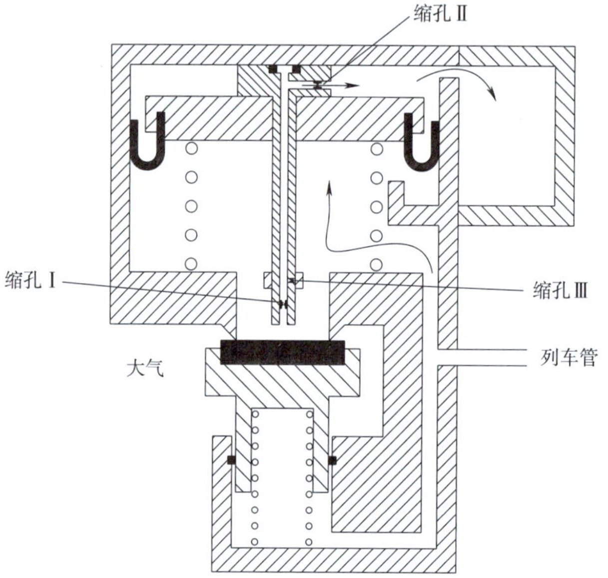


图 2-76 紧急阀（充气位）

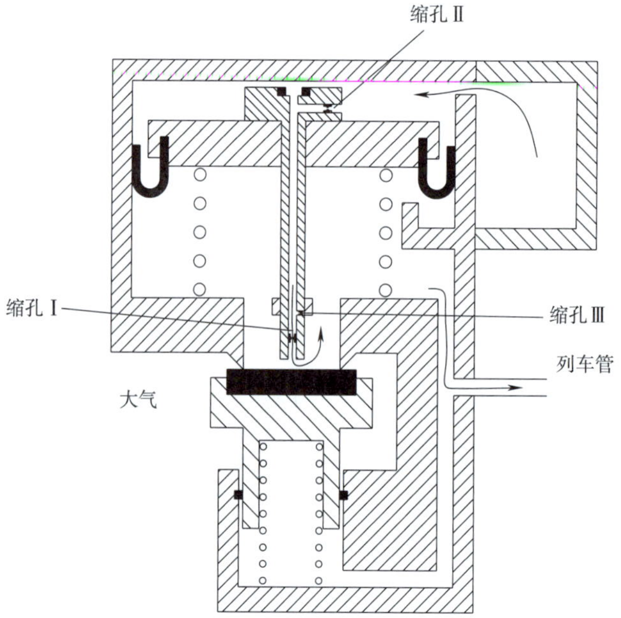


图 2-77 紧急阀（常用制动位）

3. 紧急制动位

如图 2-78 所示，当列车管以紧急制动速率减压时，紧急室压缩空气来不及向列车管逆流，紧急活塞两侧形成压差，下移接触阀芯，切断底部的中心孔口，紧急室压缩空气只能从紧急活塞下部的径向缩孔Ⅲ逆流到列车管，紧急活塞两侧压差将骤增，继续下移，顶开阀芯，列车管直接排大气。

紧急制动位时，紧急室的压缩空气只能经紧急活塞杆下部的径向缩孔Ⅲ排大气，需较长时间才能排完，排气时，阀芯一直开启，列车管充风无效，只有当紧急活塞上侧的剩余压力及其自重低于安定弹簧和阀芯弹簧反力时，紧急活塞才会上移，阀芯才会关闭。

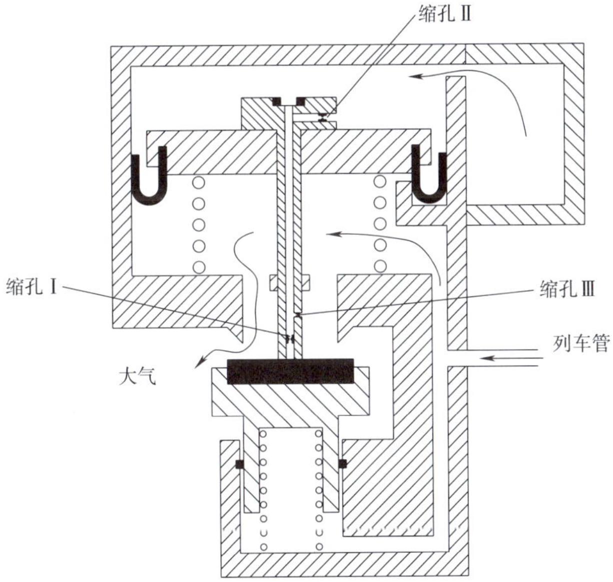


**图 2-78 紧急阀**(紧急制动位)

# 3 系统功能原理及综合作用

CAB-B 型制动控制系统的各组成部件通过相互关系和作用规律(综合作用),实现系统自动制动、单独制动、紧急制动等主要制动功能,同时为确保系统发生故障时能导向安全,系统进行了安全及冗余设计。本章主要叙述 CAB-B 型制动控制系统的功能原理、综合作用、安全及冗余设计。

## 3.1 系统功能原理

CAB-B 型制动控制系统电空控制单元(EPCU)中三个智能模块(列车管控制模块、制动缸控制模块、单独控制模块)均设有电磁阀和压力传感器,各模块的预控压力采用 EP 压力控制技术。智能模块根据系统指令计算压力目标值,控制电磁阀对固定容积进行充、排风,传感器实时反馈的压力,调整电磁阀动作,实现均衡风缸、制动缸预控、平均管预控等压力的精确调节,再通过流量放大部件完成对列车管、制动缸、平均管的压力控制,进而实现系统的自动制动、单独制动、紧急制动、惩罚制动等制动功能。

### 3.1.1 自动制动

CAB-B 型制动控制系统功能部件主要由列车管控制模块(BPCM)、制动缸控制模块(BCCM)、单独控制模块(IBCM)和空气制动阀模块(PBTV)等组成。

如图 3-1 所示,自动制动时,列车管控制模块响应自动制动指令,通过 BPCM 模块中均衡 EP 控制均衡风缸压力,进一步通过 BPCM 模块中继阀实现对列车管压力的控制。BCCM 模块、IBCM 模块和 PBTV 模块分别通过压力传感器、内 CAN 网络和气路响应列车管压力变化控制制动缸预控压力输出。正常时切换阀 269 输出 BCCM 模块产生的预控压力,故障时输出 PBTV 模块产生的容积室压力;再经双向阀 107 与单独控制模块作用阀 105 输出的压力比较后,向作用阀 102 输出较大的常用预控压力。当列车管压力低于设定值时,PBTV 模块输出紧急增压预控压力至作用阀 102，最终经 BCCM 模块作用阀 102 流量放大后输出对应的制动缸压力。

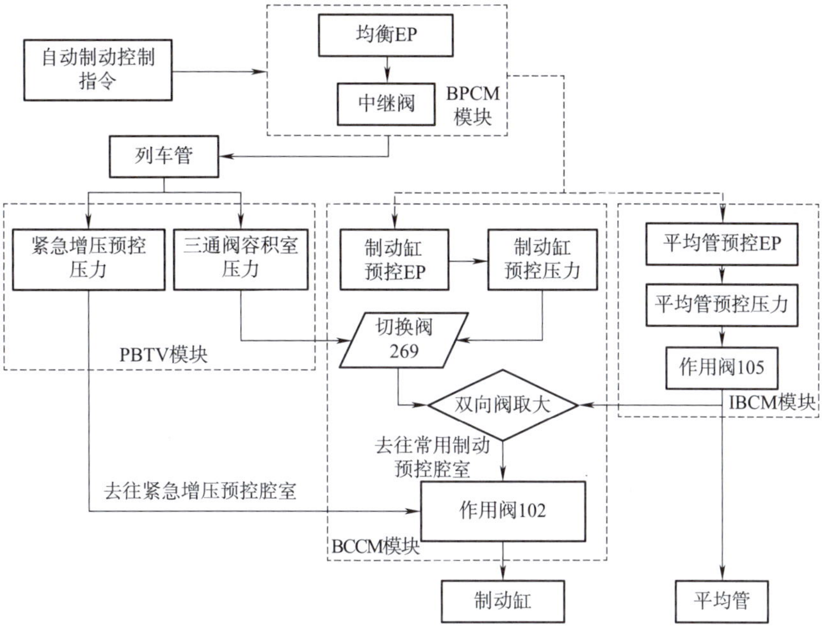


图 3-1 自动制动功能框图

当均衡 EP 故障时，系统会自动产生惩罚制动，停车后根据操作提示可进入冗余模式，均衡风缸压力由制动缸控制模块 EP 控制。同时切换阀 269 输出 PBTV 模块产生的容积室压力。

当制动缸预控 EP 故障时，切换阀 269 输出 PBTV 模块产生的容积室压力，同时，单独控制模块也可响应列车管压力变化输出制动缸预控压力。

当平均管预控 EP 故障时，系统将自动进行切换，平均管预控压力由制动缸控制模块 EP 控制，同时切换阀 269 输出 PBTV 模块产生的容积室压力。

### 3.1.2 单独制动

如图 3-2 所示，单独制动时，BCCM 模块和 IBCM 模块均会响应单独制动指令，分别输出制动缸预控压力和平均管压力，两者经双向阀 107 比较取大后输出至作用阀 102，同时 IBCM 模块产生的平均管压力还会作为重联机车或者补机制动缸预控压力，最终由各自作用阀 102 输出对应的制动缸压力。

当制动缸预控 EP 或平均管预控 EP 故障时，系统会进行冗余切换控制，冗余控制气路、切换方式与自动制动一致。

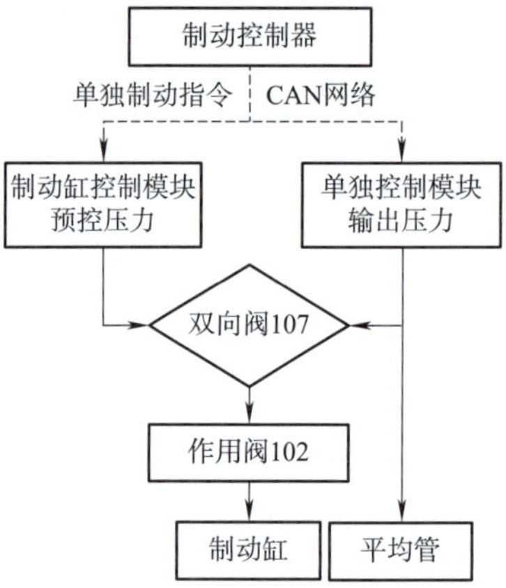


**图 3-2　单独制动功能框图**

### 3.1.3　紧急制动

CAB-B 型制动控制系统紧急制动指令来源如下：

(1)大闸手柄置紧急位；

(2)监控、紧急按钮、CCU 等装置给出的紧急制动请求；

(3)车长阀或列车分离；

(4)制动控制系统产生的紧急制动；

(5)其他原因造成机车列车管减压速率大于 80 kPa/s 时。

如图 3-3 所示，当紧急制动指令触发时，制动控制系统将切断列车管补风并通过多个排风通路使列车管压力快速排空；同时，空气制动阀模块、制动缸控制模块、单独控制模块响应列车管压力变化产生相应的紧急制动预控压力，制动缸控制模块根据预控压力经流量放大后输出紧急制动压力，单独控制模块输出平均管压力，两者比较取大后最终输出机车制动缸压力。

### 3.1.4　惩罚制动

CAB-B 型制动控制系统的惩罚源主要包括：

(1)制动控制系统自身产生的常用制动、紧急制动惩罚；

(2)监控两级常用制动、紧急制动惩罚；

(3)无人警惕常用全制动惩罚；

(4)CCU 发出的常用或紧急制动惩罚。

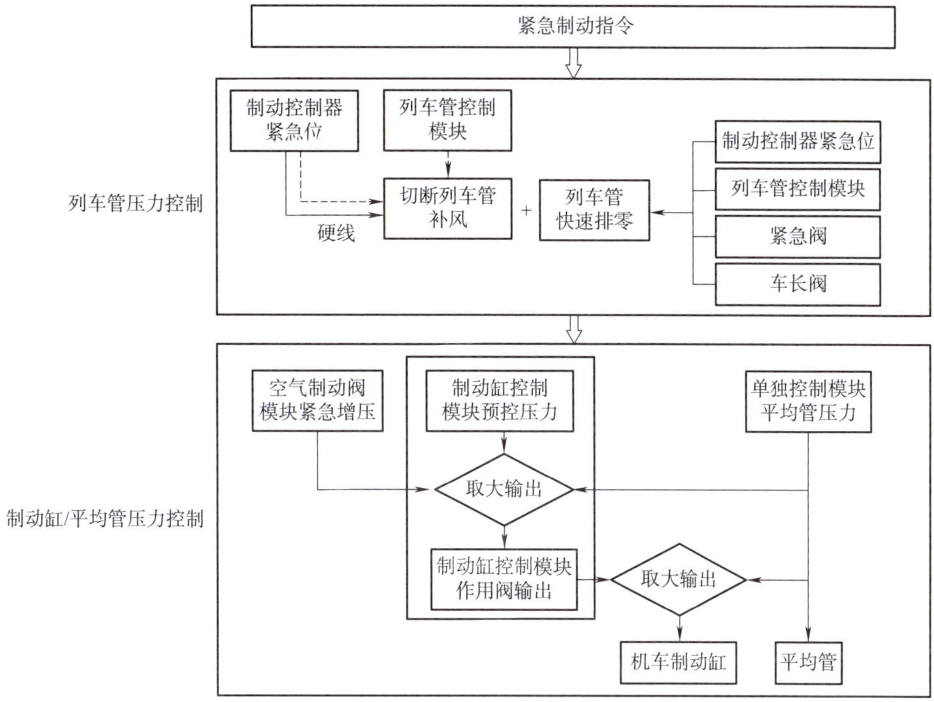


图 3-3 紧急制动功能框图

惩罚制动指令包括硬线信号与网络信号两种形式。ATP、CCU 及无人警惕等装置输出的硬线或网络指令至制动控制系统电气接口单元 EIU,并通过 CAN 网络发送至 EPCU,各模块产生相应的惩罚作用。同时,ATP、CCU 硬线紧急制动指令还可直接控制辅助功能模块内的紧急电磁阀,驱动列车管控制模块的紧急排风阀动作,打开列车管快速排风通路。当制动控制系统发生模式或状态转变、A 类故障、部分 B 类故障时,列车管控制模块可自动产生内部惩罚指令,制动控制系统实施惩罚制动作用,如图 3-4 所示。

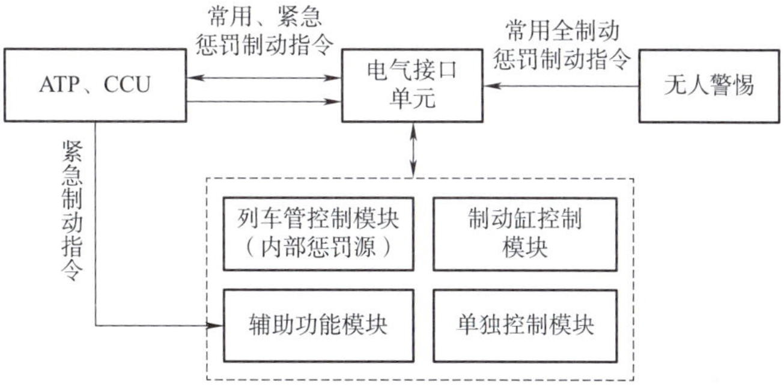


图 3-4 惩罚制动控制框图

## 3.2 系统综合作用

系统综合作用是根据机车实际运行工况，以及制动控制器大闸手柄和小闸手柄位置的变换，从而确定的制动控制系统各主要部件之间的相互关系和作用规律。

### 3.2.1 自动制动作用

操纵大闸手柄在不同位置时，BPCM 模块响应自动制动指令，通过控制均衡风缸压力实现对列车管压力的控制，同时，BCCM 模块、IBCM 模块和 PBTV 模块根据列车管压力变化分别输出制动缸预控压力、平均管预控压力，经流量放大后产生制动缸、平均管压力。该作用用于控制列车的制动、保压与缓解。

下面将逐一介绍大闸手柄在不同位置时(小闸手柄置运转位)，系统电路、气路及主要模块作用的控制过程。

#### 3.2.1.1 大闸置运转位

该位置是列车运用中，大闸手柄常放位置，是向全列车初充风、再充风缓解及列车正常运用所处的位置。

1. 电路

(1)列车管控制模块：

①均衡切换电磁阀 267YV 得电。

②充风电磁阀 258YV 调节。

(2)制动缸控制模块：

①切换电磁阀 269YV 得电。

②缓解电磁阀 261YV 调节。

(3)单独控制模块：

①切换电磁阀 272YV 得电。

②遮断电磁阀 196YV 得电。

③排风电磁阀 266YV 调节。

充风缓解完成后，电磁阀 258YV、261YV、266YV 将处于失电保压状态。

2. 气路

(1)列车管压力控制:

①均衡风缸气路:总风→充风电磁阀 258YV→切换阀 267→均衡风缸(压力升至列车管定压)。

②列车管气路:总风→前遮断阀 253→中继阀 104→后遮断阀 254→列车管。

(2)制动缸压力控制:

①制动缸预控气路 1:作用阀 102 预控口→双向阀 107→电空联锁电磁阀 264YV→制动缸预控风缸(压力缓解至 0)→切换阀 269→缓解电磁阀 261YV→大气。

②制动缸预控气路 2:作用阀 102 预控口→双向阀 107→切换阀 199→平均管→遮断阀 196→作用阀 105→大气。

③制动缸预控气路 3:作用阀 102 预控口(紧急制动腔室)→单缓电磁阀 198YV→转换塞门 139a 通路→切换阀 192→大气。

④制动缸气路:制动缸→Ⅰ架、Ⅱ架制动缸隔离塞门(119、120)→双向阀 290→作用阀 102→大气。

(3)平均管压力控制:

①平均管预控气路:作用阀 105 预控口→切换阀 272→排风电磁阀 266YV→大气。

②平均管气路:平均管→遮断阀 196→作用阀 105→大气。

3. 主要模块的作用

(1)列车管控制模块

前遮断电磁阀 253YV 失电,总风进入前遮断阀 253 控制口,前遮断阀 253 处于开通位,沟通总风和中继阀 104 供风口之间的通路。后遮断电磁阀 254YV 失电,中继阀 104 输出压力进入后遮断阀 254 控制口。当中继阀 104 输出压力上升时,后遮断阀 254 处于开通位,沟通列车管与中继阀 104 之间的通路。

均衡风缸压力上升,中继阀 104 处于充风缓解位。活塞在均衡风缸压力作用下,带动阀杆移动,关闭排风阀口,打开供风阀口。总风经前遮断阀 253 进入中继阀 104,经后遮断阀 254 输出列车管。同时,列车管压力进入中继阀 104 活塞一侧,待压力上升至与均衡风缸压力相等时,活塞两侧压力平衡,关闭供风阀口,完成列车管充风。

(2)制动缸控制模块

当作用阀 102 预控压力下降时,主活塞上方与其下方形成压力差,推动主活塞移动。首先关闭供风通路,主活塞继续移动,然后打开制动缸向大气排风的通路,作用阀 102 处于缓解位,制动缸压力缓解。

(3)单独控制模块

电磁阀196YV得电,总风进入遮断阀196控制口,遮断阀196处于开通位,沟通作用阀105输出口和平均管之间的通路。切换阀197控制口经辅助功能模块后备投入电磁阀271YV排风口排向大气,其处于初始位,制动缸和平均管之间的通路被截止。

当作用阀105预控压力下降时,主活塞上方与其下方形成压力差,推动主活塞移动。首先关闭供风通路,主活塞继续移动,然后打开平均管向大气排风的通路,作用阀105处于缓解位,平均管压力缓解。

(4)空气制动阀模块

由于列车管压力上升,列车管压力进入三通阀主活塞上方,将主活塞向下推动,主活塞杆通过其上肩推动滑动套一起向下移,直至主活塞下底面接触到阀体时为止,此时三通阀处于充风缓解位。列车管经充风孔向工作风缸充风,直到工作风缸压力与列车管定压相等。此时,容积室通过安装面气孔→阀体→主控套→滑动套联络槽→主控套→阀体排风口,压力缓解至0。

(5)辅助功能模块

后备投入电磁阀271YV失电,切换阀199控制口的压力经后备投入电磁阀271YV排向大气,切换阀199处于初始位,沟通平均管与制动缸控制模块中双向阀107输入口之间的通路。当制动控制系统处于本务、单机模式时,实现对作用阀102预控压力的冗余控制;当制动控制系统处于补机模式时,实现作用阀102预控压力跟随前车平均管压力变化。

紧急旁路电磁阀195YV失电,切换阀195控制口的压力经紧急旁路电磁阀195YV排向大气,切换阀195处于初始位,切断平均管与双向阀290之间的通路。同时排空双向阀290同一侧的压力,双向阀290另一侧输入口沟通来自制动缸控制模块作用阀102输出口与Ⅰ架、Ⅱ架制动缸隔离塞门(119、120)之间的通路。

(6)紧急阀

当列车管压力上升,紧急活塞在列车管压缩空气和安定弹簧的作用下紧紧压在上盖上,紧急阀处于充气位,紧急阀阀芯关闭。列车管压缩空气通过紧急活塞底部中心孔,再经缩孔Ⅰ,最后经紧急活塞上部径向缩孔Ⅱ到紧急活塞上侧并向紧急室充气,直到紧急室压力与列车管定压相等。

### 3.2.1.2 大闸置初制动位

大闸置于该位置时能产生列车管最小减压量，该减压量为(50±5) kPa，对应的制动缸压力为(100±15) kPa。

1. 电路

(1)列车管控制模块：

①前遮断电磁阀 253YV 得电(不补风工况)。

②均衡切换电磁阀 267YV 得电。

③排风电磁阀 257YV 调节。

(2)制动缸控制模块：

①切换电磁阀 269YV 得电。

②制动电磁阀 260YV 调节。

(3)单独控制模块：

①切换电磁阀 272YV 得电。

②遮断电磁阀 196YV 得电。

③充风电磁阀 265YV 调节。

初制动作用完成后，电磁阀 257YV、260YV、265YV 将处于失电保压状态。

2. 气路

(1)列车管压力控制：

①均衡风缸气路：均衡风缸→切换阀 267→排风电磁阀 257YV→大气。

②列车管气路：列车管→后遮断阀 254→中继阀 104→大气。

(2)制动缸压力控制：

①制动缸预控气路 1：总风→制动电磁阀 260YV→切换阀 269→制动缸预控风缸 108→电空联锁电磁阀 264YV→双向阀 107→作用阀 102 预控口。

②制动缸预控气路 2：平均管压力→切换阀 199→双向阀 107→作用阀 102 预控口。

③制动缸气路：制动风缸→作用阀 102→双向阀 290→Ⅰ架、Ⅱ架制动缸隔离塞门(119、120)→Ⅰ架、Ⅱ架制动缸。

(3)平均管压力控制：

①平均管预控气路：总风→充风电磁阀 265YV→切换阀 272→作用阀 105 预控口。

②平均管气路：总风→平均管作用阀 105→遮断阀 196→平均管。

3. 主要模块的作用

(1)列车管控制模块

前遮断电磁阀 253YV 得电，前遮断阀 253 控制口压力经前遮断电磁阀 253YV 排空，前遮断阀 253 处于关闭位，截止总风和中继阀 104 供风口之间的通路。后遮断电磁阀 254YV 保持失电，中继阀 104 输出压力进入后遮断阀 254 控制口。当中继阀 104 输出压力上升至设定值时，后遮断阀 254 处于开通位，沟通列车管与中继阀 104 之间的通路。

均衡风缸压力下降，中继阀 104 处于制动位。活塞在均衡风缸压力作用下，带动阀杆移动，关闭供风阀口，打开排风阀口。列车管压力经后遮断阀 254、中继阀 104 排风，待列车管压力下降至与均衡风缸压力相等时，活塞两侧压力平衡，关闭排风阀口，中继阀 104 处于保压位，完成列车管初制动作用。前遮断阀 253 处于关闭状态，中继阀 104 供风风源被切断，总风无法向列车管补风。

(2)制动缸控制模块

当作用阀 102 预控压力上升时，主活塞上方与其下方形成压力差，推动主活塞移动。首先关闭排风通路，主活塞继续移动，然后打开总风向制动缸充风的通路，作用阀 102 处于制动位，制动缸压力上升。待制动缸压力上升至与预控压力相等时，主活塞两侧压力平衡，关闭供风阀口，作用阀 102 处于保压位，完成制动作用。

(3)单独控制模块

电磁阀 196YV 得电，总风进入遮断阀 196 控制口，遮断阀 196 处于开通位，沟通作用阀 105 输出口和平均管之间的通路。切换阀 197 控制口经辅助功能模块后备投入电磁阀 271YV 排风口排向大气，其处于初始位，制动缸和平均管之间的通路被截止。

当作用阀 105 预控压力上升时，主活塞上方与其下方形成压力差，推动主活塞移动。首先关闭排风通路，主活塞继续移动，然后打开总风向平均管充风的通路，作用阀 105 处于制动位，平均管压力上升，待平均管压力上升至与预控压力相等时，主活塞两侧压力平衡，关闭供风阀口，作用阀 105 处于保压位，完成制动作用。

(4)空气制动阀模块

当列车管以常用制动速率减压时，因工作风缸压力空气来不及经充风通路向列车管逆流，三通阀主活塞两侧产生压力差。压力差推动主活塞上移，由于滑动套与主控套间的静摩擦力大于主活塞杆与滑动套之间摩擦力、主活塞重力和其他阻力，滑动套未动，工作风缸向列车管逆流的通路被切断。随着列车管逆流通路被切断，列车管继续减压增大主活塞两侧的压力差。于是主活塞杆带动滑动套克服与主控套间的摩擦阻力继续上移，三通阀处于制动位，沟通工作风缸向容积室的充风通路，产生制动作用。

(5)辅助功能模块

各气路连通情况与运转位工况一致。

(6)紧急阀

由于列车管按常用制动速率下降，紧急室压力经缩孔Ⅰ与列车管压力同步下降，紧急活塞悬在中间位置，紧急阀处于常用制动位。紧急阀阀芯在下部弹簧作用下，仍关闭排风阀口。

### 3.2.1.3 大闸置制动区

大闸制动区（包含全制动位）是操纵列车进行常用制动的主要位置，大闸手柄在制动区移动可控制列车管减压量的大小，从初制动位到全制动位，列车管减压量由小到大，相应制动缸压力也由小到大。

1. 电路

(1)列车管控制模块：

①前遮断电磁阀 253YV 得电（不补风工况）。

②均衡切换电磁阀 267YV 得电。

③排风电磁阀 257YV 调节。

(2)制动缸控制模块：

①切换电磁阀 269YV 得电。

②制动电磁阀 260YV 调节。

(3)单独控制模块：

①切换电磁阀 272YV 得电。

②遮断电磁阀 196YV 得电。

③充风电磁阀 265YV 调节。

全制动作用完成后，电磁阀 257YV、260YV、265YV 将处于失电保压状态。

2. 气路

(1)列车管压力控制：

①均衡风缸气路：均衡风缸→切换阀 267→排风电磁阀 257YV→大气。

②列车管气路：列车管→后遮断阀254→中继阀104→大气。

(2)制动缸压力控制：

①制动缸预控气路1：总风→制动电磁阀260YV→切换阀269→制动缸预控风缸108→电空联锁电磁阀264YV→双向阀107→作用阀102预控口。

②制动缸预控气路2：平均管压力→切换阀199→双向阀107→作用阀102预控口。

③制动缸气路：制动风缸→作用阀102→双向阀290→Ⅰ架、Ⅱ架制动缸隔离塞门(119、120)→Ⅰ架、Ⅱ架制动缸。

(3)平均管压力控制：

①平均管预控气路：总风→充风电磁阀265YV→切换阀272→作用阀105预控口。

②平均管气路：总风→平均管作用阀105→遮断阀196→平均管。

3. 主要模块的作用

(1)列车管控制模块

前遮断电磁阀253YV得电，前遮断阀253控制口压力经前遮断电磁阀253YV排空，前遮断阀253处于关闭位，截止总风和中继阀104供风口之间的通路。后遮断电磁阀254YV保持失电，中继阀104输出压力进入后遮断阀254控制口。当中继阀104输出压力上升至设定值时，后遮断阀254处于开通位，沟通列车管与中继阀104之间的通路。

均衡风缸压力下降，中继阀104处于制动位。活塞在均衡风缸压力作用下，带动阀杆移动，关闭供风阀口，打开排风阀口。列车管压力经后遮断阀254、中继阀104排风，待列车管压力下降至与均衡风缸压力相等时，活塞两侧压力平衡，关闭排风阀口，中继阀104处于保压位，完成列车管制动作用。前遮断阀253处于关闭状态，中继阀104供风风源被切断，总风无法向列车管补风。

(2)制动缸控制模块

当作用阀102预控压力上升时，主活塞上方与其下方形成压力差，推动主活塞移动。首先关闭排风通路，主活塞继续移动，然后打开总风向制动缸充风的通路，作用阀102处于制动位，制动缸压力上升，待制动缸压力上升至与预控压力相等时，主活塞两侧压力平衡，关闭供风阀口，作用阀102处于保压位，完成制动作用。

(3)单独控制模块

电磁阀196YV得电，总风进入遮断阀196控制口，遮断阀196处于开通位，沟通作用阀105输出口和平均管之间的通路。切换阀197控制口经辅助功能模块后备投入电磁阀271YV排风口排向大气，其处于初始位，制动缸和平均管之间的通路被截止。

当作用阀105预控压力上升时，主活塞上方与其下方形成压力差，推动主活塞移动。首先关闭排风通路，主活塞继续移动，然后打开总风向平均管充风的通路，作用阀105处于制动位，平均管压力上升，待平均管压力上升至与预控压力相等时，主活塞两侧压力平衡，关闭供风阀口，作用阀105处于保压位，完成制动作用。

(4)空气制动阀模块

当列车管以常用制动速率减压时，因工作风缸压力空气来不及经充风通路向列车管逆流，三通阀主活塞两侧产生压力差。压力差推动主活塞上移，由于滑动套与主控套间的静摩擦力大于主活塞杆与滑动套之间摩擦力、主活塞重力和其他阻力，滑动套未动，工作风缸向列车管逆流的通路被切断。随着列车管逆流通路被切断，列车管继续减压增大主活塞两侧的压力差。于是主活塞杆带动滑动套克服与主控套间的摩擦阻力继续上移，三通阀处于制动位，沟通工作风缸向容积室的充风通路，产生制动作用。

(5)辅助功能模块

各气路连通情况与运转位工况一致。

(6)紧急阀

由于列车管按常用制动速率下降，紧急室压力经缩孔Ⅰ与列车管压力同步下降，紧急活塞悬在中间位置，紧急阀处于常用制动位。紧急阀阀芯在下部弹簧作用下，仍关闭排风阀口。

### 3.2.1.4 大闸置抑制位

该位置是制动控制系统解锁(开机激活、惩罚制动解除)的工作位置，同时会使列车管产生最大常用制动减压量。

1. 电路

(1)列车管控制模块：

①前遮断电磁阀253YV得电(不补风工况)。

②均衡切换电磁阀267YV得电。

③排风电磁阀257YV调节。

(2)制动缸控制模块：

①切换电磁阀269YV得电。

②制动电磁阀 260YV 调节。

(3)单独控制模块:

①切换电磁阀 272YV 得电。

②遮断电磁阀 196YV 得电。

③充风电磁阀 265YV 调节。

抑制位作用完成后,电磁阀 257YV、260YV、265YV 将处于失电保压状态。

2. 气路

(1)列车管压力控制:

①均衡风缸气路:均衡风缸→切换阀 267→排风电磁阀 257YV→大气。

②列车管气路:列车管→后遮断阀 254→中继阀 104→大气。

(2)制动缸压力控制:

①制动缸预控气路 1:总风→制动电磁阀 260YV→切换阀 269→制动缸预控风缸 108→电空联锁电磁阀 264YV→双向阀 107→作用阀 102 预控口。

②制动缸预控气路 2:平均管压力→切换阀 199→双向阀 107→作用阀 102 预控口。

③制动缸气路:制动风缸→作用阀 102→双向阀 290→Ⅰ架、Ⅱ架制动缸隔离塞门(119、120)→Ⅰ架、Ⅱ架制动缸。

(3)平均管压力控制:

①平均管预控气路:总风→充风电磁阀 265YV→切换阀 272→作用阀 105 预控口。

②平均管气路:总风→平均管作用阀 105→遮断阀 196→平均管。

3. 主要模块的作用

(1)列车管控制模块

前遮断电磁阀 253YV 得电,前遮断阀 253 控制口压力经前遮断电磁阀 253YV 排空,前遮断阀 253 处于关闭位,截止总风和中继阀 104 供风口之间的通路。后遮断电磁阀 254YV 保持失电,中继阀 104 输出压力进入后遮断阀 254 控制口。当中继阀 104 输出压力上升至设定值时,后遮断阀 254 处于开通位,沟通列车管与中继阀 104 之间的通路。

均衡风缸压力下降,中继阀 104 处于制动位。活塞在均衡风缸压力作用下,带动阀杆移动,关闭供风阀口,打开排风阀口。列车管压力经后遮断阀 254、中继阀 104 排风,待列车管压力下降至与均衡风缸压力相等时,活塞两侧压力平衡,关闭排风阀口,中继阀104处于保压位，完成列车管制动作用。前遮断阀253处于关闭状态，中继阀104供风风源被切断，总风无法向列车管补风。

(2)制动缸控制模块

当作用阀102预控压力上升时，主活塞上方与其下方形成压力差，推动主活塞移动。首先关闭排风通路，主活塞继续移动，然后打开总风向制动缸充风的通路，作用阀102处于制动位，制动缸压力上升，待制动缸压力上升至与预控压力相等时，主活塞两侧压力平衡，关闭供风阀口，作用阀102处于保压位，完成制动作用。

(3)单独控制模块

电磁阀196YV得电，总风进入遮断阀196控制口，遮断阀196处于开通位，沟通作用阀105输出口和平均管之间的通路。切换阀197控制口经辅助功能模块后备投入电磁阀271YV排风口排向大气，其处于初始位，制动缸和平均管之间的通路被截止。

当作用阀105预控压力上升时，主活塞上方与其下方形成压力差，推动主活塞移动。首先关闭排风通路，主活塞继续移动，然后打开总风向平均管充风的通路，作用阀105处于制动位，平均管压力上升，待平均管压力上升至与预控压力相等时，主活塞两侧压力平衡，关闭供风阀口，作用阀105处于保压位，完成制动作用。

(4)空气制动阀模块

当列车管以常用制动速率减压时，因工作风缸压力空气来不及经充风通路向列车管逆流，三通阀主活塞两侧产生压力差。压力差推动主活塞上移，由于滑动套与主控套间的静摩擦力大于主活塞杆与滑动套之间摩擦力、主活塞重力和其他阻力，滑动套未动，工作风缸向列车管逆流的通路被切断。随着列车管逆流通路被切断，列车管继续减压增大主活塞两侧的压力差。于是主活塞杆带动滑动套克服与主控套间的摩擦阻力继续上移，三通阀处于制动位，沟通工作风缸向容积室的充风通路，产生制动作用。

(5)辅助功能模块

各气路连通情况与运转位工况一致。

(6)紧急阀

由于列车管按常用制动速率下降，紧急室压力经缩孔Ⅰ与列车管压力同步下降，紧急活塞悬在中间位置，紧急阀处于常用制动位。紧急阀阀芯在下部弹簧作用下，仍关闭排风阀口。

### 3.2.1.5 大闸置重联位

大闸置重联位时，均衡风缸以常用减压速率减压至 0，列车管压力减至 100 kPa 以下。当列车管压力减到 150 kPa 及以下时，制动缸压力上升到(450±20) kPa。

1. 电路

(1)列车管控制模块：

①前遮断电磁阀 253YV 得电(不补风工况)。

②均衡切换电磁阀 267YV 得电。

③排风电磁阀 257YV 调节。

(2)制动缸控制模块：

①切换电磁阀 269YV 得电。

②制动电磁阀 260YV 调节。

(3)单独控制模块：

①切换电磁阀 272YV 得电。

②遮断电磁阀 196YV 得电。

③充风电磁阀 265YV 调节。

重联位制动作用完成后，电磁阀 257YV、260YV、265YV 将处于失电保压状态。

2. 气路

(1)列车管压力控制：

①均衡风缸气路：均衡风缸→切换阀 267→排风电磁阀 257YV→大气。

②列车管气路：列车管→后遮断阀 254→中继阀 104→大气。

(2)制动缸压力控制：

①制动缸预控气路 1：总风→制动电磁阀 260YV→切换阀 269→制动缸预控风缸 108→电空联锁电磁阀 264YV→双向阀 107→作用阀 102 预控口。

②制动缸预控气路 2：平均管压力→切换阀 199→双向阀 107→作用阀 102 预控口。

③制动缸预控气路 3(当列车管压力降至 150 kPa 及以下时)：总风→紧急增压减压阀 53→紧急增压切换阀 192→转换塞门 139a 通路→单缓电磁阀 198YV→作用阀 102(紧急制动腔室)。

④制动缸气路：制动风缸→作用阀 102→双向阀 290→Ⅰ架、Ⅱ架制动缸隔离塞门(119、120)→Ⅰ架、Ⅱ架制动缸。

(3)平均管压力控制：

①平均管预控气路：总风→充风电磁阀 265YV→切换阀 272→作用阀 105 预控口。

②平均管气路：总风→平均管作用阀 105→遮断阀 196→平均管。

3. 主要模块的作用

(1)列车管控制模块

前遮断电磁阀 253YV 得电，前遮断阀 253 控制口压力经前遮断电磁阀 253YV 排空，前遮断阀 253 处于关闭位，截止总风和中继阀 104 供风口之间的通路。后遮断电磁阀 254YV 保持失电，中继阀 104 输出压力进入后遮断阀 254 控制口。当中继阀 104 输出压力上升至设定值时，后遮断阀 254 处于开通位，沟通列车管与中继阀 104 之间的通路；当中继阀 104 输出口的列车管压力降至 100 kPa 以下时，后遮断阀 254 处于关闭位，列车管与中继阀 104 输出口之间的通路被截止。

均衡风缸以常用减压速率至 0，中继阀 104 处于制动位。活塞在均衡风缸压力作用下，带动阀杆移动，关闭供风阀口，打开排风阀口。列车管压力先经后遮断阀 254、中继阀 104 排风，待中继阀 104 输出口的列车管压力下降 100 kPa 以下时，后遮断阀 254 动作，列车管排风通路被截止，剩余 30～90 kPa 的压力。前遮断阀 253 处于关闭状态，中继阀 104 供风风源被切断，总风无法向列车管补风。

(2)制动缸控制模块

当列车管压力未低于约 150 kPa 时，作用阀 102 仅常用制动腔室有预控压力；当列车管压力低于约 150 kPa 时，作用阀 102 紧急制动腔室也形成预控压力，此时，作用阀 102 将取两者压力较大值作为预控压力。

当作用阀 102 预控压力上升时，主活塞上方与其下方形成压力差，推动主活塞移动。首先关闭排风通路，主活塞继续移动，然后打开总风向制动缸充风的通路，作用阀 102 处于制动位，制动缸压力上升，待制动缸压力上升至与预控压力相等时，主活塞两侧压力平衡，关闭供风阀口，作用阀 102 处于保压位，完成制动作用。

(3)单独控制模块

电磁阀 196YV 得电，总风进入遮断阀 196 控制口，遮断阀 196 处于开通位，沟通作用阀 105 输出口和平均管之间的通路。切换阀 197 控制口经辅助功能模块后备投入电磁阀 271YV 排风口排向大气，其处于初始位，制动缸和平均管之间的通路被截止。

当作用阀 105 预控压力上升时，主活塞上方与其下方形成压力差，推动主活塞移动。首先关闭排风通路，主活塞继续移动，然后打开总风向平均管充风的通路，作用阀 105 处于制动位，平均管压力上升，待平均管压力上升至与预控压力相等时，主活塞两侧压力平衡，关闭供风阀口，作用阀 105 处于保压位，完成制动作用。

(4)空气制动阀模块

切换阀 192 控制口与列车管相通，当列车管压力低于设定值时，切换阀 192 处于初始位，总风经紧急增压减压阀 53、切换阀 192、转换塞门 139，输出紧急增压预控压力至制动缸控制模块的作用阀 102。

当列车管以常用制动速率减压时，因工作风缸压力空气来不及经充风通路向列车管逆流，三通阀主活塞两侧产生压力差。压力差推动主活塞上移，由于滑动套与主控套间的静摩擦力大于主活塞杆与滑动套之间摩擦力、主活塞重力和其他阻力，滑动套未动，工作风缸向列车管逆流的通路被切断。随着列车管逆流通路被切断，列车管继续减压增大主活塞两侧的压力差。于是主活塞杆带动滑动套克服与主控套间的摩擦阻力继续上移，三通阀处于制动位，沟通工作风缸向容积室的充风通路，产生制动作用。

(5)辅助功能模块

各气路连通情况与运转位工况一致。

(6)紧急阀

由于列车管按常用制动速率下降，紧急室压力经缩孔Ⅰ与列车管压力同步下降，紧急活塞悬在中间位置，紧急阀处于常用制动位。紧急阀阀芯在下部弹簧作用下，仍关闭排风阀口。

#### 3.2.1.6 大闸置紧急位

该位置是列车运行时紧急停车所使用的位置。

1. 电路

CAB-B 型制动控制系统设置了三个紧急电磁阀，其中紧急电磁阀 96.1YV 通过制动控制器硬线控制，紧急电磁阀 96.2YV 通过列车管控制模块控制，紧急电磁阀 96.3YV 通过机车紧急按钮、监控及 CCU 等外部紧急硬线控制。

(1)列车管控制模块：

①前遮断电磁阀 253YV 得电。

②均衡切换电磁阀 267YV 得电。

③排风电磁阀 257YV 调节。

④紧急电磁阀 96.1YV、96.2YV 得电。

(2)制动缸控制模块:

①切换电磁阀 269YV 得电。

②制动电磁阀 260YV 调节。

(3)单独控制模块:

①切换电磁阀 272YV 得电。

②遮断电磁阀 196YV 得电。

③充风电磁阀 265YV 调节。

(4)辅助功能模块:

①紧急电磁阀 96.3YV 得电。

②紧急旁路电磁阀 195YV 得电。

紧急制动作用完成后,电磁阀 257YV、260YV、265YV 将处于失电保压状态。

2. 气路

(1)列车管压力控制:

①均衡风缸气路:均衡风缸→切换阀 267→排风电磁阀 257YV→大气。

②列车管气路:列车管→紧急阀 95、紧急排风阀 96、制动控制器排风口→大气。

(2)制动缸压力控制:

①制动缸预控气路 1:总风→制动电磁阀 260YV→切换阀 269→制动缸预控风缸 108→电空联锁电磁阀 264YV→双向阀 107→作用阀 102 预控口。

②制动缸预控气路 2:平均管压力→切换阀 199→双向阀 107→作用阀 102 预控口。

③制动缸预控气路 3:总风→紧急增压减压阀 53→紧急增压切换阀 192→转换塞门 139a 通路→单缓电磁阀 198YV→作用阀 102 预控口(紧急制动腔室)。

④制动缸充风气路 1:制动风缸→作用阀 102→双向阀 290→Ⅰ架、Ⅱ架制动缸隔离塞门(119、120)→Ⅰ架、Ⅱ架制动缸。

⑤制动缸充风气路 2:平均管压力→辅助功能模块切换阀 195→双向阀 290→Ⅰ架、Ⅱ架制动缸隔离塞门(119、120)→Ⅰ架、Ⅱ架制动缸。

(3)平均管压力控制:

①平均管预控气路:总风→充风电磁阀 265YV→切换阀 272→作用阀 105 预控口。

②平均管气路:总风→平均管作用阀 105→遮断阀 196→平均管。

3. 主要模块的作用

(1)列车管控制模块

前遮断电磁阀253YV得电,前遮断阀253控制口压力经前遮断电磁阀253YV排空,前遮断阀253处于关闭位,截止总风和中继阀104供风口之间的通路。后遮断电磁阀254YV保持失电,中继阀104输出压力进入后遮断阀254控制口。当中继阀104输出压力上升至设定值时,后遮断阀254处于开通位,沟通列车管与中继阀104之间的通路;当中继阀104输出口的列车管压力降至100 kPa以下时,后遮断阀254处于关闭位,列车管与中继阀104输出口之间的通路被截止。

紧急电磁阀96.1YV、96.2YV得电,紧急排风阀96控制口压力经各紧急电磁阀排向大气,紧急排风阀96膜板两侧产生压力差,推动排风阀活塞动作,打开列车管与大气的通路,列车管快速排风。

均衡风缸以常用减压速率至0,中继阀104膜板一侧的列车管压力低于均衡风缸压力,活塞会先动作至充风位,排风口关闭,充风口打开。由于此时供风风源被切断,列车管补风通路被截止,总风无法通过中继阀104向列车管充风。待均衡风缸压力排空后,中继阀104膜板两侧压力平衡,中继阀104会恢复到初始保压位。

(2)制动缸控制模块

作用阀102常用制动腔室、紧急制动腔室均形成预控压力,作用阀102将取两者压力较大值作为预控压力。

当作用阀102预控压力上升时,主活塞上方与其下方形成压力差,推动主活塞移动。首先关闭排风通路,主活塞继续移动,然后打开总风向制动缸充风的通路,作用阀102处于制动位,制动缸压力上升。待制动缸压力上升至与预控压力相等时,主活塞两侧压力平衡,关闭供风阀口,作用阀102处于保压位,完成制动作用。

(3)单独控制模块

电磁阀196YV得电,总风进入遮断阀196控制口,遮断阀196处于开通位,沟通作用阀105输出口和平均管之间的通路。切换阀197控制口经辅助功能模块后备投入电磁阀271YV排风口排向大气,其处于初始位,制动缸和平均管之间的通路被截止。

当作用阀105预控压力上升时,主活塞上方与其下方形成压力差,推动主活塞移动。首先关闭排风通路,主活塞继续移动,然后打开总风向平均管充风的通路,作用阀105处于制动位,平均管压力上升,待平均管压力上升至与预控压力相等时,主活塞两侧压力平衡,关闭供风阀口,作用阀105处于保压位,完成制动作用。

(4)空气制动阀模块

切换阀192控制口与列车管相通，当列车管压力低于设定值时，切换阀192处于初始位，总风经紧急增压减压阀53、切换阀192、转换塞门139，输出紧急增压预控压力至制动缸控制模块的作用阀102。

当列车管快速减压时，因工作风缸压力空气来不及经充风通路向列车管逆流，三通阀主活塞两侧产生压力差。压力差推动主活塞上移，由于滑动套与主控套间的静摩擦力大于主活塞杆与滑动套之间摩擦力、主活塞重力和其他阻力，滑动套未动，工作风缸向列车管逆流的通路被切断。随着列车管逆流通路被切断，列车管继续减压增大主活塞两侧的压力差。于是主活塞杆带动滑动套克服与主控套间的摩擦阻力继续上移，三通阀处于制动位，沟通工作风缸向容积室的充风通路，产生制动作用。

(5)辅助功能模块

紧急电磁阀96.3YV得电，紧急排风阀96控制口压力经该电磁阀排向大气。

后备投入电磁阀271YV失电，切换阀199控制口的压力经后备投入电磁阀271YV排向大气，切换阀199处于初始位，沟通了平均管与制动缸控制模块中双向阀107输入口之间的通路。当制动控制系统处于本务、单机模式时，实现对作用阀102预控压力的冗余控制；当制动控制系统处于补机模式时，实现作用阀102预控压力跟随前车平均管压力变化。

紧急旁路电磁阀195YV得电，总风经紧急旁路电磁阀195YV至切换阀195控制口，切换阀195处于切换位，沟通平均管与双向阀290之间的通路。双向阀290另一侧与制动缸控制模块作用阀102输出口沟通，两侧压力经双向阀290比较后，输出较大压力值经Ⅰ架、Ⅱ架制动缸隔离塞门(119、120)至制动缸，形成紧急制动作用。

(6)紧急阀

由于列车管压力急剧下降，紧急室压力经缩孔来不及通过逆流孔逆流到列车管，紧急活塞下移并压下夹心阀，开放列车管排风阀口，进一步加速列车管的排风。

### 3.2.2 单独制动作用

操纵小闸手柄在不同位置时，BCCM、IBCM模块响应单独制动指令，通过控制制动缸预控、平均管预控压力，经作用阀流量放大后产生制动缸、平均管压力。该作用用于单独操纵机车的制动、保压与缓解，不影响列车管压力的控制。

下面将逐一介绍小闸手柄在不同位置时(小闸手柄置运转位)，系统电路、气路及主要模块作用的控制过程。

#### 3.2.2.1 小闸置运转位

该位置是操纵机车单独实施缓解的位置。

1. 电路

(1)列车管控制模块：

同自动制动作用。

(2)制动缸控制模块：

①切换电磁阀 269YV 得电；

②缓解电磁阀 261YV 调节。

(3)单独控制模块：

①切换电磁阀 272YV 得电；

②遮断电磁阀 196YV 得电；

③排风电磁阀 266YV 调节。

单独缓解作用完成后，电磁阀 261YV、266YV 将处于失电保压状态。

2. 气路

(1)制动缸压力控制：

①制动缸预控气路 1：作用阀 102 预控口→双向阀 107→电空联锁电磁阀 264YV→制动缸预控风缸(压力缓解至 0)→切换阀 269→缓解电磁阀 261YV→大气。

②制动缸预控气路 2：作用阀 102 预控口→双向阀 107→切换阀 199→平均管→遮断阀 196→作用阀 105→大气。

③制动缸气路：制动缸→Ⅰ架、Ⅱ架制动缸隔离塞门(119、120)→双向阀 290→作用阀 102→大气。

(2)平均管压力控制：

①平均管预控气路：作用阀 105 预控口→切换阀 272→排风电磁阀 266YV→大气。

②平均管气路：平均管→遮断阀 196→作用阀 105→大气。

3. 主要模块的作用

(1)列车管控制模块

不响应小闸手柄指令，模块动作同自动制动作用。

(2)制动缸控制模块

当作用阀 102 预控压力下降时，主活塞上方与其下方形成压力差，推动主活塞移动。首先关闭供风通路，主活塞继续移动，然后打开制动缸向大气排风的通路，作用阀 102 处于缓解位，制动缸压力缓解。

(3)单独控制模块

电磁阀 196YV 得电，总风进入遮断阀 196 控制口，遮断阀 196 处于开通位，沟通作用阀 105 输出口和平均管之间的通路。切换阀 197 控制口经辅助功能模块后备投入电磁阀 271YV 排风口排向大气，其处于初始位，制动缸和平均管之间的通路被截止。

当作用阀 105 预控压力下降时，主活塞上方与其下方形成压力差，推动主活塞移动。首先关闭供风通路，主活塞继续移动，然后打开平均管向大气排风的通路，作用阀 105 处于缓解位，平均管压力缓解。

(4)空气制动阀模块

不响应小闸手柄指令，模块动作同自动制动作用。

(5)辅助功能模块

不响应小闸手柄指令，模块动作同自动制动作用。

后备投入电磁阀 271YV 失电，切换阀 199 控制口的压力经后备投入电磁阀 271YV 排向大气，切换阀 199 处于初始位，沟通了平均管与制动缸控制模块中双向阀 107 输入口之间的通路。

非紧急制动时，紧急旁路电磁阀 195YV 失电，切换阀 195 控制口的压力经紧急旁路电磁阀 195YV 排向大气，切换阀 195 处于初始位，切断平均管与双向阀 290 之间的通路。同时排空双向阀 290 同一侧的压力，双向阀 290 另一侧输入口沟通来自制动缸控制模块作用阀 102 输出口与Ⅰ架、Ⅱ架制动缸隔离塞门(119、120)之间的通路。

紧急制动时，紧急电磁阀 96.3YV 得电，紧急排风阀 96 控制口压力经该电磁阀排向大气。紧急旁路电磁阀 195YV 得电，总风经紧急旁路电磁阀 195YV 至切换阀 195 控制口，切换阀 195 处于切换位，沟通平均管与双向阀 290 之间的通路。双向阀 290 另一侧与制动缸控制模块作用阀 102 输出口沟通，两侧压力经双向阀 290 比较后，输出较大压力值经Ⅰ架、Ⅱ架制动缸隔离塞门(119、120)至制动缸，形成紧急制动作用。

(6)紧急阀

紧急阀动作同自动制动作用。

#### 3.2.2.2 小闸置制动区

该位置(包含全制动)是操纵机车单独实施制动和缓解的区间,小闸手柄在制动区移动可控制机车制动缸压力在0～300 kPa,在制动区具有阶段制动和阶段缓解功能。阶段缓解时制动控制系统的电路、气路和模块作用与小闸置运转位一致,阶段制动时制动控制系统的电路、气路和模块作用如下。

1. 电路

(1)列车管控制模块:

同自动制动作用。

(2)制动缸控制模块:

①切换电磁阀269YV得电。

②制动电磁阀260YV调节。

(3)单独控制模块:

①切换电磁阀272YV得电。

②遮断电磁阀196YV得电。

③充风电磁阀265YV调节。

单独制动作用完成后,电磁阀260YV、265YV将处于失电保压状态。

2. 气路

(1)制动缸压力控制:

①制动缸预控气路1:总风→制动电磁阀260YV→切换阀269→制动缸预控风缸108→电空联锁电磁阀264YV→双向阀107→作用阀102预控口。

②制动缸预控气路2:平均管压力→切换阀199→双向阀107→作用阀102预控口。

③制动缸气路:制动风缸→作用阀102→双向阀290→Ⅰ架、Ⅱ架制动缸隔离塞门(119、120)→Ⅰ架、Ⅱ架制动缸。

(2)平均管压力控制:

①平均管预控气路:总风→充风电磁阀265YV→切换阀272→作用阀105预控口。

②平均管气路:总风→平均管作用阀105→遮断阀196→平均管。

3. 主要模块的作用

(1)列车管控制模块

不响应小闸手柄指令,模块动作同自动制动作用。

(2)制动缸控制模块

当作用阀 102 预控压力上升时，主活塞上方与其下方形成压力差，推动主活塞移动。首先关闭排风通路，主活塞继续移动，然后打开总风向制动缸充风的通路，作用阀 102 处于制动位，制动缸压力上升，待制动缸压力上升至与预控压力相等时，主活塞两侧压力平衡，关闭供风阀口，作用阀 102 处于保压位，完成制动作用。

(3)单独控制模块

电磁阀 196YV 得电，总风进入遮断阀 196 控制口，遮断阀 196 处于开通位，沟通作用阀 105 输出口和平均管之间的通路。切换阀 197 控制口经辅助功能模块后备投入电磁阀 271YV 排风口排向大气，其处于初始位，制动缸和平均管之间的通路被截止。

当作用阀 105 预控压力上升时，主活塞上方与其下方形成压力差，推动主活塞移动。首先关闭排风通路，主活塞继续移动，然后打开总风向平均管充风的通路，作用阀 105 处于制动位，平均管压力上升，待平均管压力上升至与预控压力相等时，主活塞两侧压力平衡，关闭供风阀口，作用阀 105 处于保压位，完成制动作用。

(4)空气制动阀模块

不响应小闸手柄指令，模块动作同自动制动作用。

(5)辅助功能模块

不响应小闸手柄指令，模块动作同小闸置运转位。

(6)紧急阀

紧急阀动作同自动制动作用。

### 3.2.2.3 小闸侧压缓解位

该位置用于单独缓解大闸产生的机车制动缸压力，小闸产生的制动缸压力不受影响。小闸侧压复位后，大闸常用制动产生的制动缸压力不恢复，而紧急制动产生的制动缸压力可恢复。

1. 电路

(1)列车管控制模块：

同自动制动作用。

(2)制动缸控制模块：

①切换电磁阀 269YV 得电；

②缓解电磁阀 261YV 调节；

③电空联锁电磁阀 264YV 得电；

④单缓电磁阀 198YV 得电。

(3)单独控制模块：

①切换电磁阀 272YV 得电；

②遮断电磁阀 196YV 得电；

③排风电磁阀 266YV 调节。

小闸侧压复位后，电磁阀 198YV、264YV 失电。

常用制动后小闸侧压复位，电磁阀 261YV、266YV 处于失电保压状态；紧急制动后小闸侧压复位，电磁阀 260YV、265YV 调节，紧急旁路电磁阀 195YV 得电，待制动缸压力回升至紧急制动压力后，电磁阀 260YV、265YV 处于失电保压状态。

2. 气路(大闸常用制动侧压缓解)

(1)制动缸压力控制：

①制动缸预控气路 1：作用阀 102 预控口→双向阀 107→电空联锁电磁阀 264YV→大气。

②制动缸预控气路 2：制动缸预控风缸 108→切换阀 269→缓解电磁阀 261YV→大气。

③制动缸预控气路 3：作用阀 102 预控口→双向阀 107→切换阀 199→平均管→遮断阀 196→作用阀 105→大气。

④制动缸气路：制动缸→Ⅰ架、Ⅱ架制动缸隔离塞门(119、120)→双向阀 290→作用阀 102→大气。

(2)平均管压力控制：

①平均管预控气路：作用阀 105 预控口→切换阀 272→排风电磁阀 266YV→大气。

②平均管气路：平均管→遮断阀 196→作用阀 105→大气。

3. 主要模块的作用(大闸常用制动侧压缓解时)

(1)列车管控制模块

不响应小闸手柄指令，模块动作同自动制动作用。

(2)制动缸控制模块

当作用阀 102 预控压力下降时，主活塞上方与其下方形成压力差，推动主活塞移动。首先关闭供风通路，主活塞继续移动，然后打开制动缸向大气排风的通路，作用阀 102 处于缓解位，制动缸压力缓解。

如小闸手柄不在运转位时操纵侧压缓解，制动缸预控压力会缓解至小闸手柄对应目标值后保持，相应的制动缸压力保持。

(3)单独控制模块

电磁阀196YV得电，总风进入遮断阀196控制口，遮断阀196处于开通位，沟通作用阀105输出口和平均管之间的通路。切换阀197控制口经辅助功能模块后备投入电磁阀271YV排风口排向大气，其处于初始位，制动缸和平均管之间的通路被截止。

当作用阀105预控压力下降时，主活塞上方与其下方形成压力差，推动主活塞移动。首先关闭供风通路，主活塞继续移动，然后打开平均管向大气排风的通路，作用阀105处于缓解位，平均管压力缓解。

如小闸手柄不在运转位时操纵侧压缓解，平均管预控压力会缓解至小闸手柄对应目标值后保持，相应的平均管压力保持。

(4)空气制动阀模块

三通阀处于制动位，由于电磁阀269YV得电，切换阀269处于切换位，三通阀不受小闸侧压缓解指令控制。

(5)辅助功能模块

不响应小闸手柄指令，模块动作同小闸运转位。

(6)紧急阀

紧急阀动作同自动制动作用。

4. 气路(大闸紧急制动侧压缓解)

(1)制动缸压力控制：

①制动缸预控气路1：作用阀102预控口→双向阀107→电空联锁电磁阀264YV→大气。

②制动缸预控气路2：制动缸预控风缸108→切换阀269→缓解电磁阀261YV→大气。

③制动缸预控气路3：作用阀102预控口→双向阀107→切换阀199→平均管→遮断阀196→作用阀105→大气。

④制动缸预控气路4：作用阀102预控口(紧急增压)→单缓电磁阀198YV→大气。

⑤制动缸气路1：制动缸→Ⅰ架、Ⅱ架制动缸隔离塞门(119、120)→双向阀290→作用阀102→大气。

⑥制动缸气路2：制动缸→Ⅰ架、Ⅱ架制动缸隔离塞门(119、120)→双向阀290→切换阀195→大气。

(2)平均管压力控制：

①平均管预控气路：作用阀105预控口→切换阀272→排风电磁阀266YV→大气。

②平均管气路：平均管→遮断阀196→作用阀105→大气。

5．主要模块的作用(大闸紧急制动侧压缓解)

(1)列车管控制模块

不响应小闸手柄指令，模块动作同自动制动作用。

(2)制动缸控制模块

当作用阀102预控压力下降时，主活塞上方与其下方形成压力差，推动主活塞移动。首先关闭供风通路，主活塞继续移动，然后打开制动缸向大气排风的通路，作用阀102处于缓解位，制动缸压力缓解。

如小闸手柄不在运转位时操纵侧压缓解，制动缸预控压力会缓解至小闸手柄对应目标值后保持，相应的制动缸压力保持。

当紧急制动小闸侧压复位后，作用阀102常用制动腔室、紧急制动腔室预控压力恢复，制动缸压力回升至(450±20) kPa。

(3)单独控制模块

电磁阀196YV得电，总风进入遮断阀196控制口，遮断阀196处于开通位，沟通作用阀105输出口和平均管之间的通路。切换阀197控制口经辅助功能模块后备投入电磁阀271YV排风口排向大气，其处于初始位，制动缸和平均管之间的通路被截止。

当作用阀105预控压力下降时，主活塞上方与其下方形成压力差，推动主活塞移动。首先关闭供风通路，主活塞继续移动，然后打开平均管向大气排风的通路，作用阀105处于缓解位，平均管压力缓解。

如小闸手柄不在运转位时操纵侧压缓解，平均管预控压力会缓解至小闸手柄对应目标值后保持，相应的平均管压力保持。

当紧急制动小闸侧压复位后，作用阀105预控压力恢复，平均管压力回升至(450±20) kPa。

(4)空气制动阀模块

三通阀处于制动位，由于电磁阀269YV得电，切换阀269处于切换位，三通阀不受小闸侧压缓解指令控制。

(5)辅助功能模块

后备投入电磁阀 271YV 失电，切换阀 199 控制口的压力经后备投入电磁阀 271YV 排向大气，切换阀 199 处于初始位，沟通了平均管与制动缸控制模块中双向阀 107 输入口之间的通路。

小闸侧压，紧急旁路电磁阀 195YV 失电，切换阀 195 控制口的压力经紧急旁路电磁阀 195YV 排向大气，切换阀 195 处于初始位，切断平均管与双向阀 290 之间的通路。同时排空双向阀 290 同一侧的压力，双向阀 290 另一侧输入口沟通来自制动缸控制模块作用阀 102 输出口与Ⅰ架、Ⅱ架制动缸隔离塞门(119、120)之间的通路。

小闸侧压复位后，紧急旁路电磁阀 195YV 得电，总风经紧急旁路电磁阀 195YV 至切换阀 195 控制口，切换阀 195 处于切换位，沟通平均管与双向阀 290 之间的通路。双向阀 290 另一侧与制动缸控制模块作用阀 102 输出口沟通，两侧压力经双向阀 290 比较后，输出较大压力值经Ⅰ架、Ⅱ架制动缸隔离塞门(119、120)至制动缸，形成紧急制动作用。

(6)紧急阀

紧急阀响应列车管压力变化，保持紧急制动状态，待列车管压力排空后阀口关闭。

### 3.2.3 自动制动与单独制动的联合作用

自动制动与单独制动的联合作用是指大闸和小闸同时发出指令时，机车制动缸压力所需实现的控制功能，其中自动制动作用主要响应列车管压力变化产生，单独制动作用主要响应小闸手柄指令产生。

制动控制系统实时计算并比较自动制动和单独制动所需产生的制动缸压力，取最大值作为制动缸压力控制的目标值，实现机车制动缸压力的控制。各气路走向及模块综合作用可参见 3.2.1、3.2.2。

### 3.2.4 重联控制作用

制动控制系统的重联控制作用是指响应本务机车平均管或列车管压力变化，实现对机车制动缸压力的控制。

#### 3.2.4.1 平均管和列车管重联

1. 工况一

制动控制系统处于补机模式，须与本务机车连接平均管、列车管，此模式下制动控制系统仅大闸紧急制动位有效。

制动控制系统的制动缸压力通过平均管响应本务机车的制动与缓解作用，保证和本务机车协调一致。

该模式下电路、气路及模块作用如下。

(1) 电路

①列车管控制模块：

a. 均衡切换电磁阀 267YV 得电。

b. 前遮断电磁阀 253YV 得电。

c. 后遮断电磁阀 254YV 得电。

②制动缸控制模块：

a. 切换电磁阀 269YV 得电。

b. 电空联锁电磁阀 264YV 得电。

c. 单缓电磁阀 198YV 得电。

③单独控制模块：

切换电磁阀 272YV 得电。

(2) 气路

①列车管压力控制：

a. 除紧急制动外，制动控制系统不对列车管压力进行控制；

b. 均衡风缸气路：均衡风缸 56→切换阀 267→排风电磁阀 257YV→大气；

c. 列车管供风气路：总风→前遮断阀 253(被截止)；

d. 列车管充排风气路：列车管→后遮断阀 254(被截止)。

②制动缸压力控制：

a. 缓解工况下制动缸预控气路：作用阀 102 预控口→双向阀 107→切换阀 199→平均管→本务机车→大气。

b. 缓解工况下制动缸气路：制动缸→Ⅰ架、Ⅱ架制动缸隔离塞门(119、120)→双向阀 290→作用阀 102→大气。

c. 制动工况下制动缸预控气路：本务机车→平均管→切换阀 199→双向阀 107→

作用阀 102 预控口。

d. 制动工况下制动缸气路：制动风缸→作用阀 102→双向阀 290→Ⅰ架、Ⅱ架制动缸隔离塞门（119、120）→制动缸。

③平均管压力控制：

平均管气路：本务机车平均管→平均管→遮断阀 196（被截止）。

（3）主要模块的作用

①列车管控制模块

前遮断电磁阀 253YV 得电，前遮断阀 253 控制口压力经前遮断电磁阀 253YV 排空，前遮断阀 253 处于关闭位，截止总风和中继阀 104 供风口之间的通路。后遮断电磁阀 254YV 得电，遮断阀 254 控制口压力经后遮断电磁阀 254YV 排空，后遮断阀 254 处于关闭位，截止列车管与中继阀 104 输出口之间的通路。该模式下列车管控制模块不参与对列车管压力的控制。

当大闸手柄处于紧急制动位时，紧急电磁阀 96.1YV、96.2YV 得电，紧急排风阀 96 控制口压力经各紧急电磁阀排向大气，紧急排风阀 96 膜板两侧产生压力差，推动排风阀活塞动作，打开列车管与大气的通路，列车管快速排风。

②制动缸控制模块

单缓电磁阀 198YV、电空联锁电磁阀 264YV 得电，作用阀 102 仅受平均管压力控制，输出对应的制动缸压力。

大闸处于紧急制动位时，单缓电磁阀 198YV 失电，作用阀 102 常用制动腔室、紧急制动腔室均形成预控压力，作用阀 102 将取两者压力较大值作为预控压力。

③单独控制模块

电磁阀 196YV 失电，遮断阀 196 控制口压力经电磁阀 196YV 排空，遮断阀 196 处于关闭位，截止作用阀 105 输出口和平均管之间的通路。切换阀 197 控制口压力经辅助功能模块后备投入电磁阀 271YV 排空，其处于初始位，制动缸和平均管之间的通路被截止。单独控制模块不产生平均管预控压力值，作用阀 105 无压力输出。

④空气制动阀模块

空气制动阀模块主要响应列车管压力变化，输出对应的容积室压力，但被切换阀 269 截止，不影响制动缸压力控制。

切换阀 192 控制口与列车管相通，当列车管压力低于设定值时，切换阀 192 处于初始位，总风经紧急增压减压阀 53、切换阀 192、转换塞门 139，输出紧急增压预控压力至制动缸控制模块的作用阀 102。

⑤辅助功能模块

后备投入电磁阀 271YV 失电，切换阀 199 控制口的压力经后备投入电磁阀 271YV 排向大气，切换阀 199 处于初始位，沟通了平均管与制动缸控制模块中双向阀 107 输入口之间的通路。紧急旁路电磁阀 195YV 失电，切换阀 195 控制口的压力经紧急旁路电磁阀 195YV 排向大气，切换阀 195 处于初始位，切断平均管与双向阀 290 之间的通路。同时排空双向阀 290 同一侧的压力，双向阀 290 另一侧输入口沟通来自制动缸控制模块作用阀 102 输出口与Ⅰ架、Ⅱ架制动缸隔离塞门(119、120)之间的通路。

大闸处于紧急制动位时，紧急旁路电磁阀 195YV 得电，总风经紧急旁路电磁阀 195YV 至切换阀 195 控制口，切换阀 195 处于切换位，沟通平均管与双向阀 290 之间的通路。双向阀 290 另一侧与制动缸控制模块作用阀 102 输出口沟通，两侧压力经双向阀 290 比较后，输出较大压力值经Ⅰ架、Ⅱ架制动缸隔离塞门(119、120)至制动缸，形成紧急制动作用。

⑥紧急阀

紧急阀响应列车管压力变化动作。

2. 工况二

制动控制系统处于失电状态，且与本务机车连接总风管、平均管、列车管，此模式下制动控制系统仅大闸紧急制动位排风有效。

该模式下电路、气路及模块作用如下。

(1) 电路

各模块失电。

(2) 气路

①列车管压力控制：

制动控制系统不对列车管压力进行控制。

a. 均衡风缸气路：均衡风缸→切换阀 267→均衡备用管气路→切换阀 276→均衡排风缩孔→大气。

b. 列车管供风气路：总风→前遮断阀 253(被截止)；

c. 列车管充排风气路：列车管→后遮断阀 254(被截止)。

②制动缸压力控制：

a. 缓解工况下制动缸预控气路 1：作用阀 102 预控口→双向阀 107→切换阀 199→平均管→本务机车→大气。

b. 缓解工况下制动缸预控气路2:作用阀102预控口→双向阀107→电空联锁电磁阀264YV→切换阀269→转换塞门139b通路→三通阀→大气。

c. 缓解工况下制动缸预控气路3(列车管低于100 kPa以下时):作用阀102预控口(紧急增压)→单缓电磁阀198YV→转换塞门139a通路→切换阀192→大气。

d. 制动工况下制动缸预控气路1:本务机车→平均管→切换阀199→双向阀107→作用阀102预控口。

e. 制动工况下制动缸预控气路2:三通阀101→转换塞门139b通路→切换阀269→电空联锁电磁阀264YV→作用阀102预控口(常用制动腔室)。

f. 制动工况下制动缸预控气路3(列车管低于100 kPa以下时):总风→紧急增压减压阀53→紧急增压切换阀192→转换塞门139a通路→单缓电磁阀198YV→作用阀102预控口(紧急制动腔室)。

g. 缓解工况下制动缸气路:Ⅰ架、Ⅱ架制动缸→Ⅰ架、Ⅱ架制动缸隔离塞门(119、120)→双向阀290→作用阀102→大气。

h. 制动工况下制动缸气路:制动风缸→作用阀102→双向阀290→Ⅰ架、Ⅱ架制动缸隔离塞门(119、120)→制动缸。

③平均管压力控制:

平均管气路:本务机车平均管→平均管→遮断阀196(被截止)。

(3)主要模块的作用

①列车管控制模块

由于失电工况下列车管已排至100 kPa以下,列车管控制模块不参与对列车管压力的控制。

②制动缸控制模块

作用阀102常用制动腔室、紧急制动腔室均形成预控压力,作用阀102将取两者压力较大值作为预控压力。

当本务机车自动制动后进行小闸侧缓时,平均管压力缓解至0,但制动缸压力还受本节机车其他制动缸预控气路控制,不能缓解至0。

③单独控制模块

电磁阀196YV失电,遮断阀196控制口压力经电磁阀196YV排空,遮断阀196处于关闭位,截止作用阀105输出口和平均管之间的通路。切换阀197控制口压力经辅助功能模块后备投入电磁阀271YV排空,其处于初始位,制动缸和平均管之间的通路被截止。单独控制模块不产生平均管预控压力值,作用阀105无压力输出。

④空气制动阀模块

三通阀响应列车管压力变化，输出对应的容积室压力。

切换阀192控制口与列车管相通，当列车管压力低于设定值时，切换阀192处于初始位，总风经紧急增压减压阀53、切换阀192、转换塞门139，输出紧急增压预控压力至制动缸控制模块的作用阀102。

⑤辅助功能模块

后备投入电磁阀271YV失电，切换阀199控制口的压力经后备投入电磁阀271YV排向大气，切换阀199处于初始位，沟通了平均管与制动缸控制模块中双向阀107输入口之间的通路，实现作用阀102预控压力跟随前车平均管压力变化。

紧急旁路电磁阀195YV失电，切换阀195控制口的压力经紧急旁路电磁阀195YV排向大气，切换阀195处于初始位，切断平均管与双向阀290之间的通路。同时排空双向阀290同一侧的压力，双向阀290另一侧输入口沟通来自制动缸控制模块作用阀102输出口与Ⅰ架、Ⅱ架制动缸隔离塞门(119、120)之间的通路。

⑥紧急阀

紧急阀响应列车管压力变化动作。

### 3.2.4.2 列车管重联

1. 工况一

制动控制系统处于单机模式，须连接列车管，此模式下制动控制系统小闸和大闸紧急制动位有效。单机模式下操纵大闸手柄，均衡风缸压力响应大闸指令，列车管压力不受其控制(紧急制动位排风除外)。

该模式下电路、气路及模块作用如下。

(1) 电路

①列车管控制模块：

a. 均衡切换电磁阀267YV得电。

b. 前遮断电磁阀253YV得电。

c. 后遮断电磁阀254YV得电。

d. 充风电磁阀258YV、排风电磁阀257YV调节。

②制动缸控制模块：

a. 切换电磁阀269YV得电。

b. 制动电磁阀260YV、缓解电磁阀261YV调节。

③单独控制模块：

a. 切换电磁阀 272YV 得电。

b. 遮断电磁阀 196YV 得电。

c. 充风电磁阀 265YV、排风电磁阀 266YV 调节。

(2) 气路

①均衡风缸压力控制：

a. 均衡风缸充风气路：总风→充风电磁阀 258YV→切换阀 267→均衡风缸。

b. 均衡风缸排风气路：均衡风缸→切换阀 267→排风电磁阀 257YV→大气。

②列车管压力控制：

a. 列车管供风气路：总风→前遮断阀 253(被截止)；

b. 列车管充排风气路：列车管→后遮断阀 254(被截止)。

③制动缸压力控制：

制动缸预控气路、制动缸气路与自动制动作用一致，同时也响应小闸指令，气路与单独制动作用一致。

④平均管压力控制：

平均管预控气路、平均管气路与自动制动作用一致，同时也响应小闸指令，气路与单独制动作用一致。

(3)主要模块的作用

①列车管控制模块

前遮断电磁阀 253YV 得电，前遮断阀 253 控制口压力经前遮断电磁阀 253YV 排空，前遮断阀 253 处于关闭位，截止总风和中继阀 104 供风口之间的通路。后遮断电磁阀 254YV 得电，遮断阀 254 控制口压力经后遮断电磁阀 254YV 排空，后遮断阀 254 处于关闭位，截止列车管与中继阀 104 输出口之间的通路。该模式下列车管控制模块不参与对列车管压力的控制。

模块响应大闸手柄指令，产生相应的均衡风缸压力。

②制动缸控制模块

制动缸预控气路、制动缸气路与自动制动作用一致，同时也响应小闸指令，气路与单独制动作用一致。

③单独控制模块

平均管预控气路、平均管气路与自动制动作用一致，同时也响应小闸指令，气路与单独制动作用一致。

④空气制动阀模块

空气制动阀模块主要响应列车管压力变化，输出对应的容积室压力，但被切换阀269截止，不影响制动缸压力控制。

切换阀192控制口与列车管相通，当列车管压力低于设定值时，切换阀192处于初始位，总风经紧急增压减压阀53、切换阀192、转换塞门139，输出紧急增压预控压力至制动缸控制模块的作用阀102。

⑤辅助功能模块

后备投入电磁阀271YV失电，切换阀199控制口的压力经后备投入电磁阀271YV排向大气，切换阀199处于初始位，沟通了平均管与制动缸控制模块中双向阀107输入口之间的通路。紧急旁路电磁阀195YV失电，切换阀195控制口的压力经紧急旁路电磁阀195YV排向大气，切换阀195处于初始位，切断平均管与双向阀290之间的通路。同时排空双向阀290同一侧的压力，双向阀290另一侧输入口沟通来自制动缸控制模块作用阀102输出口与Ⅰ架、Ⅱ架制动缸隔离塞门(119、120)之间的通路。

大闸处于紧急制动位时，紧急旁路电磁阀195YV得电，总风经紧急旁路电磁阀195YV至切换阀195控制口，切换阀195处于切换位，沟通平均管与双向阀290之间的通路。双向阀290另一侧与制动缸控制模块作用阀102输出口沟通，两侧压力经双向阀290比较后，输出较大压力值经Ⅰ架、Ⅱ架制动缸隔离塞门(119、120)至制动缸，形成紧急制动作用。

⑥紧急阀

紧急阀响应列车管压力变化动作。

2. 工况二

制动控制系统处于失电状态，机车风源工作正常(或连接前部机车车辆总风管)，且仅连接列车管，此模式下制动控制系统仅大闸紧急制动位排风有效。

该模式下电路、气路及模块作用如下。

(1)电路

各模块失电。

(2)气路

①列车管压力控制：

制动控制系统不对列车管压力进行控制。

a. 均衡风缸气路：均衡风缸→切换阀267→均衡备用管气路→切换阀276→均衡排风缩孔→大气。

b. 列车管供风气路：总风→前遮断阀 253(被截止)；

c. 列车管充排风气路：列车管→后遮断阀 254(被截止)。

②制动缸压力控制：

a. 缓解工况下制动缸预控气路 1：作用阀 102 预控口→双向阀 107→电空联锁电磁阀 264YV→切换阀 269→转换塞门 139b 通路→三通阀→大气。

b. 缓解工况下制动缸预控气路 2(列车管低于 100 kPa 以下时)：作用阀 102 预控口(紧急增压)→单缓电磁阀 198YV→转换塞门 139a 通路→切换阀 192→大气。

c. 制动工况下制动缸预控气路 1：三通阀 101→转换塞门 139b 通路→切换阀 269→电空联锁电磁阀 264YV→作用阀 102 预控口(常用制动腔室)。

d. 制动工况下制动缸预控气路 2(列车管低于 100 kPa 以下时)：总风→紧急增压减压阀 53→紧急增压切换阀 192→转换塞门 139a 通路→单缓电磁阀 198YV→作用阀 102 预控口(紧急制动腔室)。

e. 缓解工况下制动缸气路：Ⅰ架、Ⅱ架制动缸→Ⅰ架、Ⅱ架制动缸隔离塞门(119、120)→双向阀 290→作用阀 102→大气。

f. 制动工况下制动缸气路：制动风缸→作用阀 102→双向阀 290→Ⅰ架、Ⅱ架制动缸隔离塞门(119、120)→制动缸。

③平均管压力控制：

平均管压力须通过开通端部平均管塞门排空。

(3)主要模块的作用

①列车管控制模块

由于失电工况下列车管已排至 100 kPa 以下，列车管控制模块不参与对列车管压力的控制。

②制动缸控制模块

作用阀 102 常用制动腔室、紧急制动腔室均形成预控压力，作用阀 102 将取两者压力较大值作为预控压力。

③单独控制模块

电磁阀 196YV 失电，遮断阀 196 控制口压力经电磁阀 196YV 排空，遮断阀 196 处于关闭位，截止作用阀 105 输出口和平均管之间的通路。切换阀 197 控制口压力经辅助功能模块后备投入电磁阀 271YV 排空，其处于初始位，制动缸和平均管之间的通路被截止。单独控制模块不产生平均管预控压力值，作用阀 105 无压力输出。

④空气制动阀模块

三通阀响应列车管压力变化，输出对应的容积室压力。

切换阀192控制口与列车管相通，当列车管压力低于设定值时，切换阀192处于初始位，总风经紧急增压减压阀53、切换阀192、转换塞门139，输出紧急增压预控压力至制动缸控制模块的作用阀102。

⑤辅助功能模块

后备投入电磁阀271YV失电，切换阀199控制口的压力经后备投入电磁阀271YV排向大气，切换阀199处于初始位，沟通平均管与制动缸控制模块中双向阀107输入口之间的通路，实现作用阀102预控压力跟随前车平均管压力变化。

紧急旁路电磁阀195YV失电，切换阀195控制口的压力经紧急旁路电磁阀195YV排向大气，切换阀195处于初始位，切断平均管与双向阀290之间的通路。同时排空双向阀290同一侧的压力，双向阀290另一侧输入口沟通来自制动缸控制模块作用阀102输出口与Ⅰ架、Ⅱ架制动缸隔离塞门(119、120)之间的通路。

⑥紧急阀

紧急阀响应列车管压力变化动作。

### 3.2.5 空气后备制动作用

制动控制系统须增配后备制动阀、后备制动塞门、后备均衡风缸和后备中继阀等部件，实现空气后备制动作用。空气后备制动是制动控制系统故障时的一种应急补救功能，避免在区间停车影响线路正常运用。该功能不具备制动控制系统正常工作时齐全的功能，只具有基本的制动和缓解作用。当后备制动塞门投入时，通过电联锁开关断开制动控制系统电源。

空气后备制动管路原理如图3-5所示。

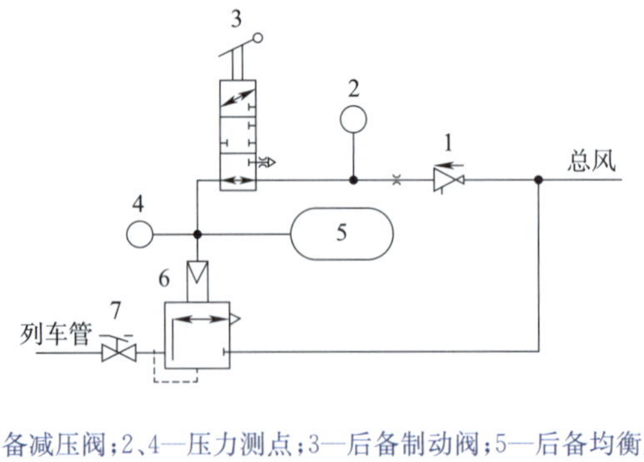


1—后备减压阀；2、4—压力测点；3—后备制动阀；5—后备均衡风缸；6—后备中继阀；7—后备制动塞门。

**图3-5 空气后备制动气路原理**

后备制动阀有三个作用位置：运转位、中立位和制动位。操纵后备制动阀，通过控制后备均衡风缸充排风，经后备中继阀流量放大实现对列车管压力的控制。

### 3.2.5.1 运转位

1. 作用

此位置相当于大闸的运转位，控制全列车充风缓解。

2. 电路

辅助功能模块：后备投入电磁阀 271YV 得电。

3. 气路

(1)列车管压力控制：

①后备均衡风缸气路：总风→后备制动调压阀(调整压力为列车管定压)→后备制动阀→后备均衡风缸→后备中继阀。

②列车管气路：总风→后备中继阀→后备制动塞门→列车管。

(2)制动缸压力控制：

①制动缸预控气路 1：作用阀 102 预控口→双向阀 107→电空联锁电磁阀 264YV→切换阀 269→转换塞门 139b 通路→三通阀 101→大气。

②制动缸预控气路 2：作用阀 102 预控口(紧急增压)→单缓电磁阀 198YV→转换塞门 139a 通路→切换阀 192→大气。

③制动缸气路：Ⅰ架、Ⅱ架制动缸→Ⅰ架、Ⅱ架制动缸隔离塞门(119、120)→双向阀290→作用阀 102→大气。

(3)平均管压力控制：

平均管→切换阀 197→作用阀 102→大气。

4. 主要模块及部件的作用

(1)列车管控制模块

由于空气后备转换前列车管已排至 100 kPa 以下，此时后遮断阀 254 控制口经后遮断电磁阀 254YV、中继阀 104 排空，后遮断阀 254 阀口关闭，切断列车管与中继阀 104 输出口之间的通路，列车管控制模块不参与对列车管压力的控制。

(2)制动缸控制模块

由于模块内切换电磁阀 269YV 失电，切换阀 269 处于初始位，沟通空气制动阀模块三通阀容积室与作用阀 102 常用预控腔室之间的通路。作用阀 102 响应三通阀控制的作用管压力，实现空气后备制动模式下对机车制动缸压力的控制。

(3)单独控制模块

切换阀197控制口受后备控制管作用处于切换位，沟通平均管与制动缸管的通路，平均管跟随制动缸压力变化。

(4)空气制动阀模块

由于列车管压力上升，列车管压力进入三通阀主活塞上方，将主活塞向下推动，主活塞杆通过其上肩推动滑动套一起向下移，直至主活塞下底面接触到阀体时为止，此时三通阀处于充风缓解位。列车管经充风孔向工作风缸充风，直到工作风缸压力与列车管定压相等。此时，容积室通过安装面气孔→阀体→主控套→滑动套联络槽→主控套→阀体排风口，压力缓解至0。

由于列车管压力高于紧急增压切换阀192切换压力值，切换阀192关闭紧急增压调压阀53与紧急增压的通路。

(5)辅助功能模块

后备投入电磁阀271YV得电，总风充入切换阀199控制口，切换阀199处于切换位，截止平均管并排空平均管进入双向阀107输入口的压力，确保平均管压力不影响制动缸控制模块预控。后备投入电磁阀271YV受后备制动塞门电联锁开关控制，当塞门处于正常位时，后备投入电磁阀271YV失电；当塞门处于空气位时，后备投入电磁阀271YV将得电。

非操纵节由于后备投入电磁阀271YV失电，将保持非操纵节制动缸与平均管的截断。

紧急旁路电磁阀195YV失电，切换阀195控制口的压力经紧急旁路电磁阀195YV排向大气，切换阀195处于初始位，切断平均管与双向阀290之间的通路。同时排空双向阀290同一侧的压力，双向阀290另一侧输入口沟通来自制动缸控制模块作用阀102输出口与Ⅰ架、Ⅱ架制动缸隔离塞门(119、120)之间的通路。

(6)紧急阀

同制动控制系统正常工作时自动制动作用。

### 3.2.5.2 中立位

1. 作用

此位置相当于大闸的中立位，控制全列车制动前的准备及制动后的保压。由于后备中继阀没有设置总风风源截断控制部件，即后备中继阀在保压时能对列车管进行补风。

2. 电路

辅助功能模块：后备投入电磁阀 271YV 得电。

3. 气路

制动前的准备气路走向同运转位，制动后的保压气路如下：

①列车管压力控制：

a. 后备均衡风缸气路：后备中继阀预控口→后备均衡风缸总风→后备制动阀(被截止)。

b. 列车管气路：列车管→后备制动塞门→后备中继阀(被截止)。

②制动缸压力控制：

a. 制动缸预控气路 1：作用阀 102 预控口→双向阀 107→电空联锁电磁阀 264YV→切换阀 269→转换塞门 139b 通路→三通阀 101(被截止)。

b. 制动缸预控气路 2(列车管低于 100 kPa 以下时)：作用阀 102 预控口(紧急制动腔室)→单缓电磁阀 198YV→转换塞门 139a 通路→切换阀 192→紧急增压减压阀 53(被截止)。

c. 制动缸气路：Ⅰ架、Ⅱ架制动缸→Ⅰ架、Ⅱ架制动缸隔离塞门(119、120)→双向阀 290→作用阀 102(被截止)。

③平均管压力控制：

平均管→切换阀 197→作用阀 102(被截止)。

4. 主要模块及部件的作用

制动前的准备主要模块及部件的作用同运转位，制动后的保压主要模块及部件的作用如下：

①列车管控制模块

由于空气后备转换前列车管已排至 100 kPa 以下，此时后遮断阀 254 控制口经后遮断电磁阀 254YV、中继阀 104 排空，后遮断阀 254 阀口关闭，切断列车管与中继阀 104 输出口之间的通路，列车管控制模块不参与对列车管压力的控制。

②制动缸控制模块

由于模块内切换电磁阀 269YV 失电，切换阀 269 处于初始位，沟通空气制动阀模块三通阀容积室与作用阀 102 常用预控腔室之间的通路。作用阀 102 响应三通阀控制的作用管压力，实现空气后备制动模式下对机车制动缸压力的控制。

当作用阀 102 预控压力上升时，主活塞上方与其下方形成压力差，推动主活塞移动。首先关闭排风通路，主活塞继续移动，然后打开总风向制动缸充风的通路，作用阀102处于制动位，制动缸压力上升，待制动缸压力上升至与预控压力相等时，主活塞两侧压力平衡，关闭供风阀口，作用阀102处于保压位。

③单独控制模块

平均管遮断电磁阀196YV失电，遮断阀196控制口压力经平均管遮断电磁阀196YV排向大气，遮断阀196处于关闭位，切断平均管与作用阀105输出口之间的通路。

由于辅助功能模块电磁阀271YV得电，沟通总风充入切换阀197控制口，切换阀197处于切换位，沟通平均管与制动缸管的通路，平均管跟随制动缸压力变化。

④空气制动阀模块

列车管停止减压，初期由于主活塞和滑动套都还在制动位，工作风缸仍向作用风缸充风，工作风缸压力继续降低，直到主活塞两侧的列车管与工作风缸压力相近时，主活塞向下移动，切断工作风缸与作用风缸的通路，工作风缸停止向作用风缸充风，工作风缸和作用风缸压力保持，此时的三通阀处于保压位。

⑤辅助功能模块

后备投入电磁阀271YV得电，总风充入切换阀199控制口，切换阀199处于切换位，截止平均管并排空平均管进入双向阀107输入口的压力，确保平均管压力不影响制动缸控制模块预控。

紧急旁路电磁阀195YV失电，切换阀195控制口的压力经紧急旁路电磁阀195YV排向大气，切换阀195处于初始位，切断平均管与双向阀290之间的通路。同时排空双向阀290同一侧的压力，双向阀290另一侧输入口沟通来自制动缸控制模块作用阀102输出口与Ⅰ架、Ⅱ架制动缸隔离塞门(119、120)之间的通路。

⑥紧急阀

同制动控制系统正常工作时自动制动作用。

### 3.2.5.3 制动位

1. 作用

此位置相当于大闸制动位，后备制动阀手柄在该位置停留时间长短控制列车管的减压量。它与中立位配合使用可实现列车管的压力控制。该位置长时间停留，可使列车管压力减至0。

2. 电路

辅助功能模块：后备投入电磁阀271YV得电。

3. 气路

①列车管压力控制：

a. 后备均衡风缸气路：后备均衡风缸→后备制动阀→大气。

b. 列车管减压气路：列车管→后备制动塞门→后备中继阀→大气。

②制动缸压力控制：

a. 制动缸预控气路 1：三通阀 101→转换塞门 139b 通路→切换阀 269→电空联锁电磁阀 264YV→作用阀 102 预控口。

b. 制动缸预控气路 2(列车管低于 100 kPa 以下时)：总风→紧急增压减压阀 53→紧急增压切换阀 192→转换塞门 139a 通路→单缓电磁阀 198YV→作用阀 102 预控口(紧急制动腔室)。

c. 制动缸气路：总风→作用阀 102→双向阀 290→Ⅰ架、Ⅱ架制动缸隔离塞门(119、120)→Ⅰ架、Ⅱ架制动缸。

③平均管压力控制：

平均管气路：作用阀 102→切换阀 197→平均管。

4. 主要模块及部件作用

①列车管控制模块

由于空气后备转换前列车管已排至 100 kPa 以下，此时后遮断阀 254 控制口经后遮断电磁阀 254YV、中继阀 104 排空，后遮断阀 254 阀口关闭，切断列车管与中继阀 104 输出口之间的通路，列车管控制模块不参与对列车管压力的控制。

②制动缸控制模块

由于模块内切换电磁阀 269YV 失电，切换阀 269 处于初始位，沟通空气制动阀模块三通阀容积室与作用阀 102 常用预控腔室之间的通路。作用阀 102 响应三通阀控制的作用管压力，实现空气后备制动模式下对机车制动缸压力的控制。

当列车管压力低于 100 kPa 以下时，作用阀 102 常用制动腔室、紧急制动腔室均形成预控压力，作用阀 102 将取两者压力较大值作为预控压力。

当作用阀 102 预控压力上升时，主活塞上方与其下方形成压力差，推动主活塞移动。首先关闭排风通路，主活塞继续移动，然后打开总风向制动缸充风的通路，作用阀 102 处于制动位，制动缸压力上升，待制动缸压力上升至与预控压力相等时，主活塞两侧压力平衡，关闭供风阀口，作用阀 102 处于保压位，完成制动作用。

③单独控制模块

平均管遮断电磁阀 196YV 失电，遮断阀 196 控制口压力经平均管遮断电磁阀

196YV 排向大气，遮断阀 196 处于关闭位，切断平均管与作用阀 105 输出口之间的通路。

由于辅助功能模块电磁阀 271YV 得电，沟通总风充入切换阀 197 控制口，切换阀 197 处于切换位，沟通平均管与制动缸管的通路，平均管跟随制动缸压力变化。

④空气制动阀模块

当列车管以常用制动速率减压时，因工作风缸压力空气来不及经充风通路向列车管逆流，三通阀主活塞两侧产生压力差。压力差推动主活塞上移，由于滑动套与主控套间的静摩擦力大于主活塞杆与滑动套之间摩擦力、主活塞重力和其他阻力，滑动套未动，工作风缸向列车管逆流的通路被切断。随着列车管逆流通路被切断，列车管继续减压增大主活塞两侧的压力差。于是主活塞杆带动滑动套克服与主控套间的摩擦阻力继续上移，三通阀处于制动位，沟通工作风缸向容积室的充风通路，产生制动作用。

当列车管压力减压至低于紧急增压切换阀 192 切换压力值时，切换阀 192 沟通紧急增压调压阀 53 与紧急增压的通路，产生紧急增压作用。

⑤辅助功能模块

后备投入电磁阀 271YV 得电，总风充入切换阀 199 控制口，切换阀 199 处于切换位，截止平均管并排空双向阀 107 原有平均管一侧输入口的压力，确保作用阀 102 常用制动腔室只受三通阀 101 控制。

紧急旁路电磁阀 195YV 失电，切换阀 195 控制口的压力经紧急旁路电磁阀 195YV 排向大气，切换阀 195 处于初始位，切断平均管与双向阀 290 之间的通路。同时排空双向阀 290 同一侧的压力，双向阀 290 另一侧输入口沟通来自制动缸控制模块作用阀 102 输出口与Ⅰ架、Ⅱ架制动缸隔离塞门(119、120)之间的通路。

⑥紧急阀

同制动控制系统正常工作时自动制动作用。

### 3.2.6 无动力回送作用

无动力回送作用是制动控制系统通过列车管重联的模式，实现机车制动与缓解功能，主要用于机车新造出厂运输或机车以无动力模式拖运到目的地。无动力回送作用主要特点如下：

(1)可与铁路机车车辆任意编组，在编组列车中不影响整个列车制动控制系统的正常工作。

(2)回送机车总风风源来自列车管,列车管充风缩孔限制其充风流量。

(3)无动力回送机车在列车实施制动时,机车制动缸的压力为 200～250 kPa,也可根据实际需要对制动缸不限压处理。

1. 列车管气路原理

制动控制系统处于无电状态,均衡风缸压力为 0,遮断阀 254 会截止 BPCM 模块中继阀输出口和列车管的通路;辅助功能模块中无动力塞门 155 处于无动力位,沟通列车管、空气制动阀模块单向阀 103 与总风的通路。

2. 制动缸气路原理

制动控制系统处于无电工况,作用阀 102 紧急制动预控腔室压力经单缓电磁阀 198YV、转换塞门 139a 通路排大气。双向阀 293 比较三通阀 101 与紧急增压切换阀 192 输出口压力大小,输出两者压力较大值至无动力减压阀 191,压力限压后经转换塞门 139b 通路、切换阀 269、电空联锁电磁阀 264YV、双向阀 107 至作用阀 102 常用制动预控腔室,控制制动缸压力大小。

3. 平均管气路原理

制动控制系统处于无电工况,遮断阀 196 处于关闭位,切断平均管与作用阀 105 输出口之间的通路;切换阀 197 处于关闭位,关闭平均管与制动缸管的通路;无动力塞门 155 处于无动力位,开通平均管与大气的通路。

## 3.3 系统安全设计及冗余设计

CAB-B 型制动控制系统针对均衡风缸、列车管、制动缸和平均管的压力控制等重要功能,以及制动控制器、控制芯片、双膜板作用阀等重要部件进行了安全设计。同时,列车管控制模块、制动缸控制模块、单独控制模块和空气制动阀模块相互之间通过冗余设计,确保列车和机车产生制动作用,保证系统核心控制模块功能基本完整。

### 3.3.1 重要功能安全设计

#### 3.3.1.1 均衡风缸压力控制

制动控制系统故障或失电工况下,均衡风缸可实现以常用制动速率排风。通过控制电磁阀 267YV 失电,切换阀 267 截止均衡风缸充风通路,同时实现均衡风缸压力经切换阀 267、切换阀 276、均衡排风缩孔以常用制动减压速率排大气。

#### 3.3.1.2 列车管压力控制

1. 设置多处列车管排风口

制动控制系统设置了 5 个列车管排风口，分别用于实现列车管常用制动及紧急制动减压。

(1)中继阀排风口

中继阀排风口可实现列车管常用制动减压排风。

(2)紧急排风阀排风口

列车管控制模块紧急排风阀受三个紧急电磁阀控制，当任意一个电磁阀得电，将会迅速排空紧急排风阀预控腔室压力，引起紧急排风阀动作，打开列车管排向大气的通路，实现列车管快速排风。

(3)大闸紧急位排风阀排风口

大闸置紧急位时，将会打开制动控制器排风阀排风口，实现列车管压力快速排风。

(4)车长阀排风口

车长阀手柄置开通位时，将会打开车长阀排风口，实现列车管压力快速排风。

(5)紧急阀排风口

当列车管压力减压速率达到紧急阀动作值时，紧急阀将迅速打开排风阀口，进一步加速列车管紧急排风，便于制动控制系统准确识别紧急制动工况。

2. 设置总风前遮断功能

制动控制系统在列车管控制模块中设置前遮断电磁阀及前遮断阀，不补风工况常用制动和紧急制动时，前遮断阀动作，切断列车管充风风源，确保列车管减压正常；补风工况紧急制动时，前遮断阀动作，切断列车管充风风源，确保列车管可靠排风。

3. 设置充风缩孔

制动控制系统设置了列车管充风缩孔，缩孔大小既可满足列车充风流量要求，又可保证车列断钩时能产生紧急制动作用。

#### 3.3.1.3 制动缸压力控制

1. 常用制动预控压力采用“二选一”压力控制方式

作用阀 102 常用制动腔室输入压力源有制动缸控制模块 EP 输出的预控压力和

单独控制模块输出的平均管压力。两路压力通过双向阀 107 实时比较,取大后输入至常用制动腔室,作用阀 102 输出对应的常用制动制动缸压力。

2. 独立的纯空气紧急增压通路

制动控制系统设置了一条独立的纯空气紧急增压通路。当列车管压力排空时,总风经紧急增压调压阀 53、切换阀 192、转换塞门 139a 组切换气路、单缓电磁阀 198YV 至作用阀 102 紧急预控腔室,作用阀 102 输出对应的紧急制动制动缸压力。

3. 紧急制动制动缸压力采用"二选一"压力控制方式

制动控制系统设置了作用阀 102 和作用阀 105,发生紧急制动时,两个作用阀的输出压力经双向阀 290 实时比较,取大后输出制动缸压力。

#### 3.3.1.4 平均管压力控制

1. 断钩保护工况下截止平均管输出

本务机车在断钩保护工况下,制动控制系统通过控制遮断阀 196 截断平均管输出,防止机车总风通过作用阀 105 至平均管快速降低,消耗机车总风风源,影响制动控制系统制动缸正常上闸。

2. 失电工况下确保平均管可靠输出

制动控制系统失电时,均衡风缸压力以常用制动速率减压排风会持续一定时间,在此期间,均衡风缸压力会进入切换阀 197 控制口,切换阀 197 沟通平均管与制动缸的连通通路,当均衡风缸压力降低至小于切换阀 197 动作压力值时,切换阀 197 关闭平均管与制动缸连通通路,平均管压力被保持,确保本务机车输出平均管压力。

### 3.3.2 重要部件安全设计

#### 3.3.2.1 制动控制器安全设计

(1)制动控制器设置了排风阀,用于连接列车管。正常情况下气阀阀口关闭,列车管压力无法通过阀口排出。当制动控制器大闸手柄置紧急位时,会通过机械结构打开制动控制器气阀排风口,实现列车管压力快速排风。

(2)制动控制器会输出一个硬线紧急信号,用于驱动紧急电磁阀及前遮断电磁阀,打开模块排风阀及关闭列车管补风风源,确保紧急制动时列车管可靠减压到 0。

(3)制动控制器具备自身故障检测与安全导向功能,主要包括编码器故障、编码器与微动开关状态不一致故障、智能节点故障、小闸侧压信号故障、CAN 通信故障、制动控制器失电、紧急制动功能设计等，通过与制动控制系统配合，提升制动控制系统的安全性。

#### 3.3.2.2 控制芯片自复位设计

制动控制系统的电子板卡均设有看门狗，当 CPU 软件出现意外终止、跑飞等现象时，看门狗可复位 CPU，恢复板卡至初始上电状态，重启复位过程中确保所有输出为低电平，保证完全启动前系统处于失电状态。

#### 3.3.2.3 双膜板作用阀

系统设置了一个双膜板作用阀 102，设有常用制动腔室和紧急制动腔室。作用阀 102 将取两者压力较大值作为预控压力，当一个膜板出现故障时，作用阀还能受另外一个膜板控制，从而确保作用阀预控压力控制安全。

### 3.3.3 冗余设计

制动控制系统各模块冗余关系如图 3-6 所示，当列车管控制模块 EP 故障时，制动缸控制模块可以冗余均衡风缸 EP 控制，此时空气制动阀模块提供制动缸预控压力控制；当制动缸控制模块故障时，单独控制模块和空气制动阀模块均会输出制动缸预控压力，通过作用阀 102 输出制动缸压力；当单独控制模块故障时，制动缸控制模块可以冗余单独控制模块 EP 控制，实现对平均管压力的控制，此时空气制动阀模块替代制动缸控制模块制动缸预控压力控制，通过作用阀 102 输出制动缸压力。

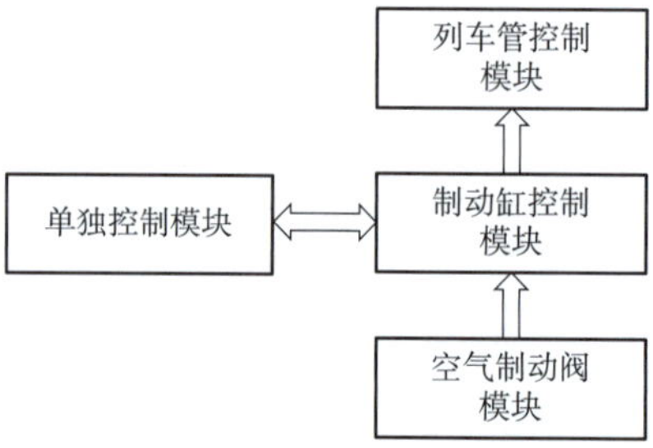


图 3-6 各模块冗余控制框图

下面对各冗余工况的电路、气路、主要模块作用进行说明。

#### 3.3.3.1 列车管控制模块均衡EP故障冗余设计

当系统检测到列车管控制模块中均衡EP控制故障时，系统首先实施常用惩罚制动，均衡风缸减压至0，停车解锁后，制动缸控制模块可以冗余均衡风缸EP控制，此时空气制动阀模块提供制动缸预控压力控制。

具体相关电路及气路作用如下。

1. 电路

(1)列车管控制模块：

①排风电磁阀257YV、充风电磁阀258YV、均衡切换电磁阀267YV失电。

②其余电磁阀动作状态同综合作用。

(2)制动缸控制模块：

①惩罚制动完成且解锁后切换电磁阀276YV得电。

②惩罚制动完成且解锁后切换电磁阀269YV失电。

③其余电磁阀动作状态见综合作用。

(3)单独控制模块：

电磁阀动作状态见综合作用。

2. 气路

(1)列车管压力控制：

①均衡风缸减压至0的气路(惩罚制动完成前)：均衡风缸→切换阀267→均衡备用管气路→切换阀276→均衡失电排风缩孔→大气。

②缓解工况均衡风缸气路(惩罚制动完成后)：总风→制动电磁阀260YV→切换阀276→均衡备用管→切换阀267→均衡风缸(压力升至列车管定压)。

③制动工况均衡风缸气路(惩罚制动完成后)：均衡风缸→切换阀267→均衡备用管气路→切换阀276→缓解电磁阀261YV→大气。

④列车管气路同自动制动作用。

(2)惩罚制动完成前制动缸压力控制：

制动缸压力控制同大闸重联位。

(3)惩罚制动完成后制动缸压力控制：

①缓解工况制动缸预控气路1：作用阀102预控口→双向阀107→电空联锁电磁阀264YV→制动缸预控风缸(压力缓解至0)→切换阀269→转换塞门139b通路→三通阀101→大气。

②缓解工况制动缸预控气路 2：作用阀 102 预控口→双向阀 107→切换阀 199→平均管→遮断阀 196→作用阀 105→大气。

③缓解工况制动缸预控气路 3(列车管低于 100 kPa 以下时)：作用阀 102 预控口(紧急增压)→单缓电磁阀 198YV→转换塞门 139a 通路→切换阀 192→大气。

④制动工况制动缸预控气路 1：三通阀容积室→转换塞门 139b 通路→切换阀 269→电空联锁电磁阀 264YV→双向阀 107→作用阀 102 预控口。

⑤制动工况制动缸预控气路 2：平均管→切换阀 199→双向阀 107→作用阀 102 预控口。

⑥制动工况制动缸预控气路 3(列车管低于 100 kPa 以下时)：总风→紧急增压减压阀 53→紧急增压切换阀 192→转换塞门 139a 通路→单缓电磁阀 198YV→作用阀 102 预控口(紧急制动腔室)。

⑦制动缸气路同综合作用。

(4)平均管压力控制：

气路同综合作用。

3. 主要模块的作用

(1)列车管控制模块

惩罚制动完成后切换电磁阀 267YV 失电，切换阀 267 控制口经切换电磁阀 267YV 排向大气，切换阀 267 处于初始位，沟通均衡风缸、中继阀 104 预控口和均衡备用管通路，其余部件同综合作用。

(2)制动缸控制模块

惩罚制动完成后切换电磁阀 276YV 得电，总风经切换电磁阀 276YV 进入切换阀 276 控制口，切换阀 276 处于切换位，沟通制动电磁阀 260YV、缓解电磁阀 261YV 经均衡备用管与均衡风缸之间的通路。

切换电磁阀 269YV 失电，切换阀 269 控制口经切换电磁阀 269YV 排向大气，切换阀 269 处于初始位，截止来自制动电磁阀 260YV、缓解电磁阀 261YV 的气路，沟通三通阀 101 与作用阀 102 常用制动腔室的通路。

其余部件同综合作用。

(3)单独控制模块

同综合作用。

(4)空气制动阀模块

同综合作用。

(5)辅助功能模块

同综合作用。

(6)紧急阀

同综合作用。

#### 3.3.3.2 制动缸控制模块故障冗余设计

当系统检测到制动缸控制模块故障，不能产生制动缸预控压力时，系统自动进行切换，制动缸预控压力由空气制动阀模块及单独控制模块提供，实现对制动缸压力的控制。

具体相关电路及气路作用如下：

1. 电路

(1)列车管控制模块：

同自动制动作用。

(2)制动缸控制模块：

①制动电磁阀 260YV、缓解电磁阀 261YV、切换电磁阀 269YV 失电。

②其余电磁阀动作状态同综合作用。

(3)单独控制模块：

同综合作用。

2. 气路

(1)列车管压力控制：

同综合作用。

(2)制动缸压力控制：

同 3.3.3.1 中惩罚制动完成后的制动缸压力控制气路。

(3)平均管压力控制：

同综合作用。

3. 主要模块的作用

(1)列车管控制模块

同综合作用。

(2)制动缸控制模块

切换电磁阀 269YV 失电，切换阀 269 控制口经切换电磁阀 269YV 排向大气，切换阀 269 处于初始位，截止来自制动电磁阀 260YV、缓解电磁阀 261YV 的气路，沟通三通阀 101 与作用阀 102 常用制动腔室的通路。

其余部件同综合作用。

(3)单独控制模块

同综合作用。

(4)空气制动阀模块

同综合作用。

(5)辅助功能模块

同综合作用。

(6)紧急阀

同综合作用。

### 3.3.3.3 单独控制模块故障冗余设计

当系统检测到单独控制模块故障,不能产生平均管预控压力时,系统将自动进行切换,空气制动阀模块提供制动缸预控压力,制动缸控制模块提供平均管预控压力,实现对制动缸及平均管的控制。

具体相关电路及气路作用如下。

1. 电路

(1)列车管控制模块:

同自动制动作用。

(2)制动缸控制模块:

①切换电磁阀 269YV 失电。

②其余电磁阀动作状态同综合作用。

(3)单独控制模块:

①切换电磁阀 272YV 失电。

②遮断电磁阀 196YV 得电。

2. 气路

(1)列车管压力控制:

同综合作用。

(2)制动缸压力控制:

同 3.3.2.1.2。

(3)平均管压力控制：

①制动工况平均管预控气路：总风→制动电磁阀 260YV→切换阀 272→作用阀 105 预控口。

②缓解工况平均管预控气路：作用阀 105 预控口→切换阀 272→缓解电磁阀 261YV→大气。

③平均管气路同综合作用。

3. 主要模块的作用

(1)列车管控制模块

同综合作用。

(2)制动缸控制模块

切换电磁阀 269YV 失电，切换阀 269 控制口经切换电磁阀 269YV 排向大气，切换阀 269 处于初始位，截止来自制动电磁阀 260YV、缓解电磁阀 261YV 的气路，沟通三通阀 101 与作用阀 102 常用制动腔室的通路。

其余部件同综合作用。

(3)单独控制模块

切换阀 272YV 失电，切换阀 272 处于初始位，截止来自电磁阀 265YV、266YV 控制通路，沟通来自制动电磁阀 260YV、缓解电磁阀 261YV 与作用阀 105 预控口的通路。

电磁阀 196YV 得电，总风进入遮断阀 196 控制口，遮断阀 196 处于开通位，沟通作用阀 105 输出口和平均管之间的通路。

其余部件同综合作用。

(4)空气制动阀模块

同综合作用。

(5)辅助功能模块

同综合作用。

(6)紧急阀

同综合作用。

# 4　操作方法及故障处理

CAB-B 型制动控制系统采用分布式网络控制架构、模块高度集成技术，在操作方法及故障代码、操作方式、操作模式等方面进行了标准化、简统化设计；具备单机自检、故障诊断、数据记录与存储等智能化、信息化功能，能实时监测、记录系统的关键运行状态数据及自动诊断并进行安全导向。为便于读者深入了解 CAB-B 型制动控制系统，本章将重点叙述 CAB-B 型制动控制系统的操作方法及故障处理。

## 4.1　CAB-B 型制动控制系统操作方法

CAB-B 型制动控制系统设有本务（本机）、重联（补机）、单机等工作模式，此外还具有空气后备（若有）和无动力回送等辅助功能。本节将对 CAB-B 型制动控制系统各工作模式下的操作方法、模式间的转换操作及辅助功能的操作进行介绍。

### 4.1.1　操作部件

CAB-B 型制动控制系统主要通过操作制动控制器实现机车和列车的制动、保压及缓解，通过制动显示屏或机车微机屏（合屏）观察制动控制系统的状态进行制动控制系统的设置，通过操纵后备制动阀可实现空气后备制动模式下（若有）对机车和列车的控制，通过操纵紧急制动阀（车长阀）、紧急按钮等实现紧急制动。

#### 4.1.1.1　制动控制器

如图 4-1 所示，CAB-B 型制动控制系统的制动控制器为位置型制动控制器（即根据手柄所处的级位或位置输出不同制动控制指令的制动控制器），主要设有自动制动手柄（大闸手柄）和单独制动手柄（小闸手柄）两个操作手柄。大闸手柄设有运转位、初制动、常用制动区、全制动、抑制位、重联位和紧急制动等 7 个位置，小闸手柄设有运转位、制动区、全制动和侧压缓解等 4 个位置。

图 4-1 制动控制器

### 4.1.1.2 制动显示屏

制动显示屏通常布置在司机室操纵台左侧，如图 4-2 所示，作为 CAB-B 型制动控制系统模式设置和状态信息显示的设备。制动显示屏前面板左侧设置有电源指示灯和亮度调节按键，制动显示屏上电后电源指示灯常亮黄色，亮度调节按键从上至下依次为增加亮度“＋”、减少亮度“－”和自动调节亮度“A”。液晶屏下方是功能选择按键“F1”～“F8”，可根据功能界面提示信息进行设置和查询等操作。

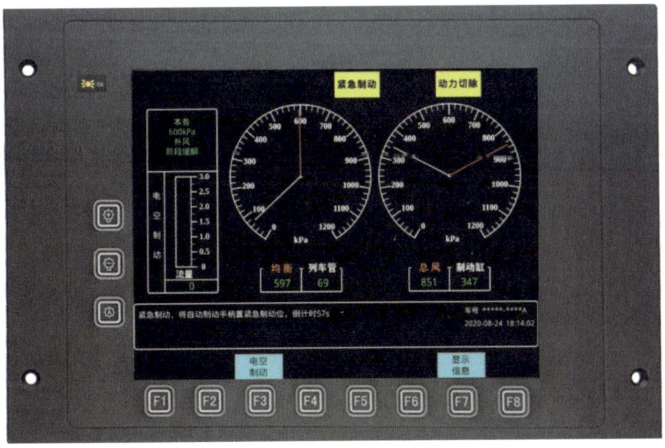


图 4-2 制动显示屏

### 4.1.1.3 后备制动阀（若有）

后备制动阀通常布置在司机室操纵台左柜台面上，如图 4-3 所示，作为空气后备制动模式下实现机车或列车调速、停车的操作部件。后备制动阀为时间型制动阀（即根据手柄在位置上停留时间的长短来控制后备均衡风缸压力变化的大小)，设有运转、中立和制动等3个位置。

图4-3 后备制动阀

### 4.1.1.4 后备制动模块(若有)

如图4-4所示，后备制动模块通常布置在司机室操纵台左柜内部，后备制动模块上的操作部件主要有后备制动塞门、后备减压阀等，在转空气后备制动模式时，需操作后备制动塞门至空气位，并确认后备减压阀整定值。

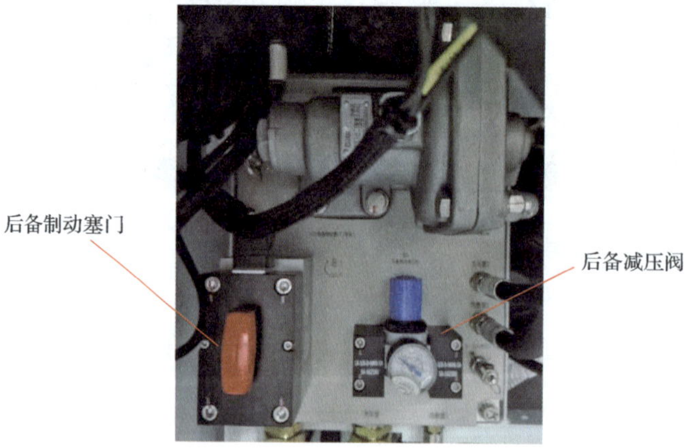


图4-4 后备制动模块

### 4.1.1.5 制动柜操作部件

如图 4-5 和图 4-6 所示，制动柜操作部件主要为各气路隔离塞门等。

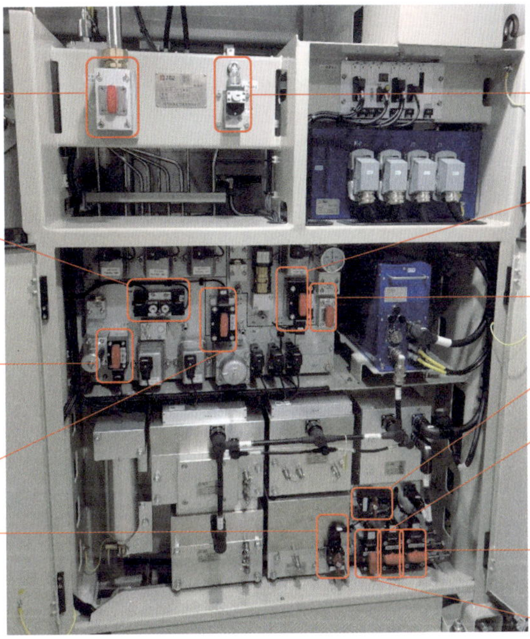


图 4-5 制动柜正面操作部件

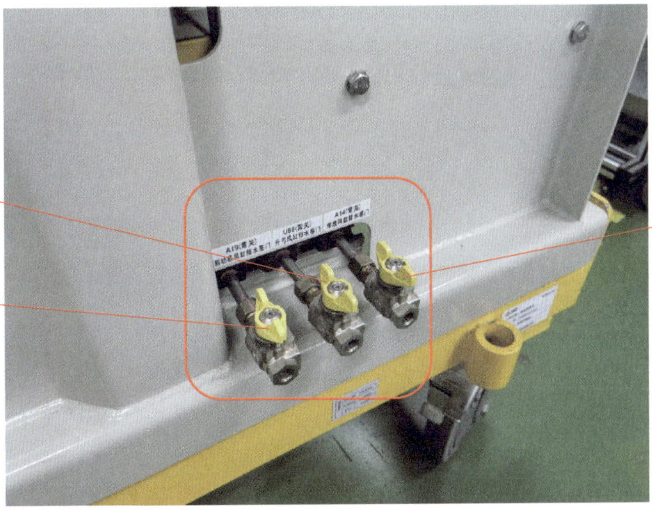


图 4-6 制动柜侧面操作部件

各操作部件的作用详见表 4-1。

表 4-1　各操作部件的作用

| 序号 | 名　称 | 作　用 |
|---|---|---|
| 1 | 总风截门 | 切断制动柜总风风源 |
| 2 | 升弓钥匙开关 | 隔离升弓气路 |
| 3 | 撒砂隔离塞门 | 隔离撒砂管路 |
| 4 | 停放隔离塞门 | 隔离停放制动控制管路 |
| 5 | 升弓风缸隔离塞门 | 隔离升弓风缸 |
| 6 | 主断隔离塞门 | 隔离主断气路 |
| 7 | 无动力塞门 | 无动力工况下，排平均管风并打开列车管向总风充风的通路 |
| 8 | 转换塞门 | 无动力工况下，限制制动缸压力 |
| 9 | Ⅱ架制动缸隔离塞门 | 隔离转向架Ⅱ制动缸 |
| 10 | Ⅰ架制动缸隔离塞门 | 隔离转向架Ⅰ制动缸 |
| 11 | 紧急制动隔离塞门 | 隔离外部控制的紧急电磁阀 |
| 12 | 升弓风缸排水塞门(若有) | 打开升弓风缸的排水通路 |
| 13 | 制动机风缸排水塞门(若有) | 打开制动机风缸排水通路 |
| 14 | 停放风缸排水塞门(若有) | 打开停放风缸排水通路 |
| 15 | 双脉冲电磁阀 | 双脉冲电磁阀两侧的按钮可控制停放气路的充风和排风 |

1. 电空控制单元操作部件

电空控制单元上的操作部件主要有转换塞门、无动力塞门、紧急制动隔离塞门、Ⅰ架制动缸隔离塞门和Ⅱ架制动缸隔离塞门。

如图 4-7 所示，转换塞门设置在空气制动阀模块(PBTV)上。

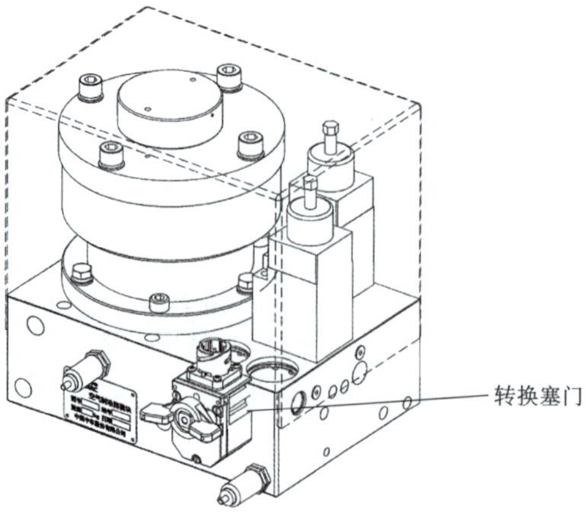


图 4-7　空气制动阀模块上的操作塞门

如图 4-8 所示，无动力塞门、紧急制动隔离塞门、Ⅰ架制动缸隔离塞门、Ⅱ架制动缸隔离塞门设置在辅助功能模块(ACM)上。

紧急制动隔离塞门可以切除紧急电磁阀通路。

Ⅰ架制动缸隔离塞门和Ⅱ架制动缸隔离塞门可以分别切除转向架 1 和转向架 2 的制动缸压力。

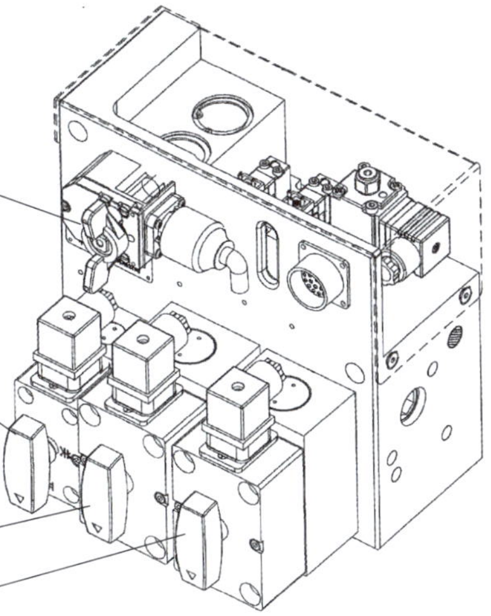


图 4-8 辅助功能模块上的操作塞门

在无动力回送操作时需将无动力塞门置无动力位，保证无动力回送时列车管向无动力回送机车制动风缸充风。

2. 辅助控制装置操作部件

辅助控制装置操作部件主要包括各隔离塞门和双脉冲电磁阀等，具体如图 4-9 所示。

(1)升弓风缸隔离塞门 APM. 08 用于隔离升弓风缸。

(2)主断隔离塞门 APM. 09 用于隔离主断路器供风通路。

(3)撒砂隔离塞门 SDM. 01 用于隔离撒砂控制管路。

(4)停放隔离塞门 PBM. 06 用于隔离停放制动缸，并排空停放制动缸压力。

(5)双脉冲电磁阀 PBM. 02 可以通过司机操作台按钮进行控制，也可以通过手动装置进行手动操作，实现停放制动的施加和缓解。

3. 其他操作部件

总风截门 A24 用于控制制动控制系统的总风供给，手柄竖直向下时处于开放位，逆时针旋转手柄至水平位时处于关闭位，如图 4-10 所示。截门置关闭位时将截止第二总风缸与制动柜总风的通路。

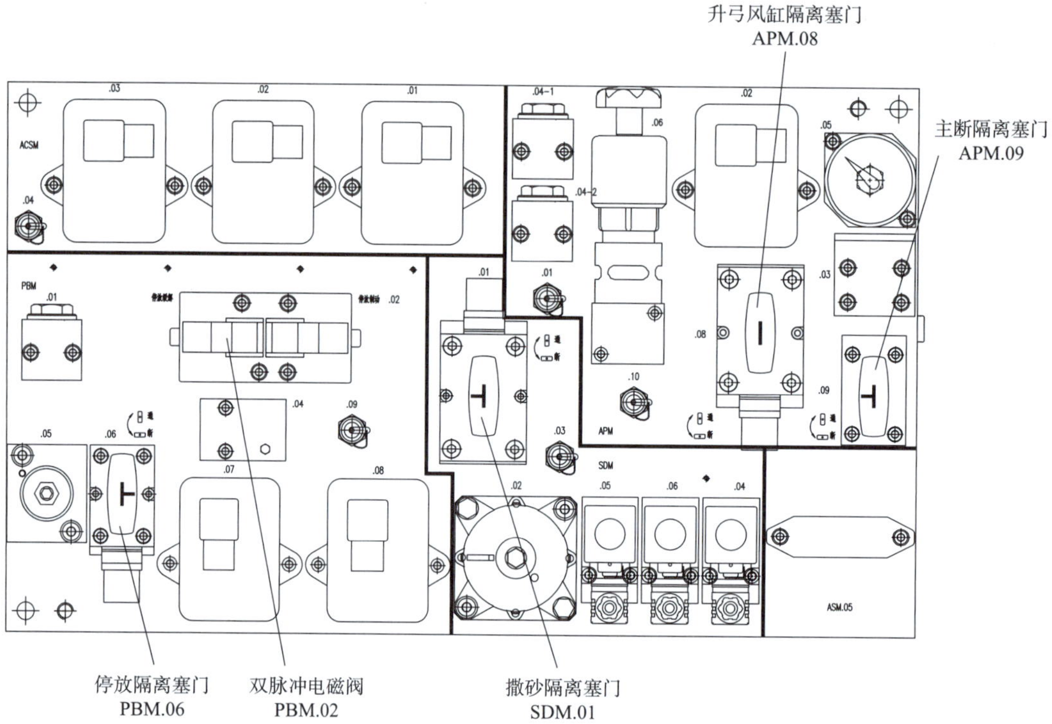


图 4-9 辅助控制装置操作部件

升弓钥匙开关用于控制升弓气路并给出电信号，钥匙竖直位时处于开放位，逆时针旋转钥匙至水平位时处于关闭位，如图 4-10 所示。

制动柜集成升弓控制风缸、停放控制风缸和制动机风缸，三个风缸在制动柜右侧分别独立设置排水塞门，如图 4-6 所示。塞门手柄与塞门开闭状态对应关系为

(1)塞门手柄与塞门阀体垂直时，塞门处于关闭位。

(2)塞门手柄与塞门阀体平行时，塞门处于开放位。

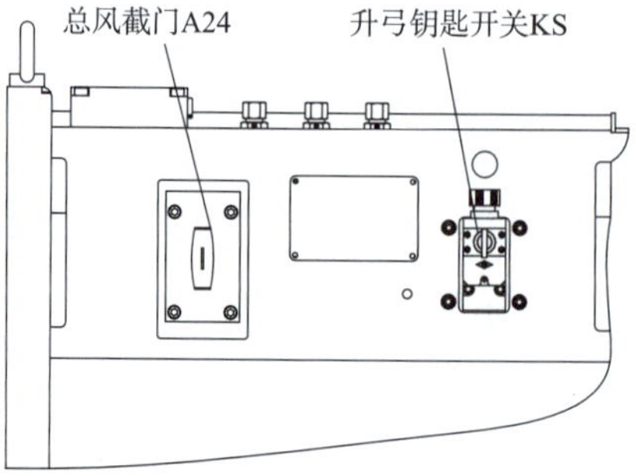


图 4-10 制动柜顶部操作部件

## 4.1.2 制动控制系统模式设置

### 4.1.2.1 本务模式设置

1. 准备工作

本务模式的设置须在以下条件下才能进行：

(1)机车静止(零速)。

(2)确认被设置端司机室已激活。

2. 设置步骤

本务模式的设置主要在制动显示屏上进行，具体设置步骤详见表4-2。

表4-2 本务模式设置方法

| 序号 | 操作 | 图示 | 步骤 | 备注 |
|---|---|---|---|---|
| 1 | 设置手柄 | 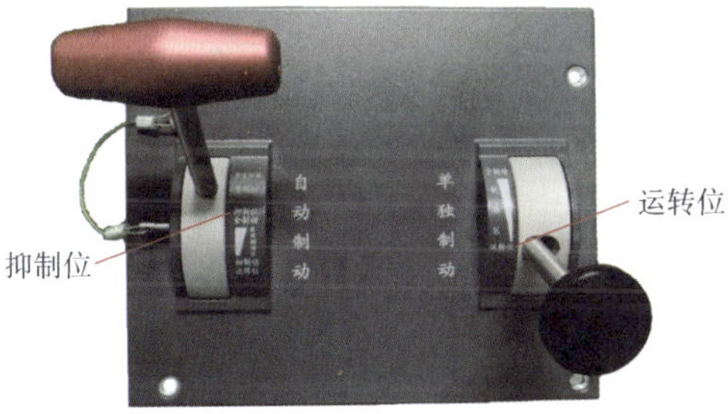 | 大闸手柄置“抑制位”，小闸手柄置“运转位” | 小闸手柄置其他位不影响模式设置，为规范操作，建议将小闸手柄置“运转位” |
| 2 | 进入设置 | 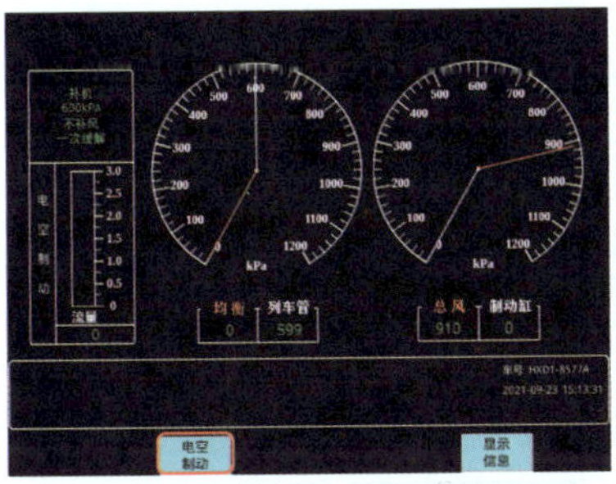 | 点击制动显示屏主界面“电空制动”按钮，进入电空制动设置 | — |
| 3 | 模式设置 | 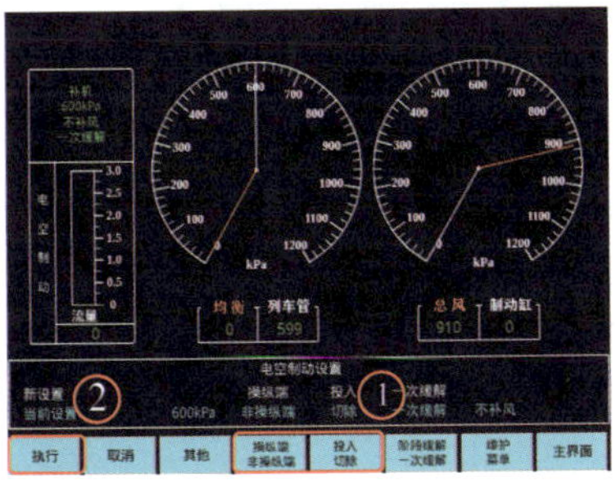 | (1)点击“操纵端/非操纵端”“投入/切除”按钮，使“新设置”中变为“操纵端、投入”。<br>(2)点击“执行”按钮 | — |

续上表

| 序　号 | 操　作 | 图　　示 | 步　　骤 | 备　注 |
|---|---|---|---|---|
| 4 | 模式确认 | 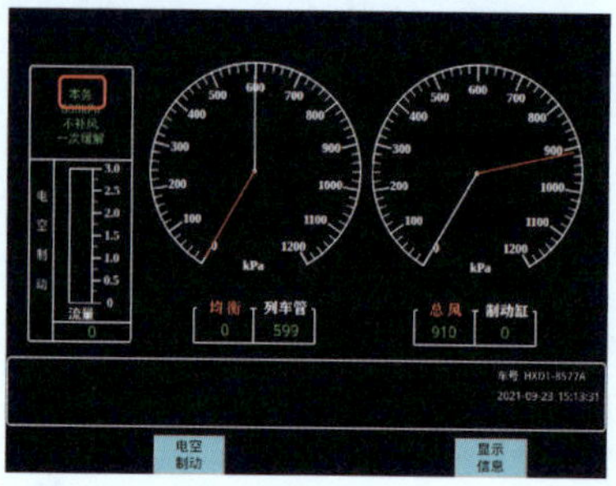 | 确认制动显示屏状态栏显示为“本务”。<br>设置完成后可按4.1.3节进行本务模式下的操作 | — |

### 4.1.2.2　补机模式设置

1. 准备工作

补机模式的设置须在以下条件下才能进行：

(1)机车静止(零速)。

(2)确认被设置端司机室已激活。

2. 设置步骤

补机模式的设置主要在制动显示屏上进行，具体设置步骤详见表4-3。

**表4-3　补机模式设置方法**

| 序　号 | 操　作 | 图　　示 | 步　　骤 | 备　注 |
|---|---|---|---|---|
| 1 | 设置手柄 | 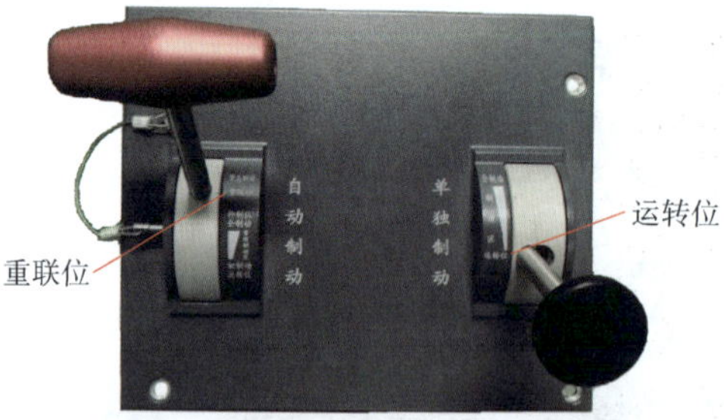 | 大闸手柄置“重联位”，并插好定位销，小闸手柄置“运转位” | — |
| 2 | 进入设置 | 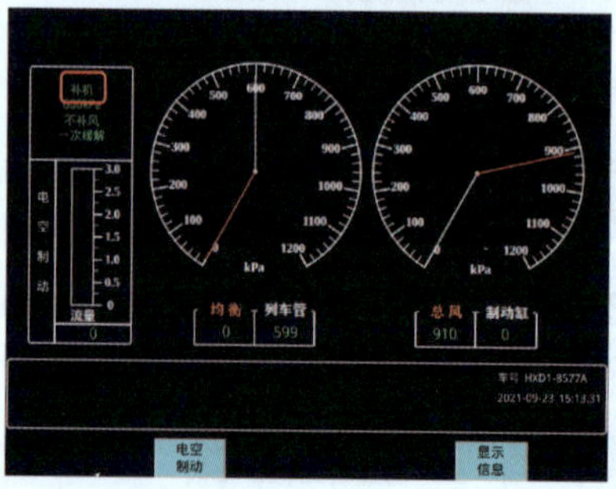 | 点击制动显示屏主界面“电空制动”按钮，进入电空制动设置 | — |

续上表

| 序号 | 操作 | 图示 | 步骤 | 备注 |
|---|---|---|---|---|
| 3 | 模式设置 | 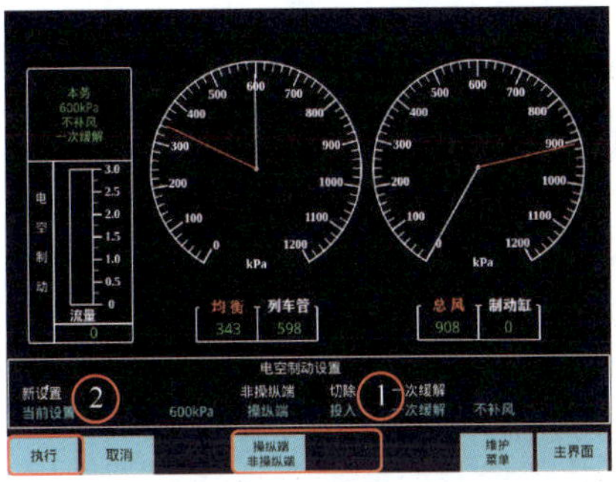 | (1)点击“操纵端/非操纵端”“投入/切除”按钮，使“新设置”中变为“非操纵端、切除”。<br>(2)点击“执行”按钮 | — |
| 4 | 模式确认 | 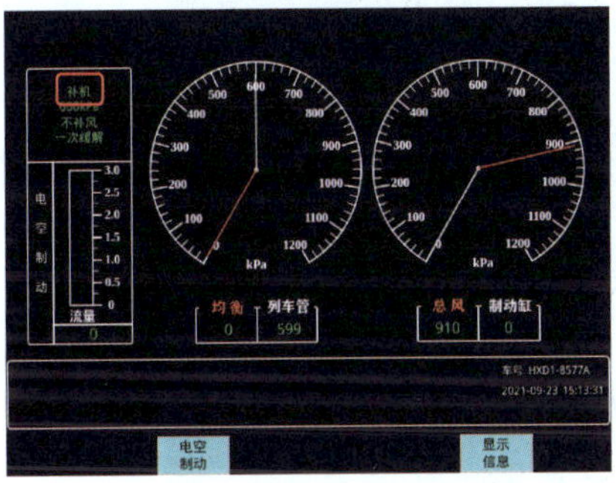 | 确认制动显示屏状态栏显示为“补机”。<br>设置完成后可按4.1.4节中进行重联(补机)模式下的操作 | 注意：补机模式下的制动控制系统需要和本务机车定压设置保持一致 |

制动控制系统的补机模式除按表4-3设置外，在实际操纵工况中，如非操纵端的司机室之前已设置过本机模式，来自机车网络的设置指令也可将当前非操纵端制动控制系统由本机设置成补机模式，在下次该非操纵端需设置为本机模式时，只需满足机车静止状态下占用端激活条件即可自动设置成功，显示屏无需再进行设置。

### 4.1.2.3 单机模式设置

1. 准备工作

单机模式的设置须在以下条件下才能进行：

(1)机车静止(零速)。

(2)确认被设置端司机室已激活。

2. 设置步骤

单机模式的设置主要在制动显示屏上进行，具体设置步骤详见表4-4。

**表 4-4 单机模式设置方法**

| 序号 | 操作 | 图示 | 步骤 | 备注 |
|---|---|---|---|---|
| 1 | 设置手柄 |  | 大闸手柄置“重联位”,小闸手柄置“运转位” | 小闸手柄侧压缓解功能仍然有效 |
| 2 | 进入设置 | 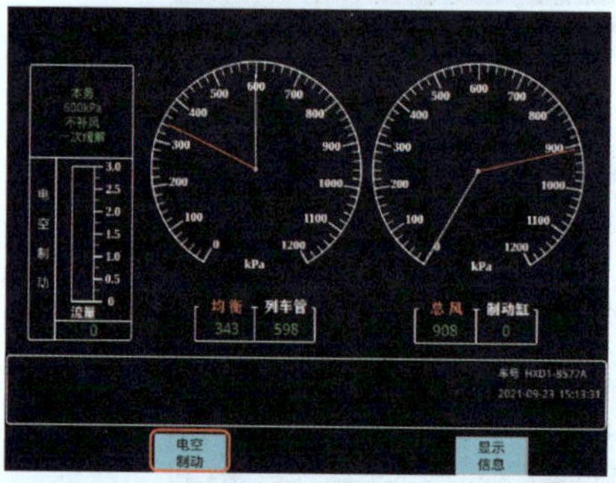 | 点击制动显示屏主界面“电空制动”按钮,进入电空制动设置 | — |
| 3 | 模式设置 | 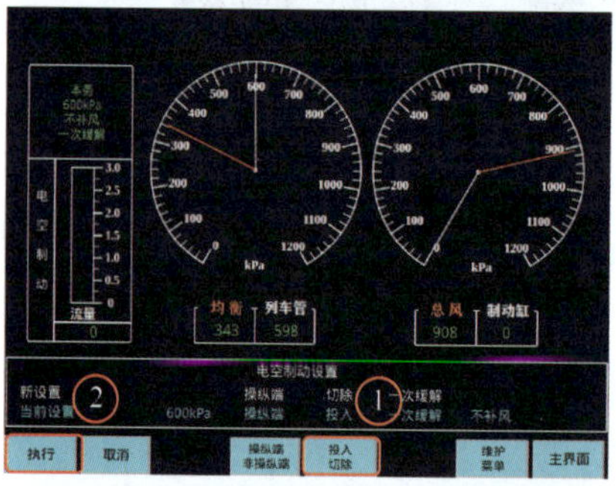 | (1)点击“投入切除”按钮,使“新设置”中变为“操纵端、切除”。<br>(2)点击“执行”按钮 | — |
| 4 | 模式确认 | 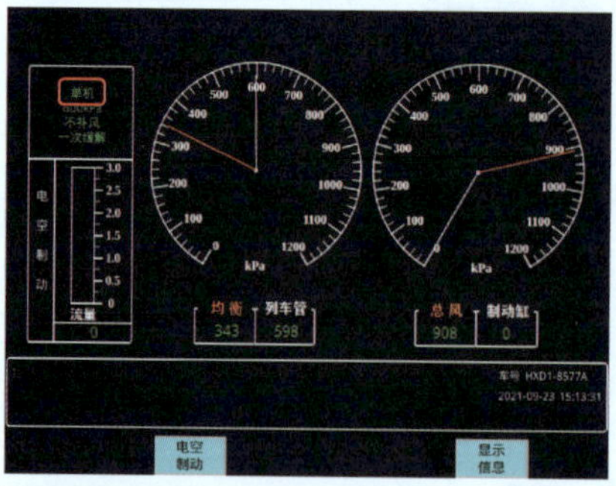 | 确认制动显示屏状态栏显示为“单机”。<br>设置完成后可按 4.1.5 节进行单机模式下的操作 | 注意:单机模式下的制动控制系统需要和本务机车定压设置保持一致 |

## 4.1.3 本务模式(本机)操作

CAB-B 型制动控制系统设置成本务模式后(具体设置方法见 4.1.2.1 节),可根据机车或列车运用情况操作大闸手柄和小闸手柄进行制动或缓解操作，制动控制系统的操作方法详见表 4-5。

**表 4-5 本务模式(本机)操作方法**

| 序 号 | 操 作 | 图 示 | 步 骤 | 备 注 |
|---|---|---|---|---|
| 1 | 进入本务模式 | 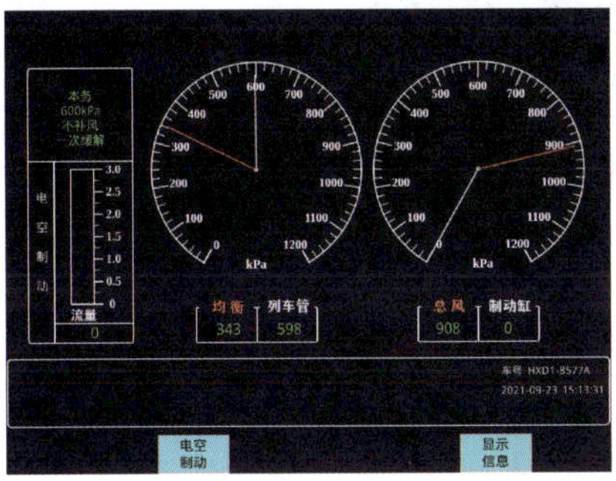 | 按 4.1.2.1 节在制动显示屏上进行操作，进入本务模式 | 若制动控制系统已处于本务模式，则无需进行此操作 |
| 2 | 制动控制系统解锁 | 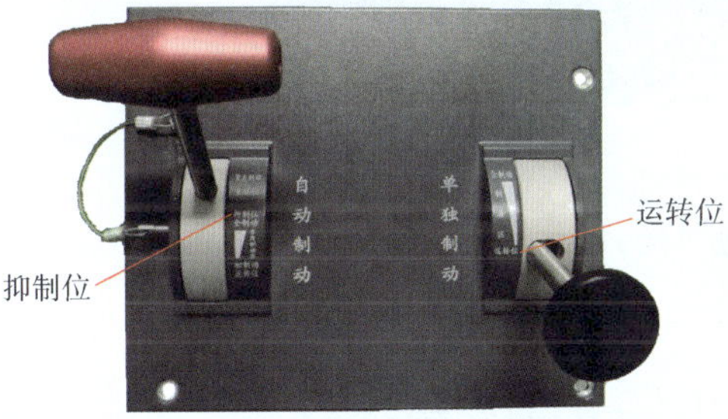 | 将大闸手柄置“抑制位”，并停留至少 1 s，待制动显示屏提示“可恢复正常操作”后，制动控制系统完成解锁 | 制动控制系统解锁仅在制动控制系统上电、惩罚制动、换端等情况下实施 |
| 3 | 缓解 |  | (1)将大闸手柄置“运转位”。<br>(2)将小闸手柄置“运转位” | 均衡风缸和列车管压力将充风缓解至定压，制动缸压力降为 0 |
| 4 | 初制动 | 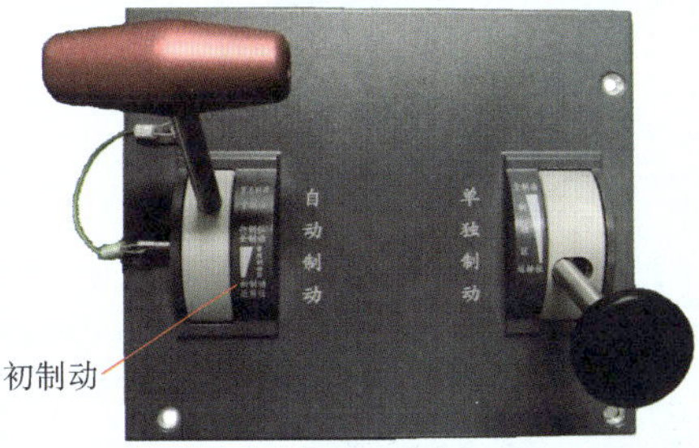 | 将大闸置“初制动” | 均衡风缸和列车管压力将施加初制动减压[a] |

续上表

| 序号 | 操作 | 图示 | 步骤 | 备注 |
|---|---|---|---|---|
| 5 | 常用制动 | 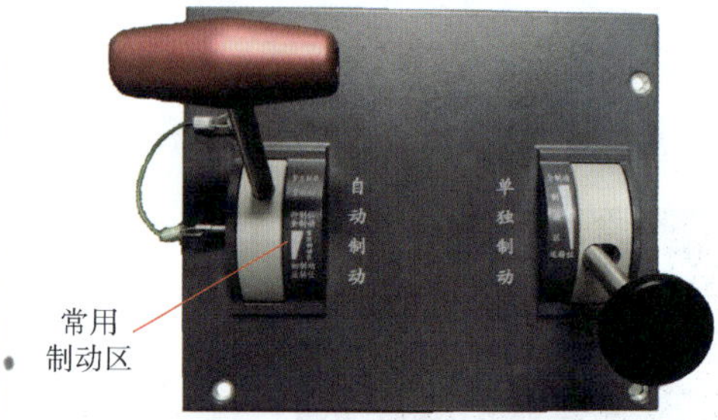 | 将大闸置“常用制动区” | 均衡风缸和列车管压力将施加与制动区位置对应的减压量[a] |
| 6 | 全制动 | 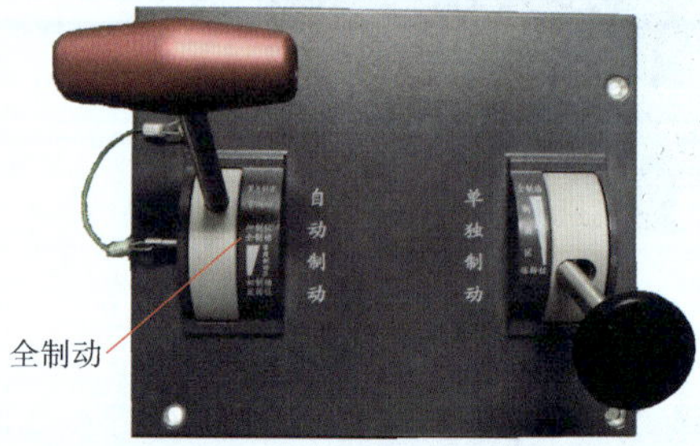 | 将大闸置“全制动” | 均衡风缸和列车管压力将施加最大常用制动减压量[a] |
| 7 | 重联位 |  | 将大闸置“重联位” | 列车管压力以常用速率减压至 100 kPa 以下 |
| 8 | 紧急制动 | 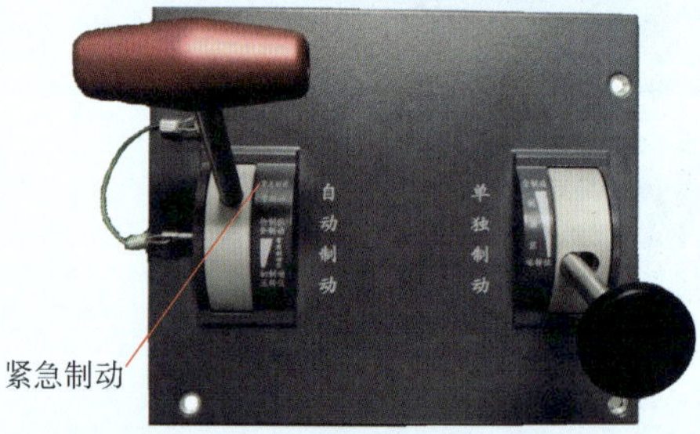 | 将大闸置“紧急制动” | 列车管压力将迅速排 0[b] |
| 9 | 单独制动施加 |  | (1)将小闸手柄置“制动区”。<br>(2)将小闸手柄置“全制动” | (1)输出与制动区位置对应的制动缸压力。<br>(2)输出小闸全制动的制动缸压力 |

续上表

| 序 号 | 操 作 | 图 示 | 步 骤 | 备 注 |
| --- | --- | --- | --- | --- |
| 10 | 单独制动缓解 |  | 将小闸手柄置“运转位” | — |
| 11 | 侧压缓解 |  | 向右侧侧压小闸手柄 | 制动控制系统将缓解自动制动产生的制动缸压力[c] |
| 12 | 退出本务模式 | 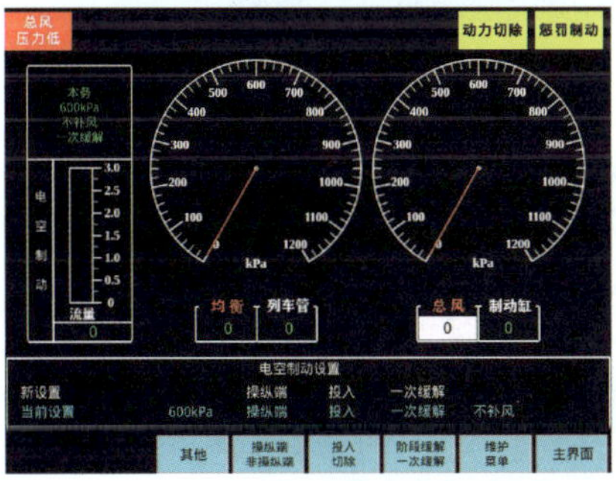 | 按 4.1.2 节在制动显示屏上进行操作，将制动控制系统设置为其他模式 | 本务模式为制动控制系统最常用的操作模式 |

注：a)空电联合模式下，当用大闸手柄实施常用制动时，机车动力制动优先使用。机车动力制动力的大小与大闸手柄对应的列车管减压量所产生的机车空气制动力相匹配。机车施行动力制动时，机车自动制动产生的空气制动被切除，制动缸无压力。在制动过程中，当动力制动失效时，动力制动将被切除，空气制动根据大闸手柄的制动指令实施控制。

b)操作机车上的紧急制动阀(车长阀)、紧急按钮等紧急制动设备，如触发了紧急制动，零速下制动显示屏将开始 60 s 倒计时，只有在倒计时完成，且紧急源消除后才能缓解紧急制动。大闸手柄由紧急位离开，制动控制系统牵引封锁信号解除，大闸手柄再置运转位后，制动控制系统可进行缓解操作。

c)小闸侧压缓解可撤销自动制动申请的电制动力，但不会缓解单独制动产生的制动缸压力；紧急制动时进行侧压缓解，会缓解紧急制动产生的制动缸压力，在侧压缓解指令撤销后，制动缸压力将恢复。

## 4.1.4 重联模式(补机)操作

CAB-B 型制动控制系统在重联模式(补机)下，仅紧急制动有效。CAB-B 型制动控制系统设置成补机后(具体设置方法见 4.1.2.2 节)，制动控制系统的操作方法详见表 4-6。

**表 4-6 重联模式(补机)操作方法**

| 序 号 | 操 作 | 图 示 | 步 骤 | 备 注 |
|---|---|---|---|---|
| 1 | 设置手柄位置 | 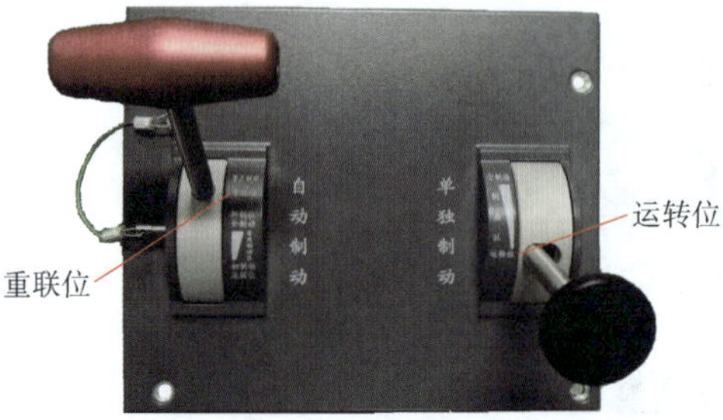 | 将大闸手柄置“重联位”，并插好定位销，小闸手柄置“运转位” | 设置好手柄后，可操作显示屏进入重联（补机）模式[a] |
| 2 | 进入重联模式 | 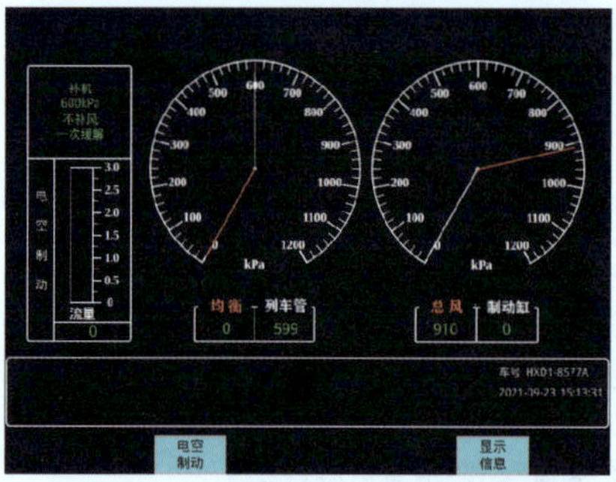 | 按 4.1.2.2 节在制动显示屏上进行操作，进入重联(补机)模式 | — |
| 3 | 紧急制动 | 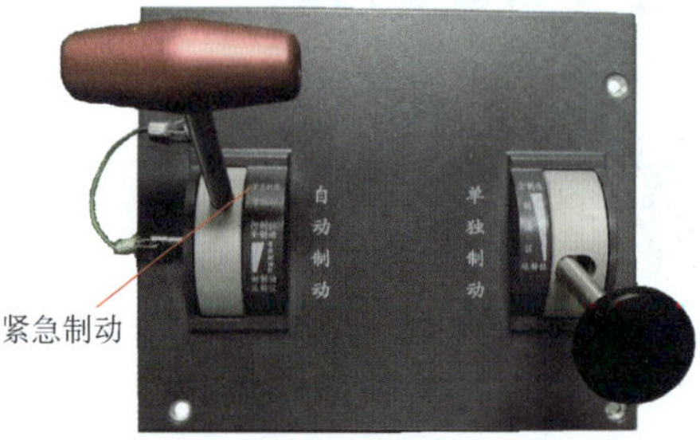 | 将大闸置“紧急制动” | 列车管压力将迅速排 0[b] |
| 4 | 退出重联模式 | 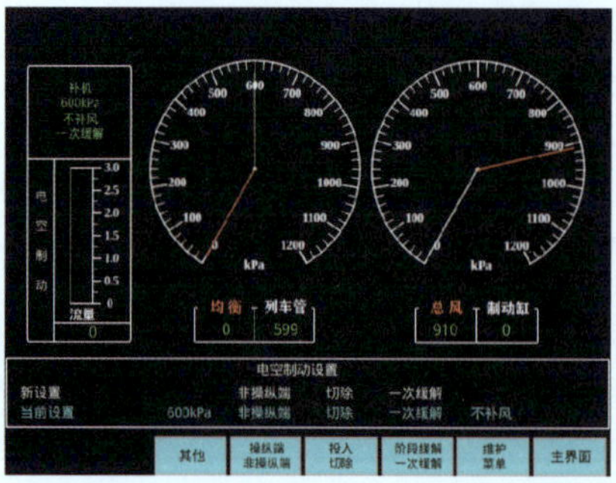 | 按 4.1.2 节在制动显示屏上进行操作，将制动控制系统设置为其他模式 | — |

注：a)重联模式(补机)下，仅紧急制动有效，小闸手柄操纵无效。

b)可操作机车上的紧急阀(车长阀)、紧急按钮等紧急设备触发紧急制动，如果触发了紧急制动，零速下制动显示屏将开始 60 s 倒计时，只有在倒计时完成，紧急制动指令解除(若操作大闸手柄至紧急位，须将大闸手柄重新置重联位)后才能缓解紧急制动。

### 4.1.5 单机模式操作

CAB-B 型制动控制系统在单机模式下，不再控制列车管压力，但仍会响应列车管压力变化控制制动缸压力（自动制动），此外紧急制动和单独制动的功能有效。CAB-B 型制动控制系统设置成单机模式后，制动控制系统的操作方法详见表 4-7。

表 4-7 单机模式操作方法

| 序 号 | 操 作 | 图 示 | 步 骤 | 备 注 |
|---|---|---|---|---|
| 1 | 设置手柄位置 | 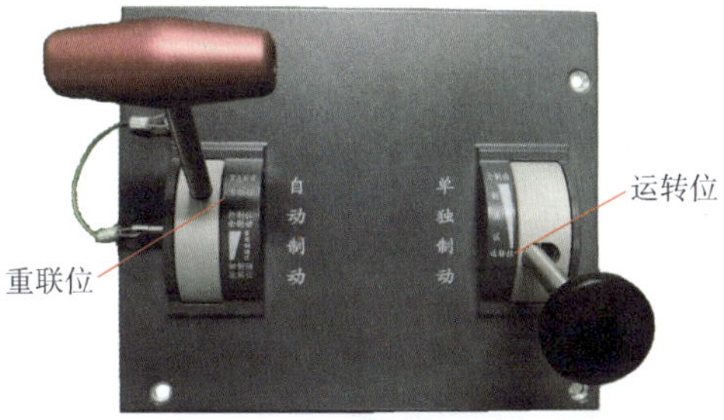 | 将大闸手柄置“重联位”，并插好定位销，小闸手柄置“运转位” | — |
| 2 | 进入单机模式 | 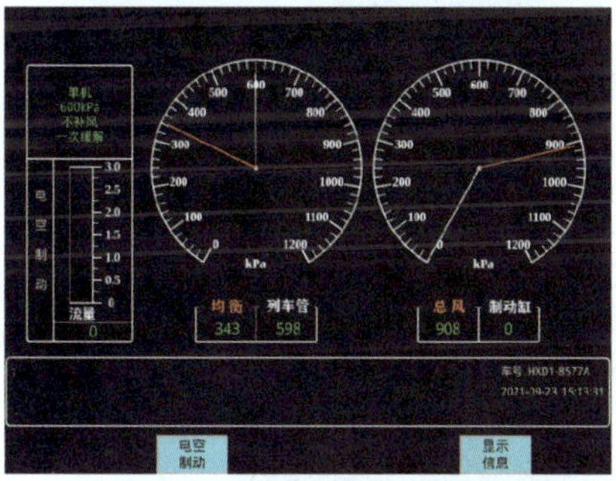 | 按 4.1.2.3 节在制动显示屏上进行操作，进入单机模式 | — |
| 3 | 紧急制动 | 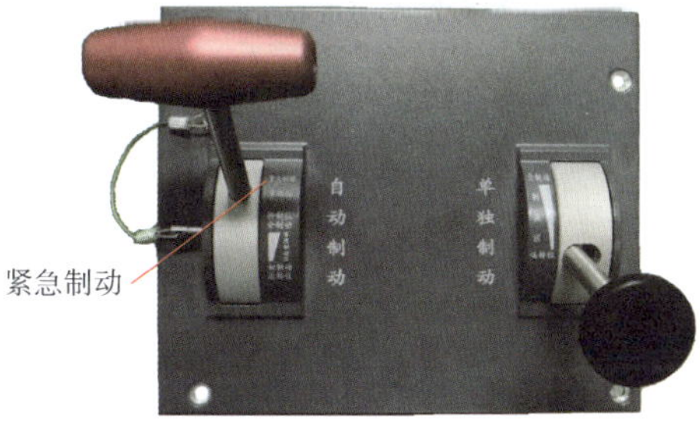 | 将大闸置“紧急制动” | 列车管压力将迅速排 0[a) b)] |
| 4 | 单独制动施加 |  | （1）将小闸手柄置“制动区”。<br>（2）将小闸手柄置“全制动” | （1）输出与制动区位置对应的制动缸压力。<br>（2）输出小闸全制动的制动缸压力 |

续上表

| 序号 | 操作 | 图示 | 步骤 | 备注 |
|---|---|---|---|---|
| 5 | 单独制动缓解 |  | 将小闸手柄置“运转位” | — |
| 6 | 侧压缓解 |  | 向右侧侧压小闸手柄 | 制动控制系统将缓解自动制动产生的制动缸压力[c] |
| 7 | 退出单机模式 | 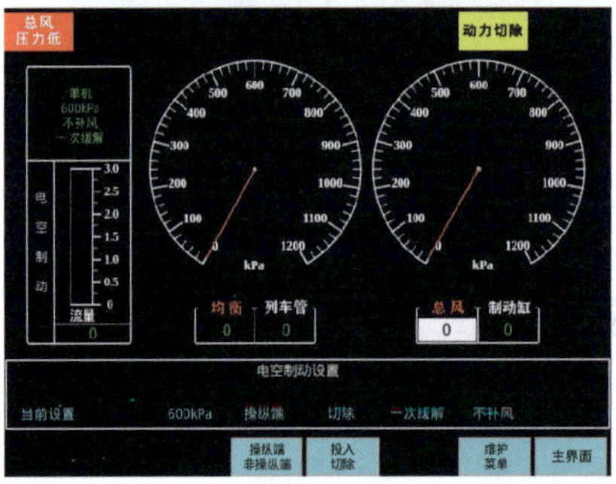 | 按4.1.2节在制动显示屏上进行操作，将制动控制系统设置为其他模式 | — |

注：a)可操作机车上的紧急阀(车长阀)、紧急按钮等紧急设备触发紧急制动，如果触发了紧急制动，零速下制动显示屏将开始60 s倒计时，只有在倒计时完成，紧急制动指令解除后(若操作大闸手柄至紧急位，须将大闸手柄重新置重联位)后才能缓解紧急制动。

b)单机模式下，操作大闸手柄，CAB-B型制动控制系统会按大闸手柄对应的减压量调整均衡风缸压力，但不会对列车管压力进行调整。

c)侧压缓解也可缓解自动制动申请的电制动力，但不会缓解单独制动产生的制动缸压力；紧急制动时进行侧压缓解，紧急制动产生的制动缸压力将下降并可降0，在侧压缓解指令撤销后，紧急制动产生的制动缸压力将恢复。

### 4.1.6 自检操作

CAB-B型制动控制系统自检前需完成以下准备工作：

(1)机车保持静止状态，且做好防溜措施。

(2)机车制动控制系统设置为本务模式。

(3)机车停放制动处于缓解状态。

自检操作方法详见表 4-8。

**表 4-8　自检操作方法**

| 序　号 | 操　作 | 图　　示 | 步　　骤 | 备　注 |
|---|---|---|---|---|
| 1 | 设置手柄 | 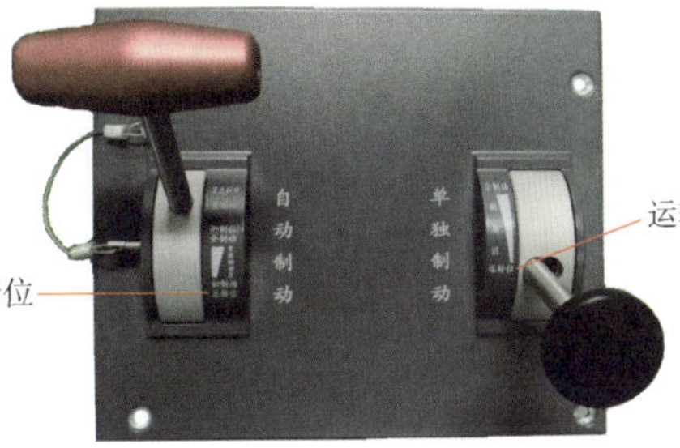 | 大闸手柄置“运转位”，小闸手柄置“运转位” | 手柄完毕后，可操作显示屏进行自检[a] |
| 2 | 进入自检界面 | 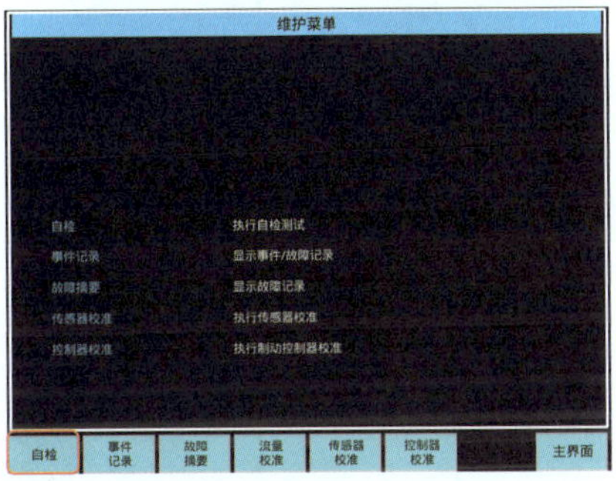 | 在制动显示屏上从“电空制动”进入“维护菜单”界面，按压左下角“自检”键，进入自检权限认证页面 | — |
| 3 | 权限认证 | 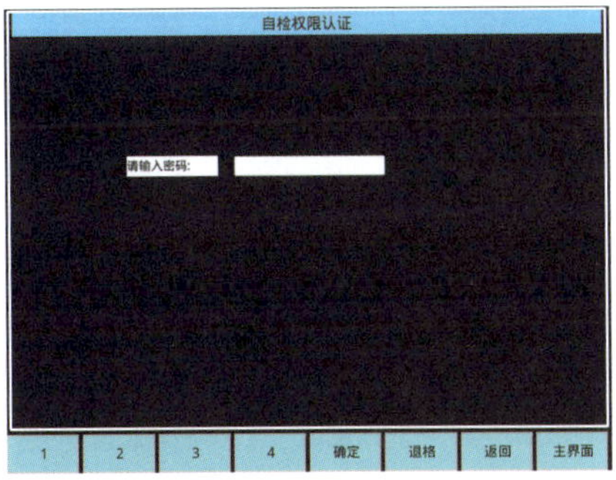 | 输入密码，然后按“确定” | 各车型密码不相同 |
| 4 | 运行自检 | 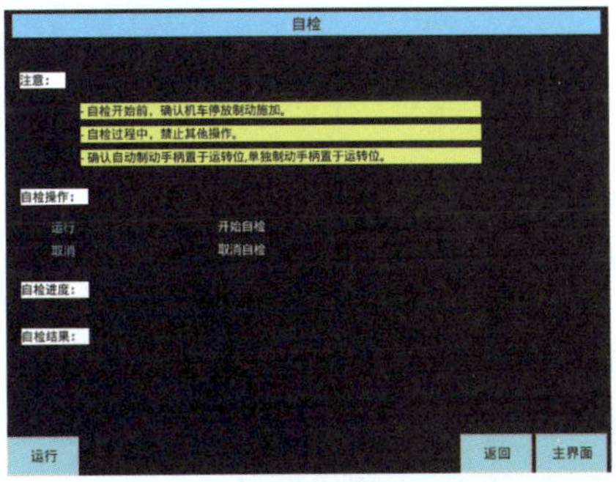 | (1)进入自检界面后，按压左下角“运行”键，此时制动控制系统进入自检过程。<br>(2)显示屏会显示“自检”进度，共 14 步。<br>(3)如有模块异常，显示屏会提示相关异常信息；如没有模块异常，显示屏会提示“自检通过” | — |

注：a)“自检”进行过程中，需保证制动控制器大闸手柄和小闸手柄置于运转位，自检过程中不应进行任何其他操作。

### 4.1.7 换端操作

CAB-B 型制动控制系统在不同配置工况下，换端操作略有不同。如图 4-11 所示，CAB-B 型制动控制系统为工况 1 配置，即单制动柜（单节）双端操作；如图 4-12 所示，CAB-B 型制动控制系统为工况 2 配置，即双制动柜（双节）双端操作。工况 1 配置下的换端操作方法详见表 4-9，工况 2 配置下的换端操作方法详见表 4-10。

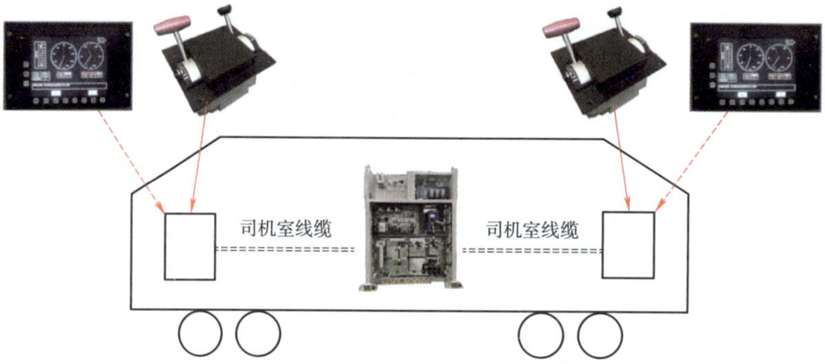


图 4-11 工况 1 配置

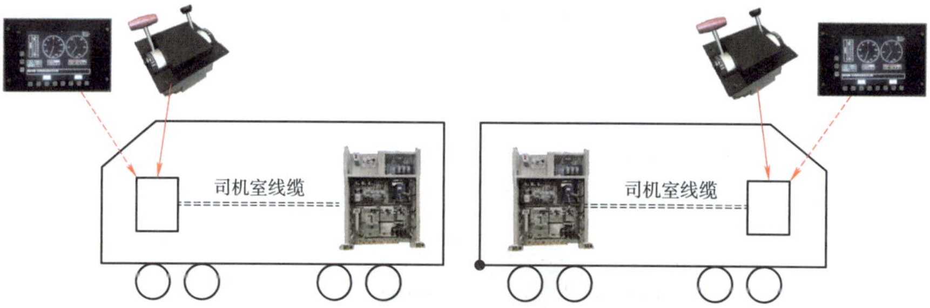


图 4-12 工况 2 配置

注意：换端操作须在机车停车静止状态下进行，为防止溜车，需确保机车已做好防溜措施。

表 4-9 工况 1 配置下的换端操作方法

| 序 号 | 操 作 | 图 示 | 步 骤 | 备 注 |
|---|---|---|---|---|
| 1 | 设置手柄 |   | 在原操纵端，将大闸手柄置“重联位”，并插好定位销，小闸手柄置“运转位” | — |

续上表

| 序　号 | 操　作 | 图　　示 | 步　　骤 | 备　注 |
|---|---|---|---|---|
| 2 | 断司机室钥匙 |  | 在原操纵端，断司机室电钥匙 | 不同车型司机室的激活和断开操作部件不同，此处仅以有司机电钥匙的车型为示例 |
| 3 | 合司机室钥匙 |  | 在新操纵端，合司机室电钥匙 | — |
| 4 | 制动控制系统解锁 | 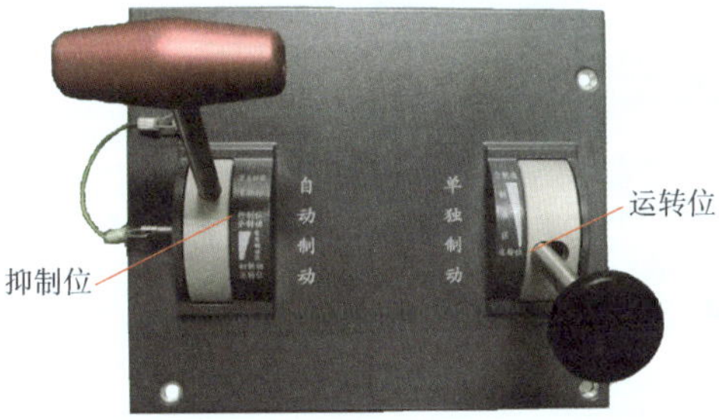 | 在新操纵端，将大闸手柄置“抑制位”，并停留至少 1 s，待制动显示屏提示“可恢复正常操作”后，制动控制系统完成解锁 | — |
| 5 | 检查模式 | 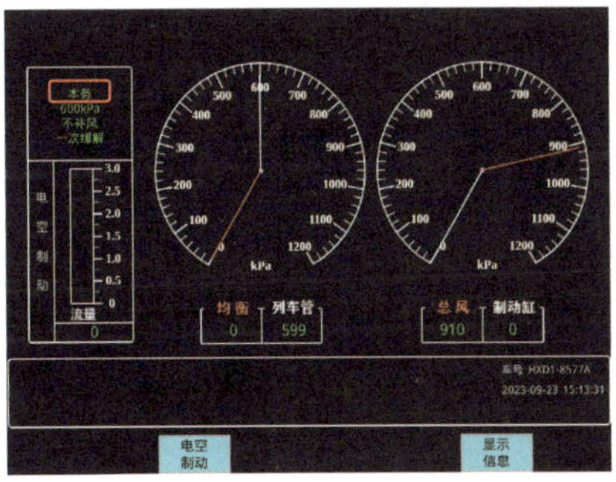 | 确认制动控制系统为本务模式或单机模式后，即可进行正常的制动操作 | — |

**表 4-10　工况 2 配置下的换端操作方法**

| 序号 | 操作 | 图　示 | 步　骤 | 备注 |
|---|---|---|---|---|
| 1 | 设置手柄 |  | 在原操纵端，将大闸手柄置“重联位”，并插好定位销，小闸手柄置“运转位” | — |
| 2 | 断司机室钥匙 |  | 在原操纵端，断司机室电钥匙 | 不同车型司机室的激活和断开操作部件不同，此处仅以有司机电钥匙的车型为示例 |
| 3 | 合司机室钥匙 |  | 在新操纵端，合司机室电钥匙 | — |
| 4 | 设置模式 | 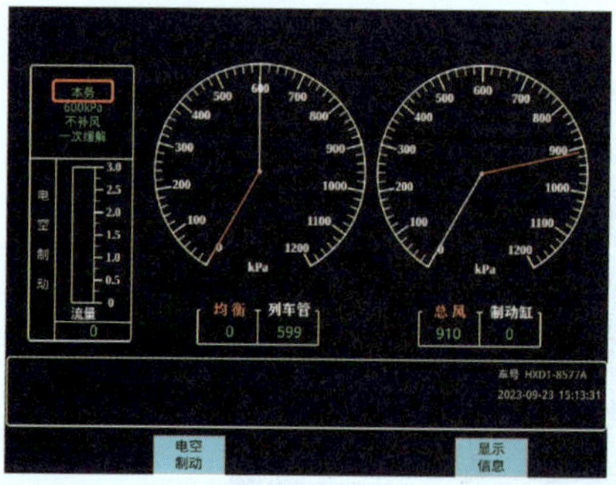 | (1)在新操纵端，确认制动控制系统状态是否为“本务”或“单机”。若为“补机”则按 4.1.2 节在制动显示屏上进行操作，将制动控制系统设置为本务模式或单机模式[a) b)]。<br>(2)设置完成后，即可按 4.1.3 节进行本务模式的操作，或按 4.1.5 节进行单机模式的操作 | — |

注：a)在新操纵端设置为本务模式后，原操纵端将自动转为补机模式。

b)若新操纵端激活前已成功设置过本务模式或单机模式，则新操纵端再次激活后，无需再次设置本机模式或单机模式。

## 4.1.8 定压转换操作

1. 准备工作

定压转换的设置须在以下条件下才能进行：

(1)机车静止(零速)。

(2)确认被设置端司机室已激活。

2. 设置步骤

定压转换的设置主要在制动显示屏上进行，具体设置步骤详见表 4-11。

表 4-11 定压转换设置操作方法

| 序号 | 操作 | 图 示 | 步 骤 | 备注 |
| --- | --- | --- | --- | --- |
| 1 | 设置手柄 | 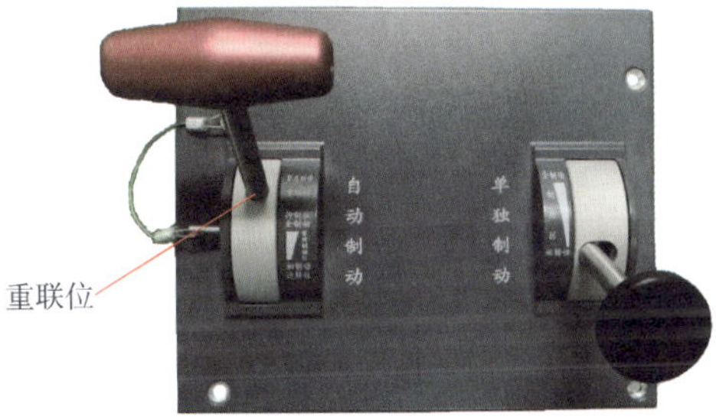 | 将大闸手柄置“重联位” | 列车管需减压至 400 kPa 以下才能继续进行操作 |
| 2 | 进入设置 | 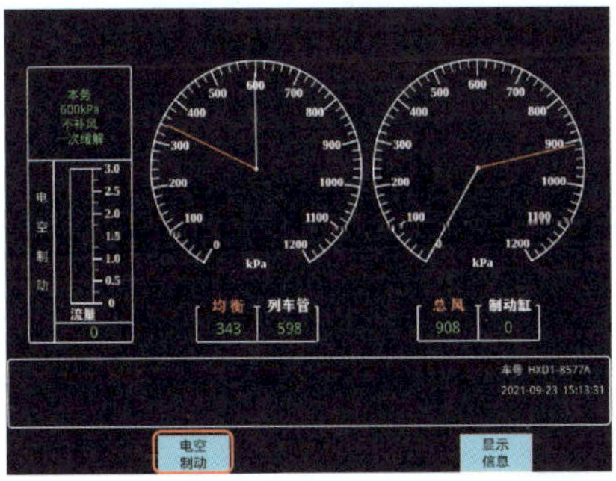 | 点击制动显示屏主界面“电空制动”按钮，进入电空制动设置 | — |
| 3 | 定压设置 | 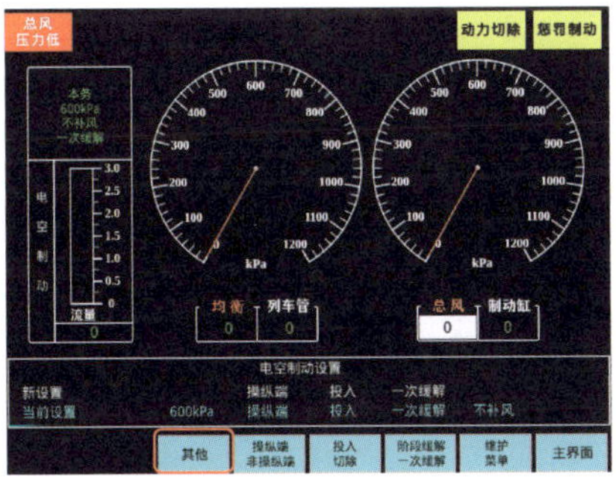 | (1)点击“其他”按钮，使“新设置”中变为“600 kPa”或“500 kPa”。<br>(2)点击“执行”按钮 | — |

续上表

| 序号 | 操作 | 图　示 | 步　骤 | 备注 |
|---|---|---|---|---|
| 4 | 定压确认 | 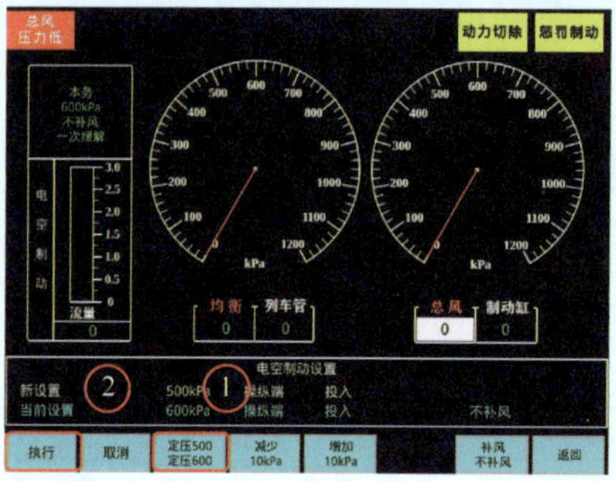 | 确认制动显示屏状态栏显示的定压为需设置的定压<br>设置完成后可按4.1.3节进行本务模式下的操作 | — |

## 4.1.9 无动力回送操作

在进行CAB-B型制动控制系统无动力回送转入/转出设置时，首先须确保无动力回送机车具有可靠防溜措施，并在断电工况下进行操作。无动力回送制动控制系统操作主要在停放、制动风源、制动机等三个方面的转换操作(整车其他部件操作未在此描述)。

无动力回送操作如图4-13所示。

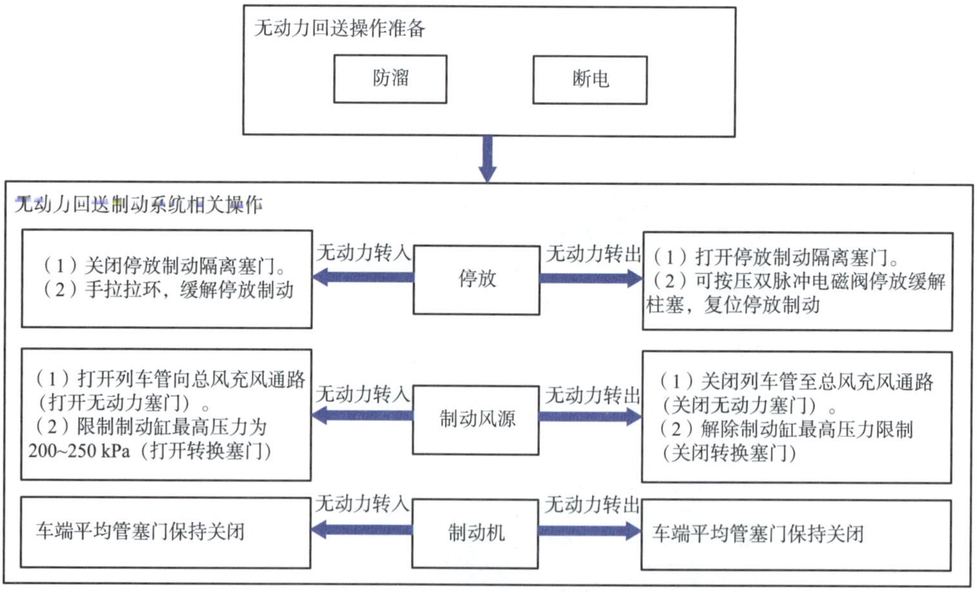


图4-13　无动力回送操作

### 4.1.9.1 无动力回送转入设置

(1)转入操作时停放须关闭停放制动隔离塞门，手拉缓解停放制动；

(2)转入操作时制动风源须打开列车管向总风充风通路(打开无动力塞门),限制制动缸最高压力为200～250 kPa(打开转换塞门);

(3)转入操作时制动机须保持关闭车端平均管塞门。

#### 4.1.9.2 无动力回送转出设置

(1)转出操作时停放须打开停放制动隔离塞门,并可通过按压双脉冲电磁阀停放缓解柱塞,复位停放制动;

(2)转出操作时制动风源须关闭列车管向总风充风通路(关闭无动力塞门),解除制动缸最高压力限制(关闭转换塞门);

(3)转出操作时制动机须保持关闭车端平均管塞门。

### 4.1.10 空气后备制动操作(若有)

空气后备制动是制动控制系统纯空气制动状态下工作时所采用的工作模式,保留了机车最基本的制动、缓解和保压功能,此工作模式仅在机车制动控制系统故障的情况下使用,可维持列车运行至临近的安全停车位置。

空气后备制动只作为制动控制系统故障后的一种应急补救操纵措施,在使用中需注意:

(1)制动后的中立位,只有补风模式,需注意列车管风压变化;

(2)紧急制动时,需将后备制动阀手柄放置在制动位;

(3)后备制动模式下,无监控系统的常用制动功能;

(4)后备制动模式下,无空电联合功能,注意避免电制动和空气制动叠加;

(5)操作后备制动时,需观察后备均衡风表压力变化;

(6)仅需打开操作端的后备制动塞门,非操作端的后备制动塞门保持关闭,且后备均衡风缸定压应调整至与电空制动一致。

#### 4.1.10.1 空气后备制动模式启用

1. 准备工作

空气后备制动模式启用的设置须在以下条件下才能进行:

(1)机车已安全停车。

(2)确认施加停放制动。

## 2. 设置步骤

空气后备制动模式启用的设置方法详见表 4-12。

表 4-12 空气后备制动模式启用的设置方法

| 序号 | 操作 | 图 示 | 步 骤 | 备注 |
|---|---|---|---|---|
| 1 | 设置手柄 | 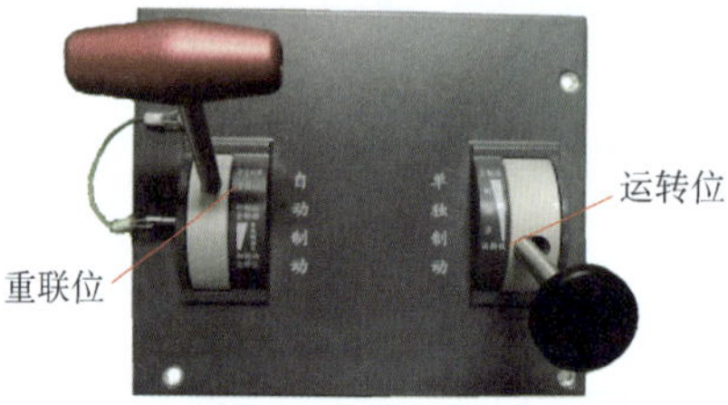 | 将大闸手柄置“重联位”，并插好定位销，小闸手柄置“运转位”，确保列车管压力降为 100 kPa 以下 | — |
| 2 | 排空后备均衡风缸压力 | 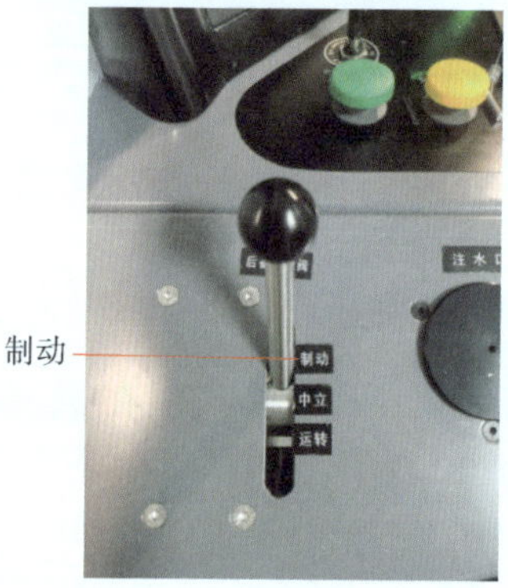 | 将后备制动阀手柄置“制动位”，查看后备均衡风缸压力表，确认后备均衡风缸压力排空 | 避免空气后备制动投入时后备均衡风缸有压力 |
| 3 | 断开制动控制系统控制电源开关 | 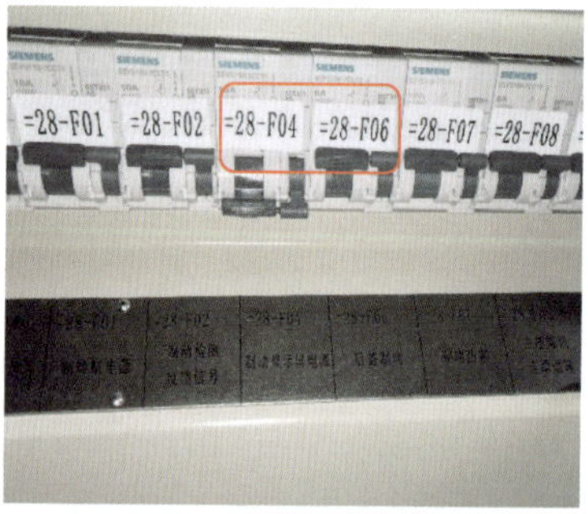 | 在两节机车的电源柜内，断开两节车制动控制系统的 EIU 和 EPCU 电源开关[a)] | (1)仅断制动控制系统 EIU 和 EPCU 的电源即可，制动控制系统的塞门、检测等电源无需断。<br>(2)不同车型的开关设置可能会不一致，图中的开关的样式和代码仅做示例 |
| 4 | 设置后备制动塞门 | 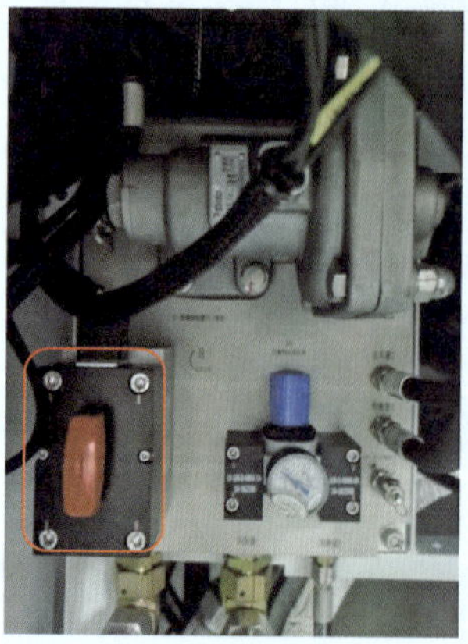 | 打开司机室操纵台下方左柜内部后备制动模块上的后备制动塞门，即手柄置竖直位置 | — |

续上表

| 序号 | 操作 | 图　示 | 步　骤 | 备注 |
|---|---|---|---|---|
| 5 | 调节定压 | 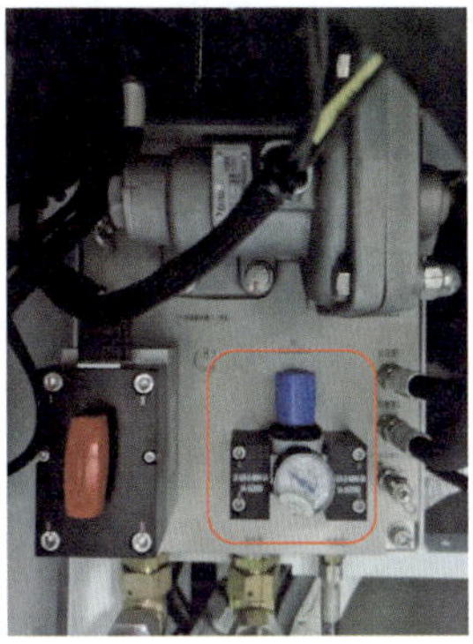 | 调节后备制动模块中后备制动调压阀，使其输出压力为列车管定压 | — |
| 6 | 检查试验 |  | 操作后备制动阀手柄置“运转”“制动”“中立”等位置试验至少3次，通过观察司机室操纵台列车管和制动缸压力风表，确认制动与缓解正常 | — |

注：a）本节空气后备制动模式的设置以双节车布置的机车为例，故在操作上考虑了两节车制动柜的操作。

### 4.1.10.2　空气后备制动模式操作

空气后备制动模式下，机车或列车的制动与缓解均通过操作后备制动阀手柄来实现，具体操作方法详见表4-13。

**表4-13　空气后备制动模式的操作方法**

| 序号 | 操作 | 图　示 | 步　骤 | 备注 |
|---|---|---|---|---|
| 1 | 制动 | 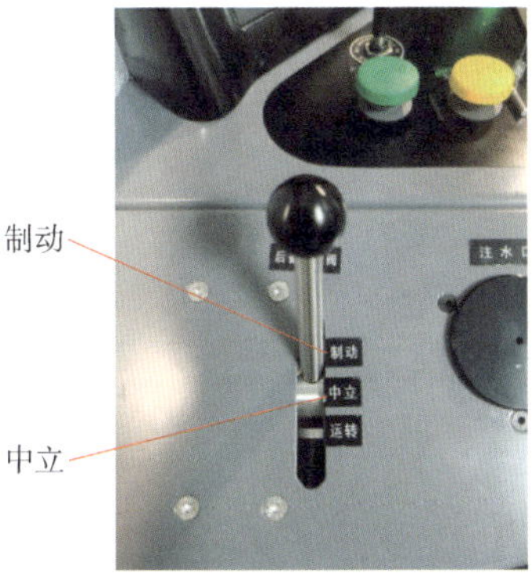 | （1）将后备制动阀手柄置“制动”位，后备均衡风缸、列车管压力开始下降。<br>（2）观察后备均衡风表，待后备均衡风缸压力降至目标压力后，将后备制动阀手柄置“中立”位 | — |

续上表

| 序号 | 操作 | 图　示 | 步　骤 | 备注 |
| --- | --- | --- | --- | --- |
| 2 | 保压 | 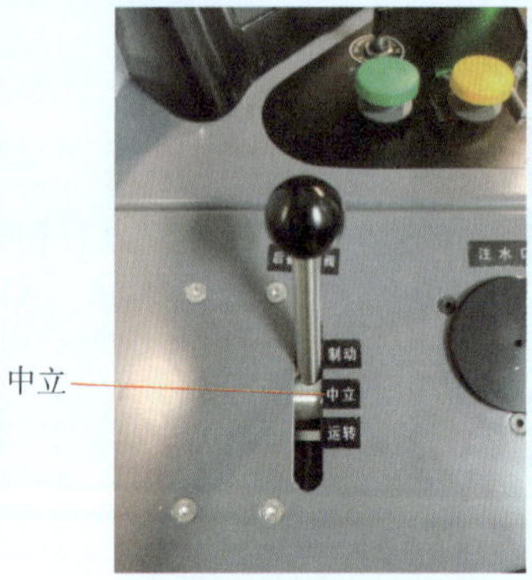 | 将后备制动阀手柄保持在“中立”位 | — |
| 3 | 缓解 | 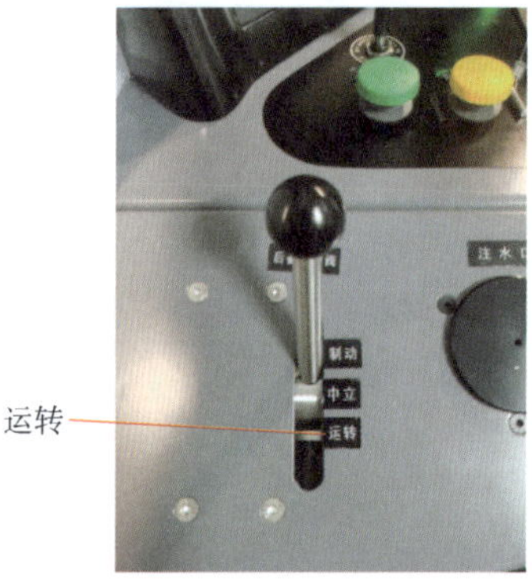 | （1）将后备制动阀手柄置“运转”位，后备均衡风缸、列车管压力开始上升。<br>（2）观察后备均衡风表，后备均衡风缸压力升至定压后，需保持手柄在“运转”位一段时间，待后备均衡风缸压力稳定后可松开手柄 | 若松开后备制动阀手柄后，列车管缓解压力上升过程中，后备均衡风缸压力出现下降，可再次将后备制动阀手柄置“运转”位给后备均衡风缸充风 |

## 4.1.10.3　空气后备制动模式退出

空气后备制动模式退出的设置方法详见表 4-14。

**表 4-14　空气后备制动模式的退出设置方法**

| 序号 | 操作 | 图　示 | 步　骤 | 备注 |
| --- | --- | --- | --- | --- |
| 1 | 设置后备制动塞门 | 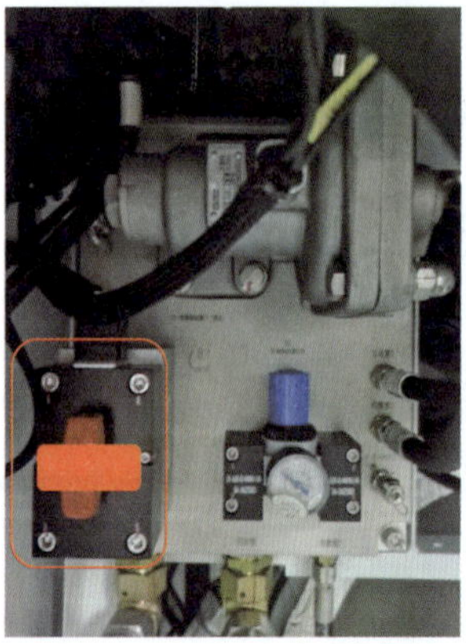 | 关闭司机室操纵台下方左柜内部后备制动模块上的后备制动塞门，即手柄置水平位置 | — |

续上表

| 序号 | 操作 | 图　示 | 步　骤 | 备注 |
|---|---|---|---|---|
| 2 | 闭合制动控制系统控制电源 | 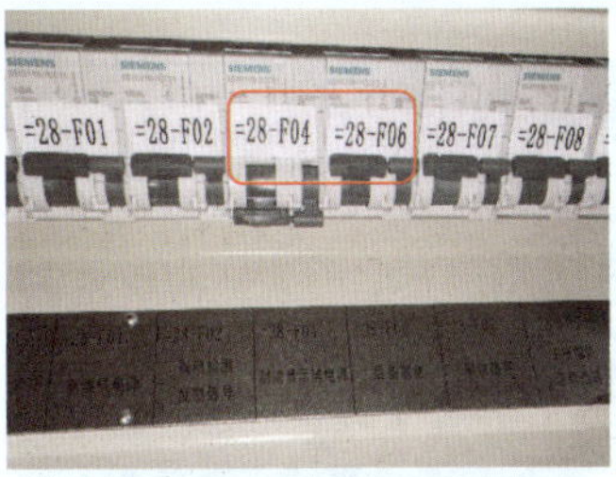 | 在两节机车的电源柜内，闭合两节车的制动控制系统 EIU 和 EPCU 电源[a] | 不同车型的开关设置可能会不一致，图中的开关的样式和代码仅做示例 |
| 3 | 确认整车状态 |  | 激活司机室（合电钥匙），确认总风缸风压 750 kPa 以上 | 若总风压力低于 750 kPa，需升弓，合主断，启动压缩机打风 |
| 4 | 检查试验 | 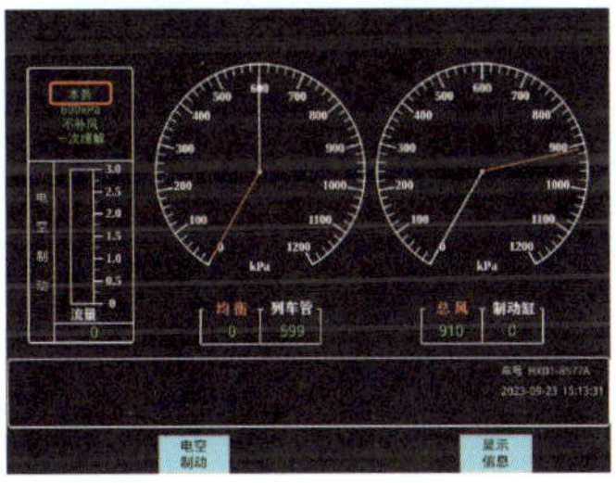 | （1）按 4.1.2.1 节在制动显示屏上进行操作，将制动控制系统设置为本务模式。<br>（2）进行制动控制系统性能试验 | — |

注：a）本节空气后备制动模式的设置以双节车布置的机车为例，故在操作上考虑了两节车制动柜的操作。

## 4.1.11　其他操作

### 4.1.11.1　定压微调

CAB-B 型制动控制系统可对列车管定压进行微调，微调范围为－50～＋50 kPa，微调步长为 10 kPa。

注意：定压微调仅能在机车静止、零速条件下进行，只能在被设置端司机室已激活状态下进行操作。

如图 4-14 所示，定压微调步骤如下：

（1）点击制动显示屏主界面“电空制动”按钮。

（2）点击“其他”按钮，进入定压微调界面。

（3）通过操作“增加 10 kPa”和“减少 10 kPa”按钮，调整定压大小。

(4)点击“执行”按钮。

(5)确认当前设置正确,设置完成。

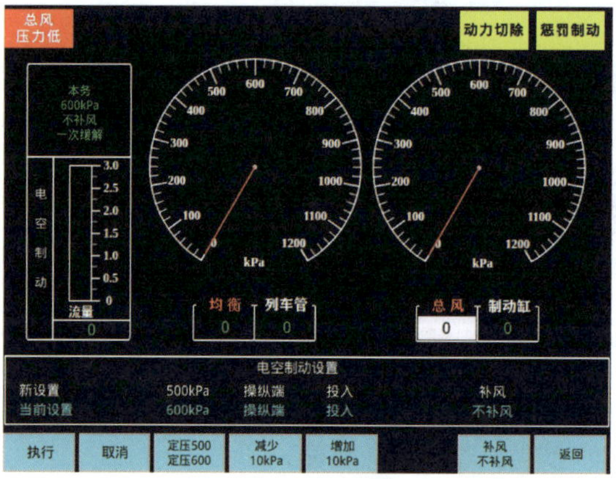


图 4-14 定压微调界面

### 4.1.11.2 压力传感器标定(须专业制动技术人员完成)

1. 注意事项

制动控制系统允许对列车管传感器 1、列车管传感器 2、均衡风缸传感器、总风传感器 1、总风传感器 2、制动缸 1 传感器、制动缸预控传感器、单独制动预控传感器和平均管传感器等压力传感器进行标定。注意事项如下:

(1)压力传感器标定操作一般结合 C5、C6 修程进行。

(2)压力传感器标定仅能在零速条件下进行。

(3)每个传感器要分别对传感器“上限”和“下限”进行标定。

(4)标定压力传感器时应注意标定顺序,必须先标定传感器“下限”。

(5)若传感器标定提示故障或失败时,需退出标定界面或重启制动控制系统后再重新标定。

(6)需用到手持式精密压力表等设备。

2. 标定步骤

如图 4-15 所示,以标定(校准)列车管传感器 1 为例,压力传感器标定步骤如下:

(1)“选择传感器”:在压力传感器校准菜单页面,选择“列车管传感器 1”。

若首页没有需要选择的传感器则需要翻页查找对应的传感器。

(2)“开始标定”:进入列车管传感器 1 标定界面后,选择“下限”。

注:标定列车管传感器 1“下限”时,需要将大闸手柄置于紧急位施加紧急制动。

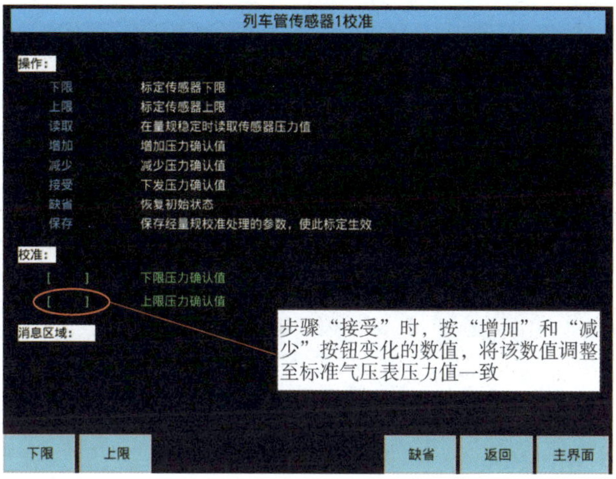


**图 4-15 压力传感器标定界面**(列车管传感器 1 校准)

(3)“读取”:列车管压力稳定后,按“读取”键。

(4)“查看”:同时查看手持式精密压力表,并按“增加”和“减少”键使下限压力值与手持精密压力表一致。

(5)“接受”:按“接受”按钮,发送压力标定值。

(6)“保存”:按“保存”按钮,保存标定结果,使标定生效,下限值标定完成,后面进行上限值标定。

(7)“开始标定”:进入列车管传感器 1 标定界面后,选择“上限”。

注:标定列车管传感器 1“上限”时,需要将大闸手柄置于运转位充风缓解。

(8)“读取”:列车管压力稳定后,按“读取”键。

(9)“查看”:同时查看手持式精密压力表,并按“增加”和“减少”键使上限压力值与手持精密压力表一致。

(10)“接受”:按“接受”按钮,发送压力标定值。

(11)“保存”:按“保存”按钮,保存标定结果,使标定生效,上限值标定完成。

提示“标定成功!”后,操作显示屏返回主页面,操作大闸手柄和小闸手柄,观察均衡风缸、列车管和制动缸压力变化是否正常。

#### 4.1.11.3 制动控制器校准(须专业制动技术人员完成)

CAB-B 型制动控制系统可进行制动控制器的校准。按下维护菜单界面中的“控制器校准”按键,进入控制器校准界面,如图 4-16 所示。

控制器校准界面设置有“自动控制手柄”“单独控制手柄”“返回”“主界面”按钮。

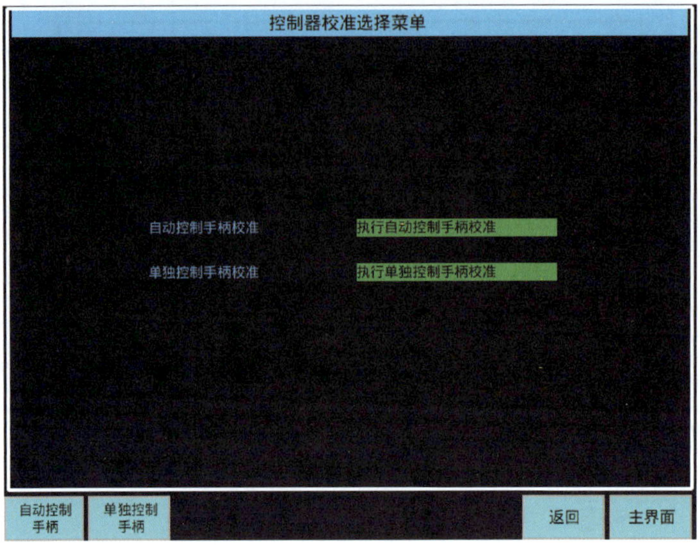


图 4-16 控制器校准界面

按下控制器校准界面“自动控制手柄”按钮进入自动控制手柄校准界面，如图 4-17 所示，包含“紧急”“运转”“读取”“接受”“保存”“返回”“主界面”等按钮，可根据提示进行自动控制手柄位置校准。

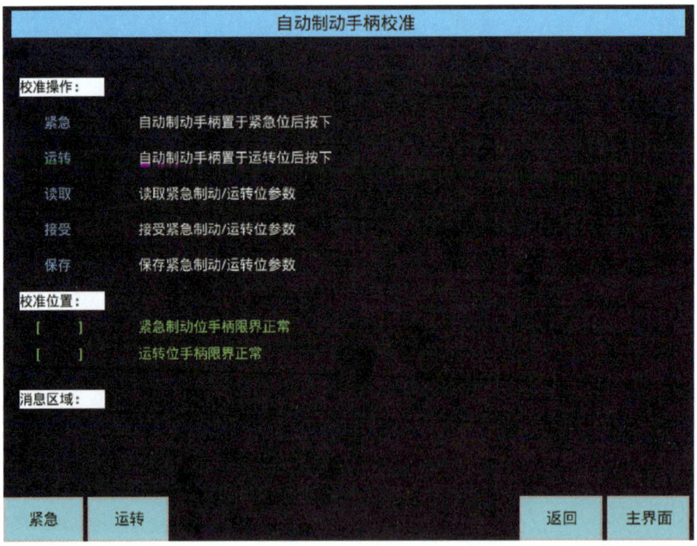


图 4-17 自动控制手柄校准界面

按下控制器校准界面“单独控制手柄”按钮进入单独控制手柄校准界面，如图 4-18 所示，包含“全制动”“运转”“读取”“接受”“保存”“返回”“主界面”等按钮，可根据提示进行单独控制手柄位置校准。

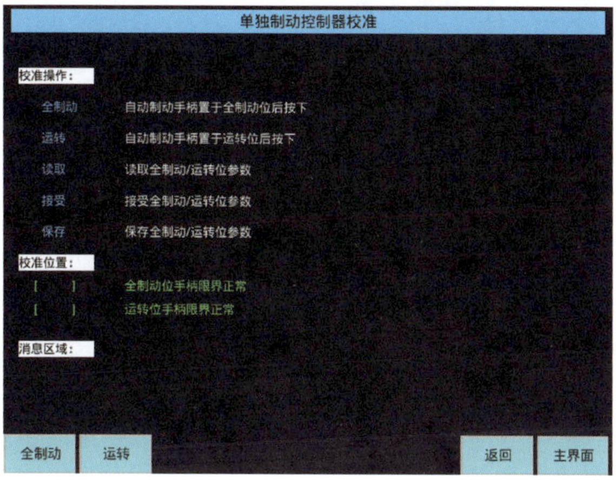


图 4-18 单独控制手柄校准界面

### 4.1.11.4 事件记录查询

(1)按以下方式进入事件记录查询界面，如图 4-19 所示：

①点击制动显示屏主界面“电空制动”按钮。

②点击“维护菜单”按钮，进入维护菜单界面。

③点击“事件记录”按钮，进入事件记录查询界面。

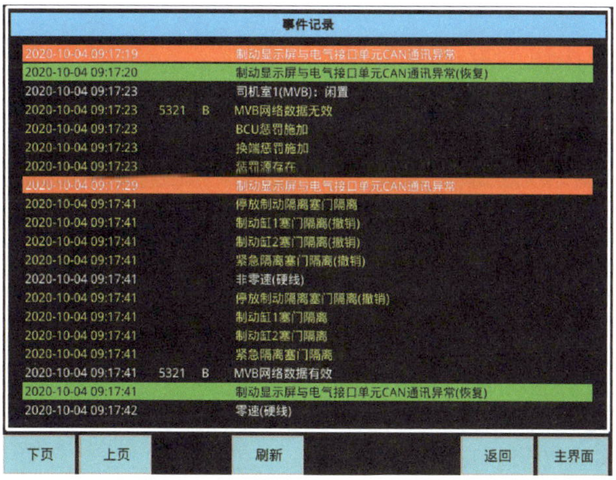


图 4-19 事件记录查询界面

(2)在事件记录查询界面可进行如下操作：

①点击“上页”和“下页”按钮可向上/向下查询事件记录。

②点击“刷新”按钮可查看最新的事件记录。

③点击“返回”按钮可返回维护菜单。

④点击“主界面”按钮可返回主界面。

(3)事件记录查询界面内容说明：

①事件记录界面所记录的内容包括事件和故障，其中故障又分为故障发生和故障恢复。

②故障发生条目使用红色背景，黑色字体。

③故障恢复条目使用绿色背景，黑色字体。

④事件条目使用黑色背景，白色字体。

### 4.1.11.5 故障摘要查询

(1)按以下方式进入故障摘要查询界面，如图4-20所示：

①点击制动显示屏主界面“电空制动”按钮。

②点击“维护菜单”按钮，进入维护菜单界面。

③点击“故障摘要”按钮，进入事件记录查询界面。

(2)在故障摘要查询界面可进行如下操作：

①点击“上页”和“下页”按钮可向上/向下查询故障摘要。

②点击“刷新”按钮可查看最新的故障摘要。

③点击“返回”按钮可返回维护菜单。

④点击“主界面”按钮可返回主界面。

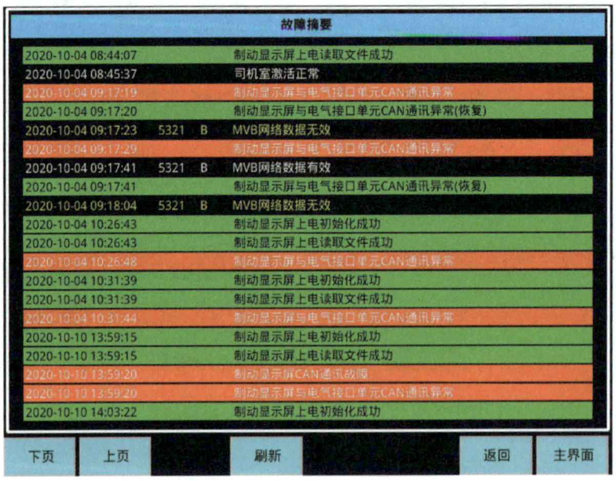


图4-20 故障摘要查询界面

(3)故障摘要查询界面内容说明：

①故障摘要分为故障发生和故障恢复。

②故障发生条目使用红色背景，黑色字体。

③故障恢复条目使用绿色背景，黑色字体。

#### 4.1.11.6　软件版本号查询

按以下方式进入软件版本查询界面，如图 4-21 所示：

(1)点击制动显示屏主界面“显示信息”按钮。

(2)点击“软件版本”按钮，进入软件版本查询界面。

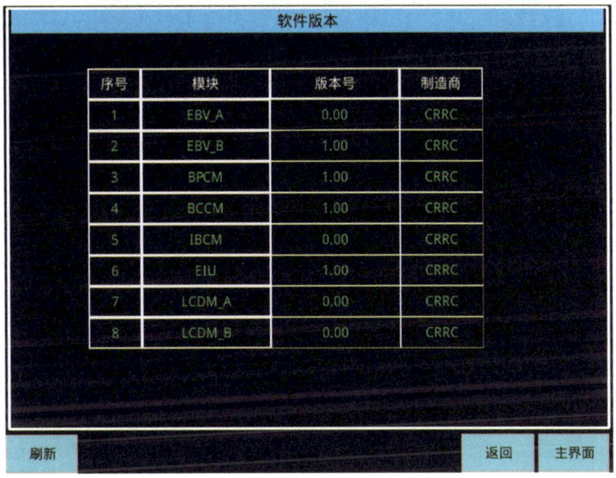


图 4-21　软件版本查询界面

## 4.2　CAB-B 型制动控制系统故障处理

故障按照《分布式网络智能模块机车空气制动控制系统暂行技术规范》(TJ/JW 100—2020)标准划分为以下三个级别：

(1)A 级故障：影响正常行车，需立即停车处理，并检查机车关键设备状态。

(2)B 级故障：可能影响正常行车，需视当时相关系统状态和外在运用条件综合判断。

(3)C 级故障：一般不影响正常行车，可观察运用或回段检查。

显示屏上方使用黄底黑字的形式指示紧急制动、惩罚制动、动力切除等信息，并在操作提示信息中对所发生的故障代码和需要进行的相关操作进行提示，如图 4-22 所示。

常见故障及故障代码详见表 4-15。

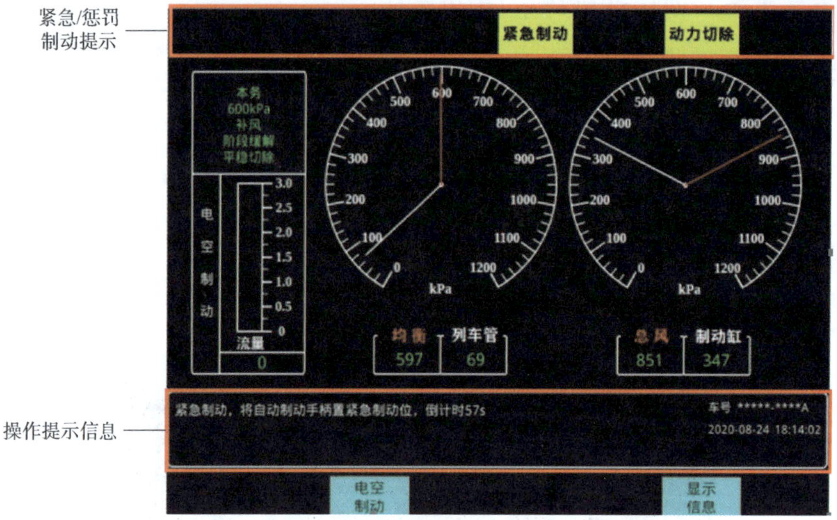


图 4-22　制动显示屏提示信息

表 4-15　常见故障及故障代码

| 序号 | 描　述 | 故障代码 | 等　级 |
|---|---|---|---|
| 1 | Ⅰ端自阀故障/Ⅱ端自阀故障 | 5100/5101 | A类 |
| 2 | 列车管模块通信故障 | 5131 | A类 |
| 3 | 激活端的制动控制器通信丢失 | 5102 | A类 |
| 4 | Ⅰ端单阀故障/Ⅱ端单阀故障 | 5300/5301 | B类 |
| 5 | MVB网络数据无效 | 5321 | B类 |
| 6 | 均衡备用输出电磁阀故障 | 574A | B类 |
| 7 | 均衡风缸传感器故障 | 5331 | B类 |
| 8 | 均衡风缸充/排气电磁阀故障 | 5332/5333 | B类 |
| 9 | 电气接口单元与制动显示屏CAN通信故障 | 5310 | B类 |
| 10 | 均衡备用输入电磁阀故障 | 5340 | B类 |
| 11 | 中立阀电磁阀故障 | 5335 | B类 |
| 12 | 遮断阀电磁阀故障 | 5336 | B类 |
| 13 | 列车管传感器1故障/列车管传感器2故障 | 5730/5742 | C类 |
| 14 | 总风传感器1故障 | 5731 | C类 |
| 15 | 紧急电磁阀1故障 | 5733 | C类 |
| 16 | 制动缸传感器故障 | 5740 | C类 |
| 17 | 备用切换阀故障 | 5741 | C类 |
| 18 | 流量传感器故障 | 5743 | C类 |
| 19 | 制动缸预控充/排气电磁阀故障 | 5745/5747 | C类 |
| 20 | 制动缸控制模块通信故障 | 5746 | C类 |

续上表

| 序号 | 描述 | 故障代码 | 等级 |
|---|---|---|---|
| 21 | 单独控制模块通信故障 | 5750 | C类 |
| 22 | 单独控制预控充/排气电磁阀故障 | 5751/5752 | C类 |
| 23 | 平均管预控备用切换电磁阀故障 | 5757 | C类 |
| 24 | 单阀微动开关故障 | 5703 | C类 |
| 25 | 单阀传感器1故障 | 5706 | C类 |
| 26 | 列车管控制模块CAN1/CAN2通信故障 | 5734/5735 | C类 |
| 27 | 制动缸控制模块CAN1/CAN2通信故障 | 574E/574F | C类 |
| 28 | 单独控制模块CAN1/CAN2通信故障 | 5755/5756 | C类 |
| 29 | 平均管输出控制电磁阀故障 | 5758 | C类 |
| 30 | 单缓空电联锁阀1故障/单缓空电联锁阀2故障 | 574B/574C | C类 |
| 31 | 其他传感器故障 | — | C类 |
| 32 | 总风压力低 | — | — |
| 33 | 制动控制系统单机自检故障 | — | — |
| 34 | 制动显示屏显示故障 | — | — |
| 35 | 制动显示屏CAN通信故障 | — | — |
| 36 | 制动显示屏上电读取文件故障 | — | — |
| 37 | 双端激活信号异常 | — | — |
| 38 | 紧急制动时，列车管排风速度缓慢 | — | — |
| 39 | 制动显示屏与电气接口单元CAN通信异常 | — | — |
| 40 | EPCU模式不一致 | — | — |

## 4.2.1 A类故障

### 4.2.1.1 Ⅰ端自阀故障/Ⅱ端自阀故障

1. 故障现象

(1)制动显示屏提示“Ⅰ端自阀故障”/“Ⅱ端自阀故障”。

(2)制动控制器自动制动手柄发生故障，制动控制系统不再响应或不能正确响应自动制动手柄的位置信息，无法正常行车。

(3)制动显示屏故障记录中记录“Ⅰ端自阀故障 5100”/“Ⅱ端自阀故障 5101”等相关信息。

(4)制动控制系统自动施加惩罚制动，并发送动力切除信号，且制动显示屏提示“惩罚制动”“动力切除”。

2. 故障原因

以下原因可能会导致“Ⅰ端自阀故障”/“Ⅱ端自阀故障”产生：

(1)制动控制器自动制动手柄位置传感器损坏或接线故障；

(2)制动控制器自动制动手柄紧急位、运转位开关故障或接线故障；

(3)制动控制器网络通信中断或软件运行异常。

3. 处理步骤

(1)停车后检查制动控制器线缆是否松脱，有异常则按(3)进行处理，检查无异常，则对制动控制系统进行断电复位操作。

(2)若故障消除，则进行自动制动手柄相关测试，无异常后维持运用；若故障无法消除，请求救援(若有空气后备制动功能，可启用后维持运用)。

(3)机车回段后，对制动控制器进行检查维护。

### 4.2.1.2 列车管模块通信故障

1. 故障现象

(1)状态/操作提示区提示“列车管模块通信故障”。

(2)均衡风缸缓慢减压至0，列车管压力下降至100 kPa以下，且不受自动制动手柄的控制。

(3)列车管控制模块故障灯指示灯(红灯)常亮。

(4)制动显示屏故障记录中记录“列车管模块通信故障5131”等相关信息。

2. 故障原因

以下原因可能会导致“列车管模块通信故障”产生：

(1)列车管控制模块的网络通信线故障。

(2)列车管控制模块的电源线故障。

(3)列车管控制模块连接器故障。

(4)其他如智能节点等部件导致的故障。

3. 处理步骤

(1)发生“列车管模块通信故障”时，由于制动控制系统无法正常响应自动制动手柄控制指令，且制动控制系统会自动施加惩罚，需确认机车停车后才能进行故障处理。

(2)机车停车后，将制动控制系统断电并重启。

(3)制动控制系统断电重启后，若故障消除，则按“五步闸”流程进行测试，无异常后维持运用；若故障不消除，则请求救援（若有空气后备制动功能，可启用空气后备制动维持运用）。

（4）机车回段后，对列车管控制模块进行检查维护。

#### 4.2.1.3 操纵端的制动控制器通信丢失

1. 故障现象

（1）制动显示屏提示“激活端的制动控制器通信丢失”。

（2）制动显示屏故障记录中记录“激活端的制动控制器通信丢失 5102”等相关信息。

2. 故障原因

操纵端制动控制器双 CAN 通信丢失。

3. 处理步骤

（1）发生“激活端的制动控制器通信丢失”时，制动控制系统自动施加惩罚制动，无法正常行车，待机车停车后进行后续故障处理。

（2）机车停车后，将制动控制系统断电并重启。

（3）制动控制系统断电重启后，若故障消除，则按五步闸流程进行测试，无异常后维持运用；若故障不消除，则请求救援（若有空气后备制动功能，可启用空气后备制动维持运用）。

（4）机车回段后，对制动控制器等相关部件进行检查维护。

### 4.2.2 B 类故障

#### 4.2.2.1 Ⅰ端单阀故障/Ⅱ端单阀故障

1. 故障现象

（1）状态/操作提示区提示“Ⅰ端单阀故障”/“Ⅱ端单阀故障”。

（2）制动显示屏故障记录中记录“Ⅰ端单阀故障 5300”/“Ⅱ端单阀故障 5301”等相关信息。

2. 故障原因

以下原因可能会导致“单独制动控制手柄故障”产生：

（1）制动控制器单独制动手柄位置传感器损坏或接线故障。

（2）制动控制器单独制动手柄微动开关故障或接线故障。

3. 处理步骤

(1)发生"Ⅰ端单阀故障"/"Ⅱ端单阀故障"时,若确认无动力切除信号,制动控制系统仍能够正常响应大闸手柄指令进行制动、缓解操作,则可继续运行。

(2)若有动力切除信号发出,机车无法牵引,则将制动控制系统断电并重启。

(3)制动控制系统断电重启后,若故障消除,操作小闸手柄可正常制动、缓解,则维持运用;若故障不消除,机车无法牵引,则请求救援(若有空气后备制动功能,可启用后维持运用)。

(4)机车回段后,对制动控制器等相关部件进行检查维护。

#### 4.2.2.2 MVB 网络数据无效

1. 故障现象

(1)状态/操作提示区提示"MVB 网络数据无效"。

(2)制动显示屏故障记录中记录"MVB 网络数据无效 5321"等相关信息。

2. 故障原因

电气接口单元收不到 MVB 的数据。

3. 处理步骤

(1)发生"MVB 通信故障网络数据无效 5321"时,制动控制系统仍能够正常响应自动制动手柄指令,确认无动力切除信号,制动、缓解功能正常,可继续运行。

(2)维持机车进站停车后,选择具备作业时间的时机将制动控制系统断电重启。

(3)制动控制系统断电重启后,若故障未消除,在确认制动、缓解功能正常的情况下,维持机车运行。

(4)机车回段后,对电气接口单元模块进行检查维护。

#### 4.2.2.3 均衡备用输出电磁阀故障

1. 故障现象

(1)机车运用过程中,制动显示屏提示"均衡备用输出电磁阀故障"。

(2)均衡风缸以常用速率减压至 0,列车管压力下降至 100 kPa 以下,且不受自动制动手柄的控制。

(3)制动缸控制模块故障灯指示灯(红灯)常亮。

(4)制动显示屏故障记录中记录"均衡备用输出电磁阀故障 574A"等相关信息。

2. 故障原因

以下原因可能会导致“均衡备用输出电磁阀故障”产生：

(1)均衡备用输出电磁阀(276YV 切换电磁阀)故障或相关接线故障。

(2)控制软件异常。

(3)控制板卡故障。

3. 处理步骤

(1)发生“均衡备用输出电磁阀故障”时，由于制动控制系统无法正常响应自动制动手柄控制指令，且制动控制系统会自动施加惩罚，需确认机车停车后才能进行故障处理。

(2)机车停车后，将制动控制系统断电并重启。

(3)若故障消除，则按五步闸流程进行测试，无异常后维持运用；若故障不消除，则请求救援(若有空气后备制动功能，可启用后维持运用)。

(4)机车回段后，对制动缸控制模块等相关部件进行检查维护。

### 4.2.2.4 均衡风缸传感器故障

1. 故障现象

(1)机车运用过程中，制动显示屏提示“均衡风缸传感器故障”。

(2)均衡风缸以常用速率减压至 0，列车管压力下降至 100 kPa 以下，且不再受自动制动手柄的控制。

(3)列车管控制模块故障灯(红灯)常亮。

(4)制动显示屏故障记录中记录“均衡风缸传感器故障 5331”等相关信息。

2. 故障原因

以下原因可能会导致“均衡风缸传感器故障”产生：

(1)均衡风缸压力传感器 205 BP 故障。

(2)均衡风缸压力传感器 205 BP 接线故障。

(3)智能节点传感器采集通道故障。

3. 处理步骤

(1)发生“均衡风缸传感器故障”时，由于制动控制系统无法正常响应自动制动手柄控制指令，且制动控制系统会自动施加惩罚，需确认机车停车后才能进行故障处理。

(2)机车停车后，将大闸手柄置抑制位 1 s，拉回运转位，自动启动制动控制系统冗余功能，制动缸控制模块备用列车管控制模块，输出均衡风缸备用压力。

(3)机车回段后,对列车管控制模块进行检查维护。

#### 4.2.2.5 均衡风缸充/排气电磁阀故障

1. 故障现象

(1)机车运用过程中,制动显示屏提示“均衡风缸充气电磁阀故障”/“均衡风缸排气电磁阀故障”。

(2)均衡风缸以常用速率减压至0,列车管压力下降至100 kPa以下,且不受自动制动手柄的控制。

(3)列车管控制模块故障灯(红灯)常亮。

(4)制动显示屏故障记录中记录“均衡风缸充气电磁阀故障5332”/“均衡风缸排气电磁阀故障5333”等相关信息。

2. 故障原因

以下原因可能会导致“均衡风缸充/排气电磁阀故障”产生:

(1)均衡风缸充气电磁阀(258YV充风电磁阀)/排气电磁阀(257YV排风电磁阀)故障或相关接线故障。

(2)控制软件异常。

(3)控制板卡故障。

(4)传感器漂移。

3. 处理步骤

(1)发生“均衡风缸充/排气电磁阀故障”时,由于制动控制系统无法正常响应自动制动手柄控制指令,且制动控制系统会自动施加惩罚,需确认机车停车后才能进行故障处理。

(2)机车停车后,将大闸手柄置抑制位1 s,拉回运转位,自动启动制动控制系统冗余功能,制动缸控制模块备用列车管控制模块,输出均衡风缸备用压力。

(3)机车回段后,对列车管控制模块进行检查维护。

#### 4.2.2.6 电气接口单元与制动显示屏CAN通信故障

1. 故障现象

(1)制动显示屏提示“电气接口单元与制动显示屏CAN通信故障”。

(2)制动显示屏故障记录中记录“电气接口单元CAN通信故障5310”等相关信息。

2. 故障原因

(1)制动显示屏的网络通信线故障。

(2)制动显示屏的电源线故障。

(3)制动显示屏的连接器故障。

3. 处理步骤

(1)发生“电气接口单元与制动显示屏 CAN 通信故障 5310”时,制动控制系统仍能够正常响应自动制动手柄和单独制动手柄指令,确认无动力切除信号,且制动、缓解功能正常,可继续运行。

(2)若有动力切除信号发出,机车无法牵引,则将制动控制系统断电并重启。

(3)若故障消除、无异常,则维持运用;若故障不消除,机车无法牵引,则请求救援(若有空气后备制动功能,可启用后维持运用)。

(4)机车回段后,对制动显示屏等相关部件进行检查维护。

#### 4.2.2.7 均衡备用输入电磁阀故障

1. 故障现象

(1)机车运用过程中,制动显示屏提示“均衡备用输入电磁阀故障”。

(2)均衡风缸缓慢减压至 0,列车管压力下降至 100 kPa 以下,且不再受自动制动手柄的控制。

(3)列车管控制模块故障灯指示灯(红灯)常亮。

(4)制动显示屏故障记录中记录“均衡备用输入电磁阀故障 5340”等相关信息。

2. 故障原因

以下原因可能会导致“均衡备用输入电磁阀故障”产生:

(1)均衡备用输入电磁阀(均衡切换电磁阀 267YV)故障或相关接线故障。

(2)控制软件异常。

(3)控制板卡故障。

3. 处理步骤

(1)发生“均衡备用输入电磁阀故障”时,由于制动控制系统无法正常响应自动制动手柄控制指令,且制动控制系统会自动施加惩罚,需确认机车停车进行后续故障处理。

(2)制动控制器手柄置抑制位 1 s,拉回运转位,自动启动制动控制系统冗余功能,制动缸控制模块备用列车管控制模块,输出均衡风缸备用压力。

(3)机车回段后,对列车管控制模块进行检查维护。

#### 4.2.2.8 中立阀电磁阀故障

1. 故障现象

(1)机车运用过程中,制动显示屏提示"中立阀电磁阀故障"。

(2)制动显示屏故障记录中记录"中立阀电磁阀故障 5335"等相关信息。

2. 故障原因

以下原因可能会导致"中立阀电磁阀故障"产生:

(1)中立阀电磁阀(前遮断电磁阀 253YV)故障或相关接线故障。

(2)控制软件异常。

(3)控制板卡故障。

3. 处理步骤

(1)发生"中立阀电磁阀故障"时,若机车能正常缓解,此时制动控制系统仅无法正常响应不补风指令,可维持机车至前方站停车进行后续故障处理。

(2)若机车不能正常缓解,需将制动控制系统断电并重启。

(3)制动控制系统断电重启后,若故障消除,则按五步闸流程进行测试,无异常后维持运用;若故障不消除,无法正常制动、缓解,则请求救援(若有空气后备制动功能,可启用后维持运用)。

(4)机车回段后,对列车管控制模块进行检查维护。

#### 4.2.2.9 遮断阀电磁阀故障

1. 故障现象

(1)机车运用过程中,制动显示屏提示"遮断阀电磁阀故障"。

(2)制动显示屏故障记录中记录"遮断阀电磁阀故障 5336"等相关信息。

2. 故障原因

以下原因可能会导致"遮断阀电磁阀故障"产生:

(1)遮断阀电磁阀(后遮断电磁阀 254YV)故障或相关接线故障。

(2)控制软件异常。

(3)控制板卡故障。

3. 处理步骤

(1)发生"遮断阀电磁阀故障"时,若机车能正常制动、缓解,可维持运行。

(2)若机车不能正常制动、缓解,需将制动控制系统断电并重启。

(3)制动控制系统断电重启后,若故障消除,机车能正常制动、缓解,则按五步闸流程进行测试,无异常后维持运用;若故障不消除,无法正常制动、缓解,则请求救援(若有空气后备制动功能,可启用后维持运用)。

(4)机车回段后,对列车管控制模块进行检查维护。

### 4.2.3 C类故障

#### 4.2.3.1 列车管传感器1/列车管传感器2故障

1. 故障现象

(1)机车运用过程中,制动显示屏提示“列车管传感器1故障”/“列车管传感器2故障”。

(2)制动显示屏故障记录中记录“列车管传感器1故障5730”/“列车管传感器2故障5742”等相关信息。

2. 故障原因

(1)以下原因可能会导致“列车管传感器1故障”产生:

①列车管传感器204 BP故障。

②列车管传感器204 BP接线故障。

③控制板卡故障。

(2)以下原因可能会导致“列车管传感器2故障”产生:

①列车管传感器212 BP故障。

②列车管传感器212 BP接线故障。

③控制板卡故障。

3. 处理步骤

(1)发生“列车管传感器故障”时,制动控制系统仍能够正常响应自动制动手柄指令,确认无动力切除信号后,可继续运行。

(2)若出现故障“列车管传感器1故障5730”,更换列车管控制模块;若出现故障“列车管传感器2故障5742”,对制动缸控制模块进行检查维护。

#### 4.2.3.2 总风传感器1故障

1. 故障现象

(1)机车运用过程中,制动显示屏提示“总风传感器1故障”,制动显示屏流量计显示异常。

(2)制动显示屏故障记录中记录“总风传感器1故障5731”等相关信息。

2. 故障原因

(1)总风传感器1(203BP)故障。

(2)控制板卡故障。

3. 处理步骤

发生“总风传感器1故障”时,维持机车运行回段,入库检查处理,对列车管控制模块进行检查维护。

#### 4.2.3.3 紧急电磁阀1故障

1. 故障现象

(1)机车运用过程中,制动显示屏提示“紧急电磁阀1故障”。

(2)制动显示屏故障记录中记录“紧急电磁阀1故障5733”等相关信息。

2. 故障原因

(1)紧急电磁阀1(紧急电磁阀96.2YV)故障。

(2)控制板卡故障。

3. 处理步骤

发生“紧急电磁阀1故障”时,维持机车运行回段,入库检查处理,对列车管控制模块进行检查维护。

#### 4.2.3.4 制动缸传感器故障

1. 故障现象

(1)机车运用过程中,制动显示屏提示“制动缸传感器故障”。

(2)制动显示屏故障记录中记录“制动缸传感器故障5740”等相关信息。

2. 故障原因

(1)制动缸传感器201 BP故障。

(2)控制板卡故障。

3. 处理步骤

发生“制动缸传感器故障”时,可继续运行,可通过微机屏和机械表观察制动缸压力信息。机车回段后,入库检查处理,对制动缸控制模块进行检查维护。

#### 4.2.3.5 备用切换阀故障

1. 故障现象

(1)机车运用过程中,制动显示屏提示“备用切换阀故障”。

(2)制动显示屏故障记录中记录“备用切换阀故障 5741”等相关信息。

2. 故障原因

(1)备用切换阀(切换电磁阀 269YV)故障。

(2)控制板卡故障。

3. 处理步骤

发生“备用切换阀故障”时,可继续运行。机车回段后,入库检查处理,对制动缸控制模块进行检查维护。

#### 4.2.3.6 流量传感器故障

1. 故障现象

(1)机车运用过程中,制动显示屏提示“流量传感器故障”,制动显示屏流量计显示异常。

(2)制动显示屏故障记录中记录“流量传感器故障 5743”等相关信息。

2. 故障原因

(1)流量计传感器 200 BP 故障。

(2)控制板卡故障。

3. 处理步骤

发生“流量传感器故障”时,可继续运行,机车回段后,入库检查处理,对列车管控制模块进行检查维护。

#### 4.2.3.7 制动缸预控充/排气电磁阀故障

1. 故障现象

(1)机车运用过程中,制动显示屏提示“制动缸预控充气电磁阀故障”/“制动缸预控排气电磁阀故障”。

(2)制动显示屏故障记录中记录“制动缸预控充气电磁阀故障 5745”/“制动缸预控排气电磁阀故障 5747”等相关信息。

2. 故障原因

(1)以下原因可能会导致“制动缸预控充气电磁阀故障”产生：

①制动缸预控充气电磁阀(制动电磁阀 260YV)故障。

②控制板卡故障。

(2)以下原因可能会导致“制动缸预控排气电磁阀故障”产生：

①制动缸预控排气电磁阀(缓解电磁阀 261YV)故障。

②控制板卡故障。

3. 处理步骤

发生“制动缸预控充/排气电磁阀故障”时，可继续运行，机车回段后，入库检查处理，对制动缸控制模块进行检查维护。

#### 4.2.3.8 制动缸控制模块通信故障

1. 故障现象

(1)机车运用过程中，制动显示屏提示“制动缸控制模块通信故障”。

(2)制动显示屏故障记录中记录“制动缸控制模块通信故障 5746”等相关信息。

2. 故障原因

以下原因可能会导致“制动缸控制模块通信故障”产生：

(1)制动缸控制模块的网络通信线故障。

(2)制动缸控制模块的电源线故障。

(3)制动缸控制模块的连接器故障。

3. 处理步骤

(1)发生“制动缸控制模块通信故障”时，可继续运行(空电联锁功能失效，制动显示屏制动缸压力显示异常)。维持机车进站停车后，选择具备作业时间的时机将制动控制系统断电重启。

(2)若故障未消除，维持机车运行回段，入库检查处理，对制动缸控制模块进行检查维护。

#### 4.2.3.9 单独控制模块通信故障

1. 故障现象

(1)机车运用过程中，制动显示屏提示“单独控制模块通信故障”。

(2)制动显示屏故障记录中记录“单独控制模块通信故障 5750”等相关信息。

2. 故障原因

以下原因可能会导致“单独控制模块通信故障”产生：

(1)单独控制模块的网络通信线故障。

(2)单独控制模块的电源线故障。

(3)单独控制模块的连接器故障。

3. 处理步骤

(1)发生“单独控制模块通信故障”时，可继续运行。维持机车进站停车后，选择具备作业时间的时机将制动控制系统断电重启。

(2)若故障未消除，维持机车运行回段，入库检查处理，对单独控制模块进检查维护。

### 4.2.3.10 单独控制预控充/排气电磁阀故障

1. 故障现象

(1)机车运用过程中，制动显示屏提示“单独控制预控充气电磁阀故障”/“单独控制预控排气电磁阀故障”。

(2)制动显示屏故障记录中记录“单独控制预控充气电磁阀故障 5751”/“单独控制预控排气电磁阀故障 5752”等相关信息。

2. 故障原因

(1)以下原因可能会导致“单独控制预控充气电磁阀故障”产生：

①单独控制预控充气电磁阀(充风电磁阀 265YV)故障。

②控制板卡故障。

(2)以下原因可能会导致“单独控制预控排气电磁阀故障”产生：

①单独控制预控排气电磁阀(排风电磁阀 266YV)故障。

②控制板卡故障。

3. 处理步骤

发生“单独控制预控充/排气电磁阀故障”时，可继续运行，机车运行回段后，入库检查处理，对单独控制模块进行检查维护。

### 4.2.3.11 平均管预控备用切换电磁阀故障

1. 故障现象

制动显示屏故障记录中记录“平均管预控备用切换电磁阀故障 5757”等相关信息。

2. 故障原因

(1)平均管预控备用切换电磁阀(切换电磁阀 272YV)故障。

(2)控制板卡故障。

3. 处理步骤

发生“平均管预控备用切换电磁阀故障”时,可继续运行。机车回段后,入库检查处理,对单独控制模块进行检查维护。

#### 4.2.3.12 单阀微动开关故障

1. 故障现象

制动显示屏故障记录中记录“单阀微动开关故障 5703”等相关信息。

2. 故障原因

制动控制器单独制动手柄微动开关故障。

3. 处理步骤

发生“单阀微动开关故障”时,可继续运行。机车回段后,入库检查处理,对制动控制器进行检查维护。

#### 4.2.3.13 单阀传感器 1 故障

1. 故障现象

制动显示屏故障记录中记录“单阀传感器 1 故障 5706”等相关信息。

2. 故障原因

制动控制器单独制动手柄编码器故障。

3. 处理步骤

发生“单阀传感器 1 故障”时,可继续运行。机车回段后,入库检查处理,对制动控制器进行检查维护。

#### 4.2.3.14 列车管控制模块 CAN1/CAN2 通信故障

1. 故障现象

制动显示屏故障记录中记录“列车管控制模块 CAN1 通信故障 5734”/“列车管控制模块 CAN2 通信故障 5735”等相关信息。

2. 故障原因

列车管控制模块 CAN1/CAN2 通信异常。

3. 处理步骤

发生列车管控制模块 CAN1/CAN2 通信故障时，可继续运行。机车回段后，入库检查处理，对列车管控制模块进行检查维护。

#### 4.2.3.15 制动缸控制模块 CAN1/CAN2 通信故障

1. 故障现象

制动显示屏故障记录中记录“制动缸控制模块 CAN1 通信故障 574E”/“制动缸控制模块 CAN2 通信故障 574F”等相关信息。

2. 故障原因

制动缸控制模块 CAN1/CAN2 通信异常。

3. 处理步骤

发生制动缸控制模块 CAN1/CAN2 通信故障时，可继续运行。机车回段后，入库检查处理，对制动缸控制模块进行检查维护。

#### 4.2.3.16 单独控制模块 CAN1/CAN2 通信故障

1. 故障现象

制动显示屏故障记录中记录“单独控制模块 CAN1 通信故障 5755”/“单独控制模块 CAN2 通信故障 5756”等相关信息。

2. 故障原因

单独控制模块 CAN1/CAN2 通信异常。

3. 处理步骤

发生单独控制模块 CAN1/CAN2 通信故障时，可继续运行。机车回段后，入库检查处理，对单独控制模块进行检查维护。

#### 4.2.3.17 平均管输出控制电磁阀故障

1. 故障现象

制动显示屏故障记录中记录“平均管输出控制电磁阀故障 5758”等相关信息。

2. 故障原因

平均管输出控制电磁阀(遮断电磁阀 196YV)故障。

3. 处理步骤

发生平均管输出控制电磁阀故障时，确认机车制动、缓解功能正常，可继续运行。

机车回段后，入库检查处理，对单独控制模块进行检查维护。

#### 4.2.3.18 单缓空电联锁阀1故障/单缓空电联锁阀2故障

1. 故障现象

(1)机车运用过程中，制动显示屏提示“单缓空电联锁阀1故障”/“单缓空电联锁阀2故障”。

(2)单缓/空电联锁功能失效，可正常行车。

(3)制动显示屏故障记录中记录“单缓空电联锁阀1故障574B”/“单缓空电联锁阀2故障574C”等相关信息。

2. 故障原因

(1)以下原因可能会导致“单缓空电联锁阀1故障”产生：

①单缓空电联锁阀1(电空联锁电磁阀264YV)故障或相关接线故障。

②控制软件异常。

③控制板卡故障。

(2)以下原因可能会导致“单缓空电联锁阀2故障”产生：

①单缓空电联锁阀2(单缓电磁阀198YV)故障或相关接线故障。

②控制软件异常。

③控制板卡故障。

3. 处理步骤

(1)操作单独制动手柄实施单缓操作3次，若故障消除，可维持运行。

(2)若故障不消除，选择具备作业时间的时机将制动控制系统断电重启，若故障消除，可维持运行。

(3)若故障仍不消除，单缓/空电联锁功能失效，可维持运行。

(4)机车回段后，对制动缸控制模块进行检查维护。

#### 4.2.3.19 其他传感器故障

1. 故障现象

(1)机车运用过程中，制动显示屏显示表4-16中对应提示信息。

(2)制动显示屏故障记录中记录故障名称及故障代码等相关信息。

表 4-16　其他传感器故障

| 序号 | 故障名称 | 制动显示屏提示 | 故障传感器 | 传感器位置 |
|---|---|---|---|---|
| 1 | 单独控制预控传感器故障 | 单独控制预控传感器故障 5753 | 210 BP | 单独控制模块 |
| 2 | 总风传感器 2 故障 | 总风传感器 2 故障 5732 | 213 BP | 单独控制模块 |
| 3 | 平均管传感器故障 | 平均管传感器故障 5754 | 209 BP | 单独控制模块 |
| 4 | 制动缸预控传感器故障 | 制动缸预控传感器故障 5744 | 206 BP | 制动缸控制模块 |
| 5 | 制动缸预控备用压力传感器故障 | 制动缸预控备用压力传感器故障 5749 | 207 BP | 制动缸控制模块 |
| 6 | 平均管预控备用传感器故障 | 平均管预控备用传感器故障 5759 | 208 BP | 单独控制模块 |

2. 故障原因

(1)传感器故障。

(2)控制板卡故障。

3. 处理步骤

发生上述故障时，可继续运行，机车运行回段后，入库检查处理，对传感器所在模块进行检查维护。

### 4.2.4　其他故障

其他各故障的现象、原因及处理汇总情况详见表 4-17。

表 4-17　其他故障汇总表

| 序号 | 故障名称 | 故障现象 | 故障原因 | 处理步骤 |
|---|---|---|---|---|
| 1 | 总风压力低 | (1)制动显示屏提示“总风低”“惩罚制动”。<br>(2)制动控制系统无法缓解 | (1)机车总风压力过低。<br>(2)总风传感器漂移 | (1)将总风打风至 750 kPa 以上。<br>(2)检查总风传感器，对传感器进行标定 |
| 2 | 制动控制系统自检故障 | 制动控制系统运行单机自检后，自检结果显示“BPCM 自检故障”“IBCM 自检故障”或“BCCM 自检故障” | (1)与 BPCM 相关的故障(均衡压力、列车管压力、均衡气密性、列车管气密性)。<br>(2)与 IBCM 模块相关的故障(单独制动压力控制)。<br>(3)与 BCCM 模块相关的故障(制动缸压力、单缓等) | 排查机车相关气路保压情况，若保压无问题，则根据故障提示对相应的模块进行更换 |
| 3 | 制动显示屏显示故障 | 机车运用过程中，制动显示屏黑屏或无法正常显示数据，无法自动恢复正常 | 制动显示屏故障 | (1)若制动控制系统无法正常制动、缓解，则将制动控制系统断电并重启。<br>(2)若制动控制系统可以正常制动、缓解，则可通过微机屏和机械表观察均衡风缸和列车管压力，维持运用，待进站或停车后，将制动控制系统断电并重启。 |

续上表

| 序号 | 故障名称 | 故障现象 | 故障原因 | 处理步骤 |
|---|---|---|---|---|
| 4 | 制动显示屏CAN通信故障 | 机车运用过程中,制动显示屏提示"制动显示屏CAN通信故障",各个压力数值显示异常 | 制动显示屏通信异常 | (3)制动控制系统断电重启后,当故障消除时,维持运用。当故障无法消除时,若制动控制系统可正常制动、缓解,则维持运用;若制动控制系统仍无法正常制动、缓解,则请求救援(若有空气后备制动功能,可启用后维持运用)。<br>(4)机车回段后,对制动显示屏进行检查维护 |
| 5 | 制动显示屏上电读取文件故障 | (1)机车运用过程中,制动显示屏提示"制动显示屏上电读取文件故障"。<br>(2)制动显示屏事件记录中记录"制动显示屏上电读取文件失败/不存在/异常" | 制动显示屏设置文件损坏或异常 | (1)停车后,保证机车/列车安全情况下,进入电空设置界面重新进行模式设置,若故障消除,则维持运用。<br>(2)若故障不消除,则选择具备作业时间的时机将制动控制系统断电重启。<br>(3)制动控制系统断电重启后,进入电空设置界面重新进行模式设置,若故障消除,则维持运用;若故障无法消除,则请求救援(若有空气后备制动功能,可启用后维持运用)。<br>(4)机车回段后,对制动显示屏进行检查维护 |
| 6 | 双端激活信号异常 | (1)机车运用过程中,制动显示屏提示"双端激活信号异常"。<br>(2)制动显示屏故障记录中记录"双端激活信号异常" | 双端激活信号异常 | (1)确定机车司机室两端未同时插入电钥匙,若两端同时插入电钥匙,则需退出其中一端的电钥匙。<br>(2)若两端未同时插入电钥匙,则选择具备作业时间的时机将制动控制系统断电重启。<br>(3)制动控制系统断电重启后,若故障消除,则维持运用;若故障无法消除,则请求救援(若有空气后备制动功能,可启用后维持运用)。<br>(4)机车回段后,对相关部件进行检查维护 |
| 7 | 紧急制动时,列车管排风速度缓慢 | 自动制动手柄置于紧急位或拍下紧急制动按钮时,列车管排风速度缓慢或者不排风 | 紧急阀控制故障 | (1)机车运行中,如果需要实施紧急制动,直接操作司机室车长阀进行紧急制动。<br>(2)停车后,选择具备作业时间的时机,将制动控制系统断电并重启。<br>(3)若故障消除,则维持运用;若故障不消除,则请求救援(若有空气后备制动功能,可启用后维持运用)。<br>(4)机车回段后,对制动控制系统进行检查维护 |

续上表

| 序号 | 故障名称 | 故障现象 | 故障原因 | 处理步骤 |
|---|---|---|---|---|
| 8 | 制动显示屏与电气接口单元CAN通信异常 | (1)制动显示屏提示"制动显示屏与电气接口单元CAN通信异常"。<br>(2)制动显示屏故障记录中记录"制动显示屏与电气接口单元CAN通信异常"等相关信息 | (1)电气接口单元的网络通信线故障。<br>(2)电气接口单元的电源线故障。<br>(3)电气接口单元的连接器故障 | (1)发生"制动显示屏与电气接口单元CAN通信异常"时,若确认无动力切除信号,制动控制系统仍能够正常响应制动控制器指令进行制动、缓解操作,则可继续运行,维持机车进站停车后,选择具备作业时间的时机将制动控制系统断电重启。<br>(2)若有动力切除信号发出,机车无法牵引,则将制动控制系统断电并重启。<br>(3)制动控制系统断电重启后,若故障消除,则维持运用。<br>(4)若故障不消除,此时若无动力切除信号,制动控制系统仍能够正常响应制动控制器指令进行制动、缓解操作,则可继续运行。<br>(5)若仍有动力切除信号发出,机车无法牵引,则请求救援(若有空气后备制动功能,可启用后维持运用)。<br>(6)机车回段后,对电气接口单元模块进行检查维护 |
| 9 | EPCU模式不一致 | 机车运用过程中,制动显示屏提示"EPCU模式不一致" | 列车管控制模块,制动缸控制模块,单独控制模块模式设置信息不一致 | (1)停车后,保证机车/列车安全情况下,进入电空设置界面重新进行模式设置,若故障消除,则维持运用。<br>(2)若故障不消除,则选择具备作业时间的时机将制动控制系统断电重启。<br>(3)制动控制系统断电重启后,进入电空设置界面重新进行模式设置,若故障消除,则维持运用;若故障无法消除,则请求救援(若有空气后备制动功能,可启用后维持运用)。<br>(4)机车回段后,对相关部件进行检查维护 |

# 5 试　　验

CAB-B型制动控制系统的试验应严格按照相应的标准及试验大纲进行试验。在整机装车前，各主要部件均应在专用试验台上按技术条件逐项试验。

## 5.1 单机试验

CAB-B型制动控制系统单机试验主要用于检验制动控制系统产品的各项功能、性能是否符合要求，产品装车后的制动控制系统试验也可参照执行。试验前准备如下：

(1)试验需在专用制动控制系统试验台上进行。

(2)制动控制系统的主要阀类部件应按照技术文件及图纸要求在地面试验装置或制动控制系统试验台上单件性能试验合格。

(3)制动控制系统布管、布线应符合制动控制系统原理图及有关图纸要求，组装后管路及零部件必须牢固可靠。

(4)制动控制系统与试验台上电路、管路连接正确完好，不连接处应根据试验需要堵塞。

(5)检查所有压力开关、传感器、电磁阀、连接器、电联锁塞门等电气部件，确认接线牢固，不得有松动。

(6)试验中制动柜上各管接头及各种阀类、塞门处不得有非正常泄漏，试验中允许调整缩堵孔等部件。

(7)试验台总风压力控制在750～900 kPa之间，其质量不低于GB/T 13277《压缩空气：污染物净化等级》中规定的固体颗粒3级、湿度2级、含油量3级的要求。

(8)制动控制系统的性能试验应在列车管定压500 kPa或600 kPa进行。

(9)试验台电源品质符合TB 1126《机车控制与照明电路标准电压》的规定。

### 5.1.1　单机性能试验

试验前应将制动控制系统设置为本务、不补风状态，调整完毕后，即可操作大、小闸进行单机性能试验与检查。

#### 5.1.1.1　开关量信号输入输出试验

1. 牵引封锁信号检查

将大闸置紧急位，“牵引封锁”信号输出，60 s 倒计时结束后，操纵大闸置运转位，“牵引封锁”信号消失。

2. 零速信号检查

闭合“零速”按钮，电气接口单元 A5 指示灯亮；断开“零速”按钮，电气接口单元 A5 指示灯灭。

3. 惩罚制动 1 信号检查

闭合“惩罚制动 1”按钮，电气接口单元 C5 指示灯亮；断开“惩罚制动 1”按钮，电气接口单元 C5 指示灯灭。

4. 惩罚制动 2 信号检查

闭合“惩罚制动 2”按钮，电气接口单元 D5 指示灯亮；断开“惩罚制动 2”按钮，电气接口单元 D5 指示灯灭。

5. 机车紧急制动信号检查

闭合“机车紧急制动”按钮，电气接口单元 B6 指示灯亮；断开“机车紧急制动”按钮，电气接口单元 B6 指示灯灭。

6. 紧急电磁阀驱动信号检查

闭合“紧急电磁阀驱动信号”按钮，电气接口单元 C6 指示灯亮；断开“紧急电磁阀驱动信号”按钮，电气接口单元 C6 指示灯灭。

7. 制动控制系统紧急输出信号检查

制动控制系统施加紧急制动时，电气接口单元 D6 指示灯亮；解除制动控制系统紧急制动后，电气接口单元 D6 指示灯灭。

8. 电钥匙信号检查

闭合“电钥匙”按钮，电气接口单元 D2 指示灯亮；断开“电钥匙”按钮，电气接口单元 D2 指示灯灭。

9. 电空联锁信号检查

给制动控制系统输入电空联锁信号(DBI),电气接口单元 B5 指示灯亮;取消电空联锁信号(DBI),电气接口单元 B5 指示灯灭。

### 5.1.1.2　系统漏泄试验

(1)系统完全充满风后,切断总风向列车管的补风,列车管漏泄量不应大于 10 kPa/5 min。

(2)列车管减压 50 kPa,切断总风向列车管的补风,列车管漏泄量不应大于 10 kPa/5 min。

(3)均衡风缸减压(50±10) kPa,待压力稳定,均衡风缸漏泄量不应大于 10 kPa/5 min。

### 5.1.1.3　自动制动试验

1. 列车管定压 500 kPa 试验

列车管定压 500 kPa 时的试验项点及性能要求详见表 5-1。

**表 5-1　列车管定压 500 kPa 性能试验**

| 序号 | 功能项点 | 性能要求 |
| --- | --- | --- |
| 1 | 充风缓解(运转位) | (1)实现列车管的定压充风及机车制动缸的完全缓解。<br>(2)均衡风缸压力为(500±5) kPa。<br>(3)列车管压力为(500±10) kPa |
| 2 | 紧急制动后使用运转位充气缓解 | 单机列车管压力从 0 升至 480 kPa 的时间小于 9 s |
| 3 | 一次缓解时制动缸降压时间 | 机车制动缸压力从常用制动最大压力降至 40 kPa 的时间小于 7 s |
| 4 | 常用制动作用 | (1)列车管最小减压量为(50±5) kPa,制动缸压力(100±15) kPa,常用制动可持续或阶段减压至常用全制动减压量。<br>(2)常用全制动时,均衡风缸在 5~7 s 减压 140 kPa,最终减压 140~160 kPa;列车管减压量不低于 140 kPa;机车制动缸最大压力为(360±15) kPa,上升至 95%最大压力的时间为 6~8 s。<br>(3)实施常用制动和缓解,压力稳定时,列车管压力在均衡风缸压力±10 kPa 范围内 |
| 5 | 过量减压功能 | (1)系统应有过量减压作用,能够进行超出列车管全制动减压量的减压作用。<br>(2)制动缸压力不超过(450±20) kPa |
| 6 | 阶段缓解功能 | 选择阶段运转位时,本务模式下制动控制系统充风至定压,大闸手柄置常用全制动位。当大闸手柄从常用全制动位阶段性地移至初制动位时,列车管压力随大闸手柄阶段上升,制动缸压力相应阶段减少 |

2. 列车管定压 600 kPa 试验

列车管定压 600 kPa 时的试验项点及性能要求详见表 5-2。

表 5-2　列车管定压 600 kPa 性能试验

| 序号 | 功能项点 | 性能要求 |
| --- | --- | --- |
| 1 | 充风缓解(运转位) | (1)实现列车管的定压充风及机车制动缸的完全缓解。<br>(2)均衡风缸压力为(600±5) kPa。<br>(3)列车管压力为(600±10) kPa |
| 2 | 紧急制动后使用运转位充气缓解 | 单机列车管压力从 0 升至 580 kPa 的时间小于 11 s |
| 3 | 一次缓解时制动缸降压时间 | 机车制动缸压力从常用制动最大压力降至 40 kPa 的时间小于 8.5 s |
| 4 | 常用制动作用 | (1)列车管最小减压量为(50±5) kPa,制动缸压力(100±15) kPa,常用制动可持续或阶段减压至常用全制动减压量。<br>(2)常用全制动时,均衡风缸在 6～8 s 减压 170 kPa,最终减压 170～190 kPa;列车管减压量不低于 170 kPa;机车制动缸最大压力为(420±15) kPa,上升至 95%最大压力的时间为 7～9.5 s。为满足平稳操纵,客运机车制动缸最大压力和升压时间允许适当调整。<br>(3)实施常用制动和缓解,压力稳定时,列车管压力在均衡风缸压力±10 kPa 范围内 |
| 5 | 过量减压功能 | (1)系统应有过量减压作用,能够进行超出列车管全制动减压量的减压作用。<br>(2)制动缸压力不超过(450±20) kPa |
| 6 | 阶段缓解功能 | 选择阶段运转位时,本务模式下制动控制系统充风至定压,大闸手柄置常用全制动位。当大闸手柄从常用全制动位阶段性地移至初制动位时,列车管压力随大闸手柄阶段上升,制动缸压力相应阶段减少 |

### 5.1.1.4　紧急制动试验

紧急制动的触发方式及性能要求详见表 5-3,当任意一种方式触发紧急制动时,其性能均应能满足要求。

表 5-3　紧急制动的触发方式性能要求

| 触发方式 | 性能要求 |
| --- | --- |
| (1)大闸手柄置紧急位。<br>(2)监控装置或其他装置给出的紧急制动请求。<br>(3)按紧急制动按钮或拉车长阀。<br>(4)列车分离。<br>(5)其他原因造成机车列车管减压速率大于 80 kPa/s 时 | (1)切除机车牵引动力。<br>(2)切断总风向列车管的补风作用。<br>(3)紧急制动发生后,在收到零速信号后至少 60 s 可缓解紧急制动作用。<br>(4)制动缸压力在 3～7 s 内达到 400 kPa,最终达到(450±20) kPa。<br>(5)单机紧急制动时,列车管从定压降至 0 的时间小于 3 s。机车制动缸最大压力为(450±20) kPa |

### 5.1.1.5 单独制动与侧压缓解试验

1. 单独制动

(1)操作小闸应能控制制动缸的制动和缓解作用,而不会影响列车管的压力变化。

(2)单独制动可实施阶段制动或阶段缓解作用。

(3)小闸置全制动位时,制动缸的最大压力为(300±15) kPa,单台机车制动缸压力从 0 升至 285 kPa 的时间为 2~4 s。

(4)当小闸处于运转位时,制动缸压力缓解。全制动缓解时,单台机车制动缸压力从最大值降至 40 kPa 的时间为 3~5 s,并最终缓解到 0。

2. 侧压缓解

(1)制动控制系统应能缓解因自动制动产生的制动作用,侧压缓解后手柄应能自动复位。

(2)常用制动的制动缸压力,在侧压复位后不能恢复。

(3)紧急制动的制动缸压力,在侧压复位后允许恢复。

### 5.1.1.6 自动制动与单独制动联合作用试验

确认制动控制系统状态为“本务”“定压 600 kPa”,将大、小闸手柄置于运转位,使系统充风缓解,然后进行以下试验。

(1)大闸置初制动位,制动缸压力为(100±15) kPa,小闸置全制动位,制动缸压力升至(300±15) kPa,小闸回运转位,制动缸压力下降至(100±15) kPa。

(2)大、小闸均置全制动位,制动缸压力升至(420±15) kPa。

(3)大闸回运转位,均衡风缸、列车管充风至定压,制动缸压力下降至(300±15) kPa,小闸回运转位,制动缸压力下降至 0。

### 5.1.1.7 惩罚制动试验

确认制动控制系统状态为“本务”,以下每项试验开始前,将大闸置抑制位解除惩罚锁,并将大、小闸置于运转位。

(1)通过试验台触发 1 级惩罚制动,列车管减压(80±10) kPa。

(2)通过试验台触发 2 级惩罚制动,列车管减压(120±10) kPa(定压 500 kPa)或(130±10) kPa(定压 600 kPa)。

(3)通过试验台触发常用全制动惩罚,列车管减压量不低于 140 kPa(定压 500 kPa)

或 170 kPa(定压 600 kPa)。

(4)通过试验台施加紧急制动请求,制动控制系统触发紧急制动,各性能满足要求。

#### 5.1.1.8 无人警惕试验

将制动控制系统恢复到缓解状态,并将大、小闸手柄置运转位。操纵试验台,模拟无人警惕装置发出无人警惕惩罚信号,显示屏提示惩罚制动,列车管以常用制动速度减压,最终减压量不低于 140 kPa(定压 500 kPa)或 170 kPa(定压 600 kPa)。惩罚信号不消失,制动控制系统不缓解,惩罚信号消失,大闸置抑制位 1s 以上解锁后回运转位,列车管压力升至定压。

#### 5.1.1.9 列车管补风/不补风功能试验

1. 列车管补风功能试验

制动控制系统设置为“本务”“补风”状态,大、小闸置于运转位充满风后,将大闸移至初制动位。列车管减压稳定后,微开试验台车长阀,使列车管缓慢排风至低于均衡风缸 10 kPa 以上,关闭车长阀,列车管压力回升至均衡风缸压力±10 kPa 范围内。

2. 列车管不补风功能试验

制动控制系统设置为“本务”“不补风”状态,大、小闸置于运转位充满风后,将大闸移至初制动位。列车管减压稳定后,微开试验台车长阀,使列车管缓慢排风至低于均衡风缸 10 kPa 以上,关闭车长阀,列车管压力不回升。

#### 5.1.1.10 断钩试验

将大、小闸手柄置于运转位,待列车管充风至定压后,打开列车管折角塞门,模拟列车分离,制动柜产生表 5-3 中的作用。

#### 5.1.1.11 单机模式试验

将大、小闸均置于运转位,待系统充满风后,通过制动显示屏将制动控制系统状态设置为“操纵端”“切除”,此时制动显示屏状态栏显示制动控制系统模式为“单机”,即可开始单机模式试验。

(1)将大闸在除紧急制动外的其他位置移动,均衡风缸压力根据大闸位置的变化进行相应的减压和充风,列车管压力保持不变,制动缸压力为 0。

(2)操纵小闸实施阶段制动和阶段缓解作用,阶段制动和阶段缓解功能正常。

(3)将大闸置于紧急位,制动控制系统产生紧急制动作用,将小闸侧压,制动缸压力缓解到 0，侧压复位，制动缸压力回升。

试验完毕后，将制动控制系统状态设置为本务。

#### 5.1.1.12 车列电空试验(若有)

制动控制系统根据大闸手柄的指令输出 DC 110 V 的制动、缓解、保压、紧急信号。

#### 5.1.1.13 平稳操纵功能试验(若有)

制动控制系统模式设置为平稳操纵投入，本务模式下，大闸手柄常用制动时，机车制动缸压力与列车管减压量为近似 1∶1 的线性关系。

#### 5.1.1.14 失电惩罚制动试验

将大闸、小闸均置运转位，待系统充满风后，关闭制动柜(EIU 及 EPCU)电源，列车管压力以常用减压速度下降，减压量超过常用全制动减压量，制动缸正常上闸。

待均衡风缸压力减压到 0，列车管压力减压至 100 kPa 以下后，制动缸压力为 400～470 kPa。

#### 5.1.1.15 单机自检试验

为方便乘务员或检修人员对制动控制系统进行功能、性能测试检查，设置了单机自检功能，该功能可以自动对制动控制系统功能、性能进行全面检查。单机自检功能通过制动显示屏维护功能界面的“单机自检”按键进行触发，输入密码后进入单机自检界面。

单机自检共 14 步，时长约 10 min，每一步的功能检测内容见表 5-4。当某一功能的性能参数不在标准范围内时，系统将报出对应故障。

**表 5-4 单机自检步骤及检测内容**

| 步 骤 | 指 令 | 检测项点 |
|---|---|---|
| 第 1 步 | 大闸运转位，小闸运转位 | (1)均衡风缸充风性能。<br>(2)列车管充风性能。<br>(3)制动缸缓解性能 |
| 第 2 步 | 大闸紧急位，小闸运转位 | (1)列车管紧急排风性能。<br>(2)紧急制动制动缸充风性能。<br>(3)紧急制动制动缸压力 |
| 第 3 步 | 大闸紧急位，小闸侧压 | 紧急制动的制动缸压力单缓性能 |
| 第 4 步 | 大闸紧急位，小闸运转位 | 紧急制动的制动缸压力单缓后的恢复 |
| 第 5 步 | 大闸运转位，小闸运转位 | (1)紧急后的均衡充风性能。<br>(2)紧急后的列车管充风性能 |

续上表

| 步　骤 | 指　令 | 检测项点 |
|---|---|---|
| 第6步 | 大闸运转位，小闸全制位 | (1)单独制动制动缸充风性能。<br>(2)单独制动列车管压力性能 |
| 第7步 | 大闸运转位，小闸运转位 | 单独制动缓解性能 |
| 第8步 | 大闸初制位，小闸运转位 | (1)大闸初制列车管减压性能。<br>(2)大闸初制制动缸压力。<br>(3)均衡风缸、列车管泄漏性能 |
| 第9步 | 大闸全制位，小闸运转位 | 均衡风缸和列车管减压性能 |
| 第10步 | 大闸运转位，小闸运转位 | (1)均衡风缸、列车管是否充风至定压。<br>(2)制动缸压力是否缓解到0 |
| 第11步 | 大闸全制位，小闸运转位 | (1)均衡风缸减压性能。<br>(2)制动缸充风性能。<br>(3)列车管减压量 |
| 第12步 | 大闸运转位，小闸运转位 | 制动缸缓解性能 |
| 第13步 | 大闸抑制位，小闸运转位 | (1)列车管减压性能。<br>(2)制动缸充风性能 |
| 第14步 | 大闸重联位，小闸运转位 | 大闸重联位均衡排风性能 |

### 5.1.2 后备制动性能试验

完成单机性能试验检查后，将制动控制系统调整到空气后备制动模式进行试验与检查。

#### 5.1.2.1 缓解状态下各压力值检查

将后备制动阀手柄置于运转位，各压力值应符合下列要求：

(1)总风缸压力为750～900 kPa。

(2)后备均衡风缸压力为定压。

(3)列车管压力为定压(列车管与后备均衡风缸压力差不应大于10 kPa)。

(4)制动缸压力为0。

#### 5.1.2.2 充风缓解试验检查

(1)列车管排零后，将后备制动阀至运转位，列车管压力从0升至480 kPa(定压500 kPa)或580 kPa(定压600 kPa)的时间小于9 s或11 s，制动缸压力应能缓解至0。

(2)列车管压力稳定后与后备均衡风缸压力相差不超过15 kPa。

#### 5.1.2.3 常用制动试验检查

(1)将后备制动阀手柄在制动位、中立位间配合使用,阶段制动作用应稳定,制动缸压力阶段上升,且压力稳定后,列车管与后备均衡风缸压力差不超过 15 kPa。

(2)列车管缓解至定压后,操作后备制动阀手柄至制动位使后备均衡风缸减压,后备均衡风缸压力由 500 kPa 降至 360 kPa 或由 600 kPa 降至 430 kPa 的时间为 5～7 s 或 6～8 s。制动缸响应列车管变化,最大压力应为(360±35)kPa(定压 500 kPa)或(420±35)kPa(定压 600 kPa)。

### 5.1.3 无动力回送性能试验

试验前应将制动控制系统调整到无动力回送状态,同时将大闸置重联位、小闸置运转位,插入插销锁定大闸。

列车管充风至定压稳定后,制动缸压力能缓解至 0。列车管排零时,制动缸的最大压力应在 200～250 kPa 范围内。

### 5.1.4 重联性能试验

制动控制系统重联性能试验包括两台或多台机车的制动控制系统重联性能检查,也包括双节重联机车的制动控制系统重联性能检查。

#### 5.1.4.1 试验前的要求

试验前应将本务机车或本务节制动控制系统设置为本务模式,重联机车或重联节机车设置为补机模式。开通列车管、总风联管以及平均管塞门,调整完毕后即可进行试验。

#### 5.1.4.2 性能试验

操纵本务机车或本务节机车制动控制系统,重联机车或重联节机车制动控制系统的制动与缓解作用,应与本务机车或本务节机车制动控制系统协调一致。

## 5.2 日常整备试验

CAB-B 型制动控制系统的日常整备试验根据现场经验总结为“五步闸”检查方法,详见表 5-5。

**表 5-5 CAB-B 型制动控制系统日常整备试验**

| 步骤 | 设置 | 大闸手柄 | | | | | | | 单独制动手柄 | | | | 检查内容 |
|---|---|---|---|---|---|---|---|---|---|---|---|---|---|
| | | 运转 | 初制 | 制动 | 全制 | 抑制 | 重联 | 紧急 | 单缓 | 运转 | 制动 | 全制 | |
| 1 | 本务/不补风 | 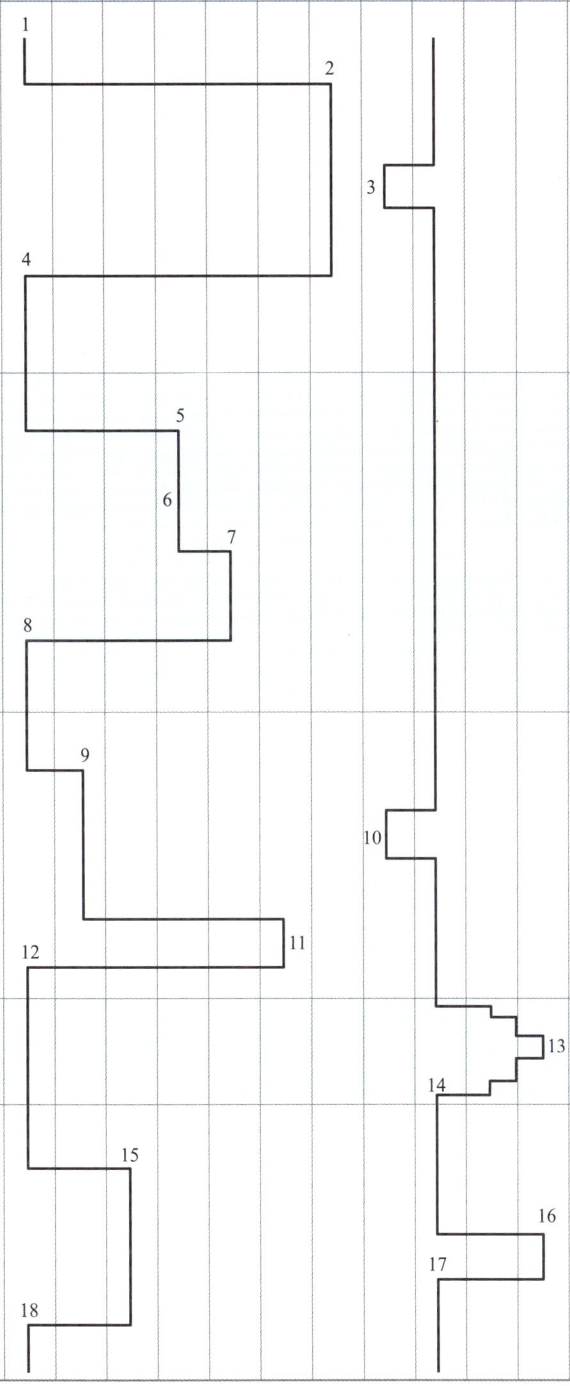 | | | | | | | | | | | (1)总风压力 750～900 kPa，均衡风缸压力 500 kPa(或 600 kPa)，列车管压力 500 kPa(或 600 kPa)，制动缸压力为 0。<br>(2)列车管压力在 3 s 内降至 0，制动缸压力在 3～7 s 内升至 400 kPa，并继续升至(450±20) kPa，均衡风缸压力降至 0，紧急制动倒计时 60 s。<br>(3)制动缸压力下降至 0，手柄复位后制动缸压力恢复。<br>(4)均衡风缸、列车管充风至定压，列车管充风至 480 kPa(或 580 kPa)的时间不大于 9 s(或 11 s)，制动缸压力降至 0 |
| 2 | 本务/不补风 | | | | | | | | | | | | (5)均衡风缸在 5～7 s(或 6～ 8s)减压 140 kPa(或 170 kPa)，列车管压力降至均衡风缸压力±10 kPa，制动缸压力 6～8 s(或 7～9.5 s)升至340 kPa(或 400 kPa)，并继续升至(360±15) kPa[或(420±15) kPa]。<br>(6)保压 1min，均衡风缸压力泄漏不大于 5 kPa，列车管压力泄漏不大于 10 kPa，制动缸压力变化不大于 25 kPa。<br>(7)各压力无变化。<br>(8)均衡风缸、列车管充风至定压，制动缸压力降至 0 |
| 3 | 本务/不补风 | | | | | | | | | | | | (9)列车管减压(50±5) kPa，制动缸压力升至(100±15) kPa。<br>(10)制动缸压力降至 0，手柄复位后制动缸压力不恢复。<br>(11)均衡风缸压力以常用制动速率降为 0，列车管压力降至小于 100 kPa 后保持，制动缸压力升至(450±20) kPa。<br>(12)均衡风缸、列车管充风至定压，制动缸压力降至 0 |
| 4 | 本务/不补风 | | | | | | | | | | | | (13)阶段制动，制动缸压力阶段上升，全制动制动缸压力(300±15) kPa。<br>(14)阶段缓解，制动缸压力阶段下降至 0 |
| 5 | 单机 | | | | | | | | | | | | (15)均衡风缸减压 100 kPa，列车管和制动缸压力保持不变。<br>(16)均衡风缸和列车管压力保持不变，制动缸压力在 2～4 s 升至 285 kPa，最终为(300±15) kPa。<br>(17)制动缸压力在 3～5 s 降至 40 kPa，最终降至 0。<br>(18)均衡风缸充风至定压，列车管和制动缸压力保持不变 |

注：1. 试验前做好防溜措施。
2. 试验完毕，将制动系统恢复为本务模式。
3. 根据机车实际情况选择 500 kPa 或 600 kPa 定压进行试验，括号内为 600 kPa 定压的要求。

# 6　CAB-B型制动控制系统与其他系统的接口

制动控制系统通过电气接口单元(EIU)与机车其他系统进行数据交互，包括网络数据和硬线信号。本章主要叙述电气接口单元(EIU)与微机控制系统[中央控制单元(CCU)、微机显示屏(DDU)]、自动驾驶系统(ATO)、远端控制单元(RCU)等设备的电气接口。

## 6.1　EIU与其他系统接口

### 6.1.1　EIU与微机控制系统数据交互

EIU与机车微机控制系统的接口数据交互(合屏方案)如图6-1所示。

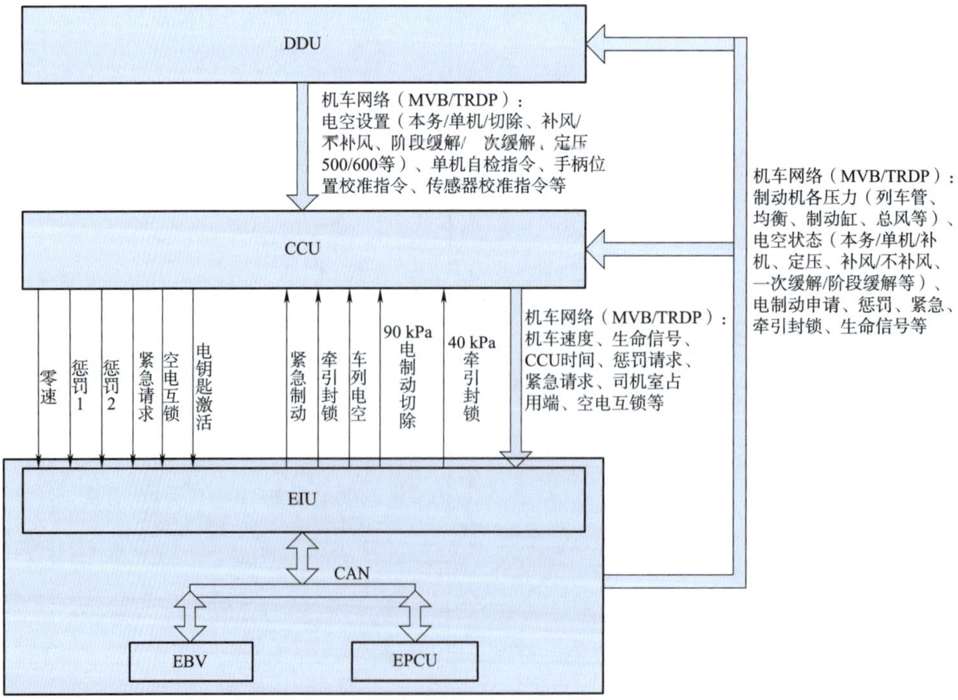


图6-1　EIU与微机控制系统的接口数据交互(合屏方案)

### 6.1.2 EIU 与机车微机控制系统的接口数据

EIU 与机车微机控制系统交互的数据详见表 6-1。

表 6-1 EIU 与机车微机控制系统的通信数据

<table>
<tr><th>数据名称</th><th>通信类型</th><th>传输方向</th><th>数据类型</th><th>作 用</th></tr>
<tr><td>机车速度</td><td rowspan="4">网络数据</td><td rowspan="10">CCU→EIU</td><td rowspan="4">状态数据</td><td>判断是否零速停车状态</td></tr>
<tr><td>CCU 时间</td><td>数据分析时间检索</td></tr>
<tr><td>CCU 生命信号</td><td>判断网络信号有效性</td></tr>
<tr><td>机车运行方向</td><td>判断机车状态</td></tr>
<tr><td>机车惩罚请求</td><td rowspan="5">网络数据、硬线数据</td><td rowspan="5">控制数据</td><td>惩罚制动触发源</td></tr>
<tr><td>机车紧急请求</td><td>紧急制动触发源</td></tr>
<tr><td>补机控制请求</td><td rowspan="3">制动控制系统控制模式源</td></tr>
<tr><td>空电联锁激活</td></tr>
<tr><td>司机室占用端</td></tr>
<tr><td>机车零速</td><td>硬线数据</td><td>状态数据</td><td>判断是否零速状态</td></tr>
<tr><td>单机自检指令</td><td rowspan="4">网络数据（合屏方案）</td><td rowspan="4">DDU→CCU→EIU</td><td rowspan="4">控制数据</td><td>触发或取消制动控制系统单机自检</td></tr>
<tr><td>电空设置指令</td><td>设置制动控制系统的定压、本务/单机/补机、补风/不补风、一次缓解/阶段缓解等</td></tr>
<tr><td>手柄位置校准指令</td><td>校准制动控制器手柄位置</td></tr>
<tr><td>传感器校准指令</td><td>校准压力传感器偏差值</td></tr>
<tr><td>列车管压力</td><td rowspan="13">网络数据</td><td rowspan="6">EIU→CCU、DDU</td><td rowspan="12">状态数据</td><td rowspan="12">反馈制动控制系统状态</td></tr>
<tr><td>总风压力</td></tr>
<tr><td>均衡风缸压力</td></tr>
<tr><td>制动缸压力</td></tr>
<tr><td>充风流量</td></tr>
<tr><td>数据有效性</td></tr>
<tr><td>DBI 反馈值</td><td>EIU→CCU</td></tr>
<tr><td>制动控制系统电空状态（定压、本务/单机/补机、补风/不补风、一次缓解/阶段缓解）</td><td rowspan="5">EIU→CCU、DDU</td></tr>
<tr><td>制动控制器手柄位置</td></tr>
<tr><td>制动控制系统故障</td></tr>
<tr><td>EIU 生命信号</td></tr>
<tr><td>软件版本</td></tr>
<tr><td>电制动申请值</td><td>EIU→CCU</td><td>控制数据</td><td>实施机车电制动力指令</td></tr>
</table>

续上表

| 数据名称 | 通信类型 | 传输方向 | 数据类型 | 作　用 |
|---|---|---|---|---|
| 惩罚激活 | 网络数据、硬线数据 | EIU→CCU、DDU | 状态数据 | 反馈制动控制系统状态 |
| 紧急激活 | | | | |
| 牵引封锁 | | | 控制数据 | 切除机车牵引力指令 |

(1)DDU 发送给 EIU 的单机自检、电空设置、手柄位置校准、传感器校准等设置指令数据，需要通过 CCU 转发。

(2)CCU 的微机状态数据通过机车网络直接传输至 EIU，CCU 的一些控制信号如惩罚请求、紧急请求、DBI 激活等信号通过网络和硬线通道传输给 EIU。

(3)EIU 将制动控制系统的压力传感器数据、电空设置状态、制动控制系统工况等状态数据通过机车网络传输给微机控制系统，同时将紧急信号、牵引封锁信号通过硬线传输给 CCU。

制动控制系统接收并执行 CCU 的惩罚制动、紧急制动等指令，保障机车的安全运行，同时通过空电联合控制功能实现机车电制动和空气制动的相互作用。

制动控制系统将系统状态实时反馈给机车微机控制系统，完成机车制动与牵引的有效配合，保障机车在各种工况下的安全运用和列车的安全运行。

### 6.1.3　EIU 与 ATO 的通信

EIU 通过多功能车辆总线(MVB)或以太网等网络接收 ATO 的数据，数据内容主要是控制制动控制系统的指令，如均衡风缸目标值、制动缸目标值、自动驾驶激活/退出请求指令、单缓激活指令、ATO 生命信号等。制动控制系统进入到自动驾驶模式后，将列车管压力、总风压力、均衡风缸压力、制动缸压力、列车管充风流量、电空设置状态、紧急状态、惩罚状态、大小闸手柄位置、自动驾驶模式、生命信号等制动数据通过机车网络输出给 ATO 设备。

### 6.1.4　EIU 与 RCU 的通信

机车通过 RCU 设备与制动控制系统实现主、从机车的同步控制，从控机车制动控制系统通过 RCU 接收主控机车 RCU 传送的主控机车指令，进行同步控制。机车采用“一主多从”的分布式控制方式，可加快列车管的充排风时间，提高列车制动与缓解的同步性能。

EIU 与 RCU 的接口数据交互示意如图 6-2 所示。

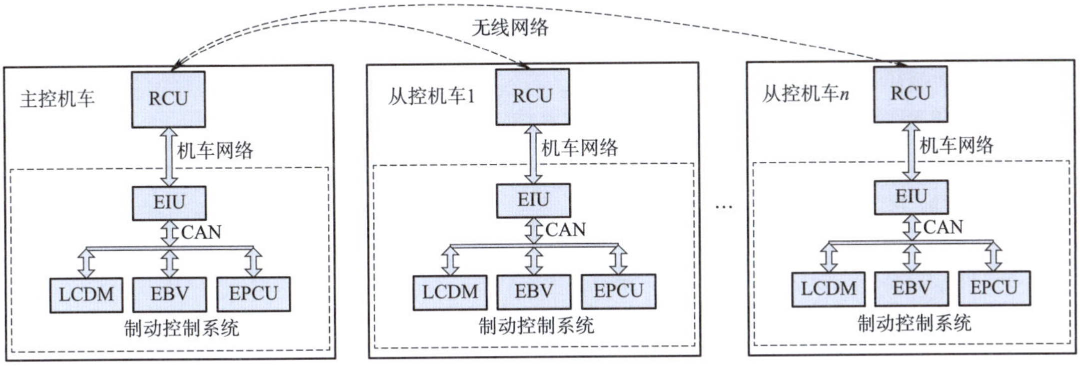


**图 6-2 EIU与RCU的接口数据交互示意**

RCU与EIU进行数据交互，EIU接收RCU的模式信号，若是主控模式，EIU将均衡风缸目标值、制动缸目标值、单缓激活信号、紧急制动、惩罚等制动指令数据传输给RCU，同时将制动控制系统状态数据传输给RCU；若是从控模式，EIU传输制动控制系统的反馈状态数据给RCU。

EIU与RCU交互的网络通信数据详见表6-2。

**表 6-2 EIU与RCU交互的网络通信数据**

| 数据名称 | 传输方向 | 数据类型 | 作　用 |
|---|---|---|---|
| 机车速度 | RCU→EIU | 控制数据 | 判断进入无线重联模式条件 |
| 主控模式 | | | 制动控制系统执行的模式指令 |
| 从控模式 | | | |
| 均衡风缸目标值 | | | 控制均衡压力 |
| 制动缸目标值 | | | 控制制动缸压力 |
| 列车管遮断请求 | | | 控制列车管保压 |
| 单缓激活 | | | 控制制动缸压力缓解 |
| 惩罚请求 | | | 惩罚制动触发源 |
| 紧急请求 | | | 紧急制动触发源 |
| RCU生命信号 | | 状态数据 | 判断网络信号有效性 |
| 列车管压力 | EIU→RCU | 状态数据 | 反馈制动控制系统状态 |
| 总风压力 | | | |
| 均衡风缸压力 | | | |
| 制动缸压力 | | | |
| 充风流量 | | | |
| 电空设置状态 | | | |
| 紧急状态 | | | |
| 惩罚状态 | | | |

续上表

| 数据名称 | 传输方向 | 数据类型 | 作　用 |
|---|---|---|---|
| 大小闸手柄位置 | EIU→RCU | 状态数据 | 反馈制动控制系统状态 |
| 无线重联模式 | | | |
| EIU 生命信号 | | | 判断网络信号有效性 |
| 均衡风缸目标值 | | 控制数据 | 控制从控制动控制系统均衡压力 |
| 制动缸目标值 | | | 控制从控制动控制系统制动缸压力 |

## 6.2 车列电空控制功能

### 6.2.1 车列电空控制原理及作用

制动控制系统通过控制继电器动作，输出 DC 110 V 的制动、缓解、保压、紧急电空制动控制信号，经电空制动控制线制动、缓解、保压、紧急和电空制动负线控制车辆电空制动装置中相应电磁阀动作，提高列车制动和缓解的同步性。车列电空信号控制原理及作用如图 6-3 所示。

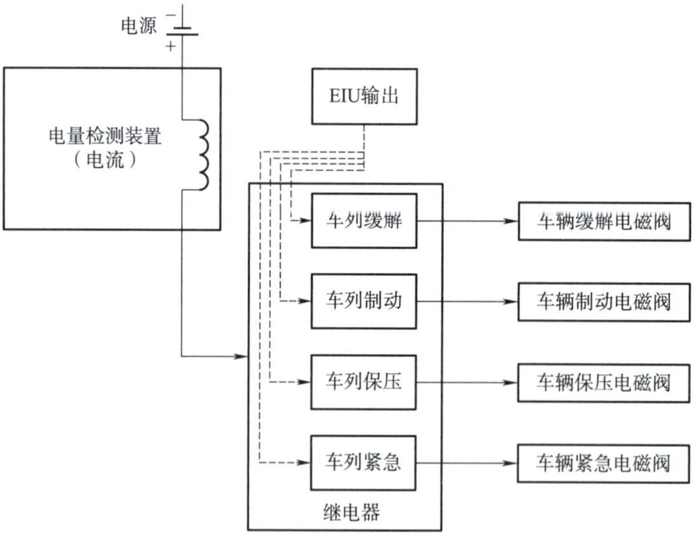


图 6-3　车列电空信号控制原理及作用

(1)车列缓解

制动控制系统输出车辆缓解指令时，车辆缓解电磁阀被激活。

(2)车列制动

制动控制系统输出车辆制动指令时，车辆制动电磁阀被激活。

(3)车列保压

制动控制系统输出车辆保压指令时，车辆保压电磁阀被激活。

(4)车列紧急

制动控制系统输出车辆紧急指令时，车辆制动电磁阀和紧急电磁阀被激活。

### 6.2.2 车列电空贯通

在“绿巨人”动集动车组中，制动控制系统具有检测电空制动控制线全列是否贯通的功能。当输出制动、缓解、保压、紧急电空制动等控制信号后，位于尾部的动力车或控制车制动控制系统通过检测制动、缓解、保压和紧急贯穿线上的电空制动控制信号，经由 CCU 和动车组 WTB 传送到操纵端制动控制系统，并在操纵端显示单元上显示贯通情况。

## 6.3 空电联合制动功能

空电联合制动是指以电制动(包括电阻制动和再生制动)与空气制动为基础，在优先、充分使用电制动原则下，空气制动与电制动有机结合起来的一种综合制动控制功能。空电联合制动的采用，可以充分利用机车电制动力来减少空气制动时机车基础制动装置的机械磨耗，从而延长基础制动装置的使用寿命、降低检修维护成本。同时，采用空电联合制动可以缩短制动力的建立时间，缩短制动距离，提高制动控制系统的可靠性和安全性。

空电联合制动由空电联合转换开关、CCU、制动控制系统以及相关阀类部件共同完成。当空电联合转换开关在投入位，司机通过大闸手柄施加制动时，制动控制系统根据手柄位置及单缓状态计算出制动缸目标值，同时将该值计算转换为电制动申请百分比值发送给 CCU，CCU 比较当前工况下可用电制动力和制动控制系统的电制动申请百分比值，通过 DBI 电磁阀进行空电联合控制。因大闸手柄施加制动而产生的机车制动缸压力将被 DBI 电磁阀隔断，机车将施加电制动取代机械摩擦制动，司机可通过大闸手柄或牵引/电制动手柄追加电制动力。

(1)电制动申请百分比值计算

当司机通过大闸手柄施加自动制动时，列车管减压，制动控制系统的 EPCU 根据大闸手柄位置计算出制动缸目标值，并按常用全制动制动缸目标压力对应 100%电制动申请值对应关系，计算电制动申请百分比值，EIU 通过机车网络将电制动申请百分比值发送给 CCU。列车管减压量增大时，电制动申请百分比值相应增大。

紧急制动时，因制动缸压力比常用全制动产生的制动缸压力大，系统将计算出一个大于 100％的电制动百分比值。列车管完全缓解时，电制动申请百分比值为 0。

系统计算电制动申请百分比值时，根据列车管定压 600 kPa 和 500 kPa 两种情况的制动减压量，分别计算出申请的电制动百分比值。

（2）DBI 指令输出

CCU 在接收到制动控制系统发送的电制动申请百分比值后，对照空气制动力换算成申请电制动力，并综合当前工况下可用电制动力、空电联合开关是否在投入位、牵引/电制动手柄电制动力设定值，输出 DBI 电磁阀控制信号。

当 CCU 输出 DBI 信号后，如果空电联合开关在投入位，则 DBI 电磁阀得电，将制动控制系统 BCCM 产生的制动缸压力排出，基础制动装置处于缓解状态。

（3）制动力追加

当司机通过大闸手柄或牵引/电制动手柄追加制动时，制动控制系统将重新计算电制动申请百分比值，CCU 再一次比较电制动申请值与可用电制动力大小，二者中取大值发送给 TCU。

（4）DBI 指令撤销

CCU 撤销 DBI 指令后，DBI 电磁阀复位，制动控制系统的 BCCM 重新建立制动缸压力，机车产生机械摩擦制动。

# 7 CAB-B型制动控制系统维护保养

CAB-B型制动控制系统维护保养分为日常维护和维修两种。日常维护主要为制动控制系统正常运用时的例行检查及试验，是制动控制系统出入库时的检查要求。维修主要根据制动控制系统运用年限和走行公里，并按整车修程对制动控制系统各部件维修检查内容进行规定。

## 7.1 日常维护

制动控制系统日常维护是确保其良好的状态和安全运行所必须完成的日常性工作。CAB-B型制动控制系统采用模块化结构，日常维护只需进行一般性的检查和日常试验即可。

### 7.1.1 一般检查

#### 7.1.1.1 制动控制器

制动控制器的日常维护要求如下：

(1)外观检查

检查外观标识是否清晰，机械部件是否损伤。

(2)机械功能检查

钢丝绳是否断股，插销插入是否顺畅。

推动大闸或小闸操作手柄时，检查手柄位置感是否明确、定位准确，是否存在卡滞。

(3)电气性能检查

检查大闸手柄或小闸手柄操作到每个位置时输出信号是否正常。

(4)气密性检查

大闸手柄除“紧急制动”位，其余位置都不应泄漏。

用干净的干棉布擦除制动控制器的污垢，用 0.2～0.3 MPa 的压缩空气吹扫各部及用毛刷清扫各部灰尘，不允许使用不明化学液体清洁制动控制器。清洁时，要注意各电气连接件连接，以防松脱。

#### 7.1.1.2 制动显示屏

制动显示屏的日常维护是确保其良好的状态和安全运行所必须完成的日常工作，主要检查内容如下：

(1)检查安装螺栓的紧固情况。

(2)检查制动显示屏有无通信故障。

(3)查看制动显示屏上是否有故障信息。

#### 7.1.1.3 制动柜

用干净的干棉布擦除制动柜的污垢，用 0.2～0.3 MPa 的压缩空气吹扫各部及用毛刷清扫各部灰尘，不允许使用不明化学液体清洁制动柜。清洁时，要注意各部件紧固件、电气连接件连接，以防松脱。观察制动柜 EPCU 各模块状态指示灯是否有异常。

#### 7.1.1.4 紧急阀

紧急阀的日常维护是确保其良好的状态和安全运行所必须完成的日常工作。主要内容是出库前、入库后检查紧急阀的安装螺栓及各部件连接的紧固情况，主要检查以下项目：

(1)检查安装螺栓的紧固情况。

(2)检查紧急阀是否能正常动作。

### 7.1.2 日常试验

在日常维护保养后需进行试验，在试验前检查制动柜各塞门位置是否处于正确位置，检查制动控制器、制动显示屏(如有)、紧急阀是否安装正确，确认接地装置已经稳固接地，主压缩机工作正常，总风压力控制在 750～900 kPa 之间。日常试验主要以“五步闸”为主，具体试验内容及方法见第 5 章。

## 7.2 维　修

### 7.2.1 维修等级

根据相关规定，机车维修等级详见表 7-1。表中规定的走行公里数或间隔期内（以先到为准），应实施相应的维修工作。

表 7-1 机车维修等级

| 维修等级 | 说　明 | 走行公里数（万 km） | 间 隔 期 |
|---|---|---|---|
| — | 日常检查 | 机车出入库 | — |
| C1 | C1 修 | 7×（1±10%） | 不超过 3 个月 |
| C2 | C2 修 | 13×（1±10%） | 不超过 6 个月 |
| C3 | C3 修 | ≤30 | 客运：不超过 1 年<br>货运：不超过 1.5 年 |
| C4 | C4 修 | 货运：50×（1±10%）<br>客运：45～60 | 不超过 3 年 |
| C5 | C5 修 | 100～120 | 不超过 6 年 |
| C6 | C6 修 | 200～240 | 不超过 12 年 |
| UM | UM | 计划外维修 | — |

表 7-1 中，C1～C6 属定期维修（或预防性维修）。UM 为计划外维修（或修复性维修）。故障维修和改善维修均属于计划外维修。

### 7.2.2 维修计划

制动柜主要部件采用模块化设计，现场维修只针对模块整体的更换与维修，不需要用户进行模块下一级别的维护。集成气路板及管路没有故障时无需拆卸，气路板上的模块和部件在检修或故障时可以拆卸，进行测试或更换。制动控制系统维修计划详见表 7-2。

表 7-2 维修计划

| 序号 | 检修周期 | 部　件 | 维修工作任务或项目名称 |
|---|---|---|---|
| 1 | C1～C5 | 风缸与空气管路 | 外观检查风缸与空气管路状态 |
| 2 | | | 风缸排水 |

续上表

| 序号 | 检修周期 | 部　件 | 维修工作任务或项目名称 |
| --- | --- | --- | --- |
| 3 | C1～C4 | 电空控制单元 | 外观检查 |
| 4 | | | 总风过滤器排水排污 |
| 5 | | | 系统自检试验 |
| 6 | | | 更换滤清器滤芯 |
| 7 | | | 清洁各模块 |
| 8 | C5～C6 | | 模块拆解检修 |
| 9 | C1～C4 | 辅助控制装置 | 外观检查 |
| 10 | | | 检查并更新滤尘器滤芯 |
| 11 | | | 清洁各模块 |
| 12 | C5 | | 检查密封性能及动作状态 |
| 13 | C1～C4 | 电气接口单元 | 外观检查 |
| 14 | | | 清洁外观 |
| 15 | C5 | | 性能检测 |
| 16 | C1～C5 | 接线箱模块 | 外观检查 |
| 17 | | | 清洁外观 |
| 18 | C6 | 制动柜 | 制动柜整体下车拆解检修(含电空控制单元、辅助控制装置、电气接口单元及接线箱模块) |
| 19 | 日常检查、C1～C4 | 制动控制器 | 检查外观 |
| 20 | | | 检查机械性能 |
| 21 | | | 检查电气性能 |
| 22 | C5、C6 | | 解体检修 |
| 23 | 日常检查、C1～C6 | 制动显示屏 | 检查外观 |
| 24 | C1～C6 | | 检查显示屏操作显示功能 |
| 25 | C5 | | 制动显示屏运行自检程序,更新电池 |
| 26 | C6 | | 解体检修 |
| 27 | C1～C4 | 紧急阀 | 外观检查 |
| 28 | C5～C6 | | 解体检修 |

## 7.2.3　预防性维修

### 7.2.3.1　紧固状态检查

为保证制动控制系统在运行周期内具有良好的工作状态，必须对装置进行以下检查：

(1)制动柜与车体连接螺栓是否紧固。

(2)制动控制器和制动显示屏与操纵台连接螺栓是否紧固。

(3)空气后备制动部件和紧急阀安装螺栓是否紧固。

(4)制动控制系统各部件表面有无机械损伤。

(5)各管路的连接处有无松动。

(6)制动柜各部件安装螺栓应紧固。

(7)系统各电缆线无异常松动及磨损。

### 7.2.3.2　状态指示灯检查

检查各模块状态指示灯状态是否正常，状态定义如下：

(1)列车管控制模块、制动缸控制模块和单独控制模块三个智能模块指示灯，从左至右分别为供电、冗余、故障指示灯，状态定义详见表7-3。

**表7-3　指示灯状态定义**

| 指示灯名称 | 指示灯颜色 | 正常状态 | 故障状态 |
|---|---|---|---|
| 供电指示灯 | 绿色 | 常亮 | 常灭：控制板断电 |
| 冗余指示灯 | 黄色 | 常灭 | 常亮：冗余投入 |
| 故障指示灯 | 红色 | 常灭 | 常亮：模块内有部件故障 |

(2)电气接口单元指示灯从左至右，从上至下分别有A、B、C、D四列，1、2、3、4、5、6行指示灯，状态定义详见表7-4。

**表7-4　电气接口单元指示灯状态定义**

| 行号 | 列号 | | | |
|---|---|---|---|---|
| | A | B | C | D |
| 1 | 亮表示5V电源正常；<br>灭表示5V电源异常 | 亮表示24V电源正常；<br>灭表示24V电源异常 | 闪表示灯板卡正常；<br>灭表示灯板卡异常 | 闪表示控制板正常；<br>灭表示控制板异常 |

续上表

| 行号 | 列号 | | | |
|---|---|---|---|---|
| | A | B | C | D |
| 2 | 亮表示启用从控制板；<br>灭表示启用主控制板 | 亮表示双内 CAN 故障；<br>闪表示单内 CAN 故障；<br>灭表示双内 CAN 正常 | 亮表示双节点 CAN 故障；<br>闪表示单节点 CAN 故障；<br>灭表示双节点 CAN 正常 | 亮表示有电钥匙信号；<br>灭表示无电钥匙信号 |
| 3 | 闪表示 EIU 生命信号正常；<br>灭表示 EIU 生命信号异常 | 闪表示 BPCM 生命信号正常；<br>灭表示 BPCM 生命信号异常 | 闪表示 BCCM 生命信号正常；<br>灭表示 BCCM 生命信号异常 | 闪表示 IBCM 生命信号正常；<br>灭表示 IBCM 生命信号异常 |
| 4 | 闪表示 EBV1 生命信号正常；<br>灭表示 EBV1 生命信号异常 | 闪表示 EBV2 生命信号正常；<br>灭表示 EBV2 生命信号异常 | 闪表示 MVB 生命信号正常；<br>灭表示 MVB 生命信号异常 | 闪表示内 CAN 生命信号正常；<br>灭表示内 CAN 生命信号异常 |
| 5 | 亮表示有零速信号；<br>灭表示无零速信号 | 亮表示空电联锁投入；<br>灭表示空电联锁切除 | 亮表示有 ATP 惩罚 1；<br>灭表示无 ATP 惩罚 1 | 亮表示有 ATP 惩罚 2；<br>灭表示无 ATP 惩罚 2 |
| 6 | 亮表示有 ATP 惩罚 3；<br>灭表示无 ATP 惩罚 3 | 亮表示有机车紧急 1；<br>灭表示无机车紧急 1 | 亮表示有机车紧急 2；<br>灭表示无机车紧急 2 | 亮表示有紧急输出信号；<br>灭表示无紧急输出信号 |

### 7.2.4 检修规程

CAB-B 型制动控制系统需结合整车修程进行检修相关工作，各维修等级对应的主要维修内容详见表 7-5。

**表 7-5 维修等级对应主要维修内容**

| 维修等级 | 主要维修内容 |
|---|---|
| C1 | 检查制动控制器、制动显示屏（如有）、制动柜、紧急阀及其余部件，各部件状态良好、标识清晰，紧固件齐全、防缓标识无错位，各阀和风管接头无漏泄，塞门开闭状态正确 |
| C2 | 同 C1 修 |
| C3 | 制动柜过滤器滤芯更新，检查压力开关值是否正确，其余同 C2 修 |
| C4 | 各模块外观清洁。制动柜过滤器滤芯更新，检查压力开关值是否正确，其余同 C3 修 |
| C5 | 针对紧急阀、制动柜电空控制单元各模块部件、制动控制器进行拆解检修，更换橡胶件（塑料件）、弹簧及磨损磨耗件。制动显示屏更新电池，其余各部件进行功能性检查，状态良好 |
| C6 | 制动控制系统各部件拆解下车检修 |

#### 7.2.4.1 C1 修

(1)外观检查制动柜,各部件状态良好、标识清晰,紧固件齐全、防缓标识不许有错位,各阀和风管接头无漏泄,电气接口状态良好,塞门开闭状态正确。

(2)各部件安装牢固。

(3)外观检查制动控制器,部件齐全、安装牢固、位置准确,动作灵活,不许卡滞。

(4)制动显示屏不许有表面裂纹、深度刮痕或明显的污物,显示屏按键与显示功能正常。

(5)紧急阀安装紧固,工作正常,状态良好,不许有漏泄。

#### 7.2.4.2 C2 修

同 C1 修。

#### 7.2.4.3 C3 修

制动柜过滤器滤芯更新,检查压力开关整定值是否正确,其余同 C2 修。

#### 7.2.4.4 C4 修

(1)各模块外观清洁。

(2)制动柜过滤器滤芯更新,检查压力开关整定值是否正确。

(3)其余同 C3 修。

#### 7.2.4.5 C5 修

(1)紧急阀

拆解检修,更新橡胶件、弹簧、滤网。安装紧固、状态良好,不许有泄漏。自动制动阀置紧急位,排风口排风正常。

(2)电空控制单元

各模块拆解检修,更新橡胶垫、密封件、弹簧和滤芯。对传感器、电磁阀及板卡进行检测,功能正常。

各模块安装紧固状态良好,表面不许有变形、腐蚀或明显的污物。电缆组件的电气接口连接正确。卡口型插头不许有松动。电气接口不允许有热负荷或绝缘损坏等损伤。更新各空气滤清器滤芯。接地线状态良好,连接完好。

(3)电气接口单元、接线箱模块

各部分安装牢固、状态良好,电缆组件的电气接口连接正确,插头不许有松动、烧损现象。接地线紧固可靠。

(4)其余各模块

外观检查,压力开关、电磁阀、压力测试口、减压阀(调压阀)、单向阀、双向止回阀、安全阀、塞门等部件安装牢固,不许有损伤、泄漏,动作灵活可靠。电气部件接线良好,不许有烧痕、短路、断路现象。

(5)制动控制器

制动控制器拆解检修,更新橡胶件、弹簧、塑料件,并进行性能试验,符合技术要求。单独制动手柄、自动制动手柄各位置准确,动作灵活,不许有卡滞,作用良好。接线插头紧固良好,接线不许有破损,风管接头状态良好,不许有泄漏。线束、限位开关和编码器不良者更新。

注:检修时,需要对气阀的进风、排风口处进行防护,防止灰尘等杂物进入,影响气阀正常进、排风。恢复安装时注意区分进风口(IN)和出风口(OUT),否则会造成泄漏。

(6)制动显示屏

表面清洁,运行自检程序,性能良好。更新电池。

#### 7.2.4.6 C6 修

制动控制系统各部件拆解下车全面检修。

(1)紧急阀

拆解检修,更新橡胶件、弹簧、滤网。安装紧固、状态良好,不许有泄漏。自动制动阀置紧急位,排风口排风正常。

(2)电空控制单元

各模块拆解检修,更新橡胶件、弹簧、滤芯,节点检测不良者更新。总风管、列车管、平均管过滤器不许有功能性损伤、变形,过滤器密封件和滤芯更新。

各模块安装紧固状态良好,表面不许有功能性变形、腐蚀或明显的污物。电镀层良好。电气接口不许有损坏,连接正确。卡口插头不许有松动。

模块接地线状态良好,连接完好。网络通信线以及插头外观良好、不许有破损,密封垫更新。进行性能测试:导通测试通过,500 V电压下绝缘电阻不小于20 MΩ。

电源模块接插件电镀层良好,卡口插头不许有松动。额定负载条件下进行电压输入边界值检测,输出电压$25^{+1.5}_{-1.0}$ V。检测电源输出纹波,超标者更新电解电容。

(3)电气接口单元、接线箱模块

各部分安装牢固、状态良好,电缆组件的电气接口连接正确,插头不许有松动、烧损。接口箱模块继电器及线束检测,通断测试通过,继电器动作灵活。

(4)其余各模块

各模块解体检修,更新压力开关、橡胶件、弹簧、塑料件。各模块的电磁阀、压力测试口、调压阀、减压阀、止回阀、双向阀、塞门、钥匙阀安装牢固,不许有损伤、泄漏。电气部件接线正确,不许有烧痕、短路、断路,动作灵活可靠。所有线束外观及绝缘良好。插头、插座及其组件不良者更新。紧固件齐全,紧固状态良好。压力测试口状态良好,不许有泄漏。风缸内部清洁,进行1.2倍水压试验不许有泄漏。

(5)制动控制器

制动控制器拆解检修,更新橡胶件、弹簧、线束、塑料件(微动开关、衬套)、编码器、接近感应开关、定位轮、定位销、气阀阀芯。面板表面防护及挡位标识清晰度、重联插销钢丝绳、控制模块信号,功能正常。

组装后,检测单独制动单元、自动制动单元各位置准确,动作灵活,不许有卡滞;控制模块通信正常,手柄挡位逻辑信号准确。自动制动手柄离开运转位、初制动位、全制动位、抑制位、重联位。单独制动手柄离开运转位所需要的扭矩应为2.0～6.5 N·m,离开紧急位所需要的扭矩应为3.0～8.8 N·m。制动区内移动手柄所需要的扭矩应为0.4～6.5 N·m。

接线端子、电连接器插头及插针紧固良好;风管接头状态良好,不许有泄漏。

(6)制动显示屏

表面清洁,屏幕各点指向清楚准确,引出线牢固,不许有烧痕、短路、断路。电池和背光板更新。

### 7.2.5 主要部件拆解和组装

在制动控制系统上进行任何维护前,请先确保切断制动柜上所有部件的电源和气源,并将各模块、管道及风缸内的压力空气排空。

#### 7.2.5.1 电空控制单元拆解和组装

在取下模块前,确保切除并排空EPCU上的所有压力:

(1)断开制动控制系统电源。

(2)关闭制动柜总风截门A24。

(3)通过同时打开制动缸控制模块制动缸预控压力测点、单独控制模块上的平均管压力测点,排空制动缸压力。

(4)打开制动机风缸排水塞门A19,排空风缸压力空气。

(5)关闭机车总风塞门,打开总风缸排水塞门,排空第二总风缸压力空气。

注意:在拆除模块前,先拧松螺母或螺栓,排出阀内的残余空气,再拆除模块。

电空控制单元拆解示意如图 7-1 所示,其中总风过滤器拆解示意如图 7-2 所示。

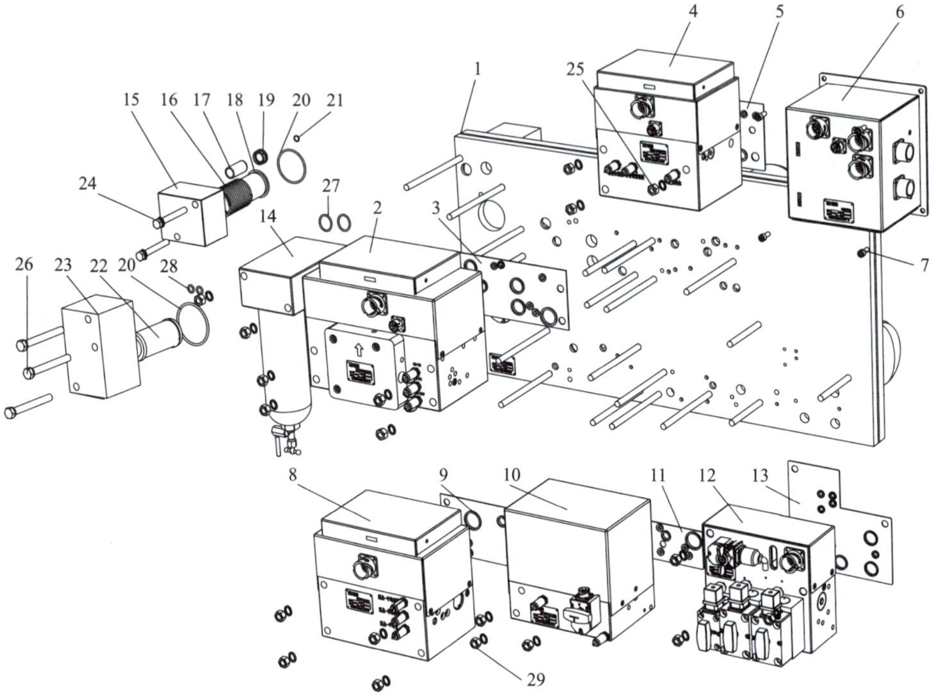

1—集成气路板;2—BPCM 模块;3、5、9、11、13—橡胶垫;4—BCCM 模块;6、PSCM 模块;7—内六角螺钉;8—IBCM 模块;10—PBTV 模块;12—ACM 模块;14—总风过滤器;15—列车管过滤器;16—弹簧;17—小滤芯;18—滤网;19—过滤器挡盖;20、21、28—O 形圈;22—滤芯;23—平均管过滤器;24、26—六角螺栓;25—六角螺母;27—六角螺栓;29—垫圈。

**图 7-1　电空控制单元(EPCU)拆解示意**

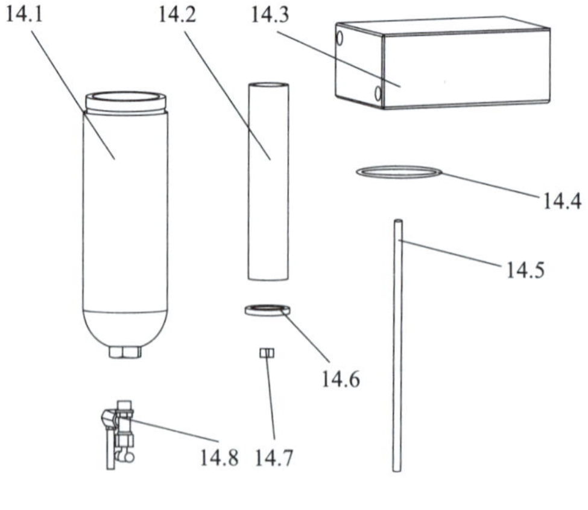

14.1—阀体;14.2—滤芯;14.3—过滤头;14.4—O 形圈;14.5—固定杆;14.6—挡盖;14.7—锁紧螺母;14.8—排水截门。

**图 7-2　总风过滤器拆解示意**

电空控制单元拆解和组装步骤详见表 7-6。

**表 7-6 电空控制单元拆解和组装步骤**

| 编号 | 部 件 | 拆解和组装步骤 |
|---|---|---|
| 1 | 制动缸控制模块<br>(BCCM) | (1)拆解<br>①从 BCCM 模块上拔下电缆连接器。<br>②拆卸 BCCM 模块前面的 3 个六角螺母和垫圈 25、29,从集成气路板 1 上将 BCCM 模块取下。<br>③拆卸并检查 BCCM 阀体安装面上的橡胶垫 5,是否存在任何撕裂、裂缝、磨损等现象,如有将该橡胶垫 5 按废品处理。<br>(2)组装<br>①将新更换的橡胶垫 5 装到阀体密封面,确保其安装合适到位。<br>②将 BCCM 模块插入集成气路板 1 上的螺杆上。<br>③用 3 个六角螺母和垫圈 25、29 将 BCCM 安装在集成气路板 1 上,拧紧螺母。<br>④再将电缆连接器按原来顺序插入 BCCM 上的插座 |
| 2 | 单独控制模块<br>(IBCM) | (1)拆解<br>①从 IBCM 模块上拔下电缆连接器。<br>②拆卸 IBCM 模块前面的 4 个六角螺母和垫圈 25、29,从集成气路板 1 上将 IBCM 取下。<br>③拆卸并检查 IBCM 阀体安装面上的橡胶垫 9,是否存在任何撕裂、裂缝、磨损等现象,如有将该橡胶垫 9 按废品处理。<br>(2)组装<br>①将新更换的橡胶垫 9 装到阀体密封面,确保其安装合适到位。<br>②将 IBCM 模块插入集成气路板 1 上的螺杆上。<br>③用 4 个六角螺母和垫圈 25、29 将 IBCM 安装在集成气路板 1 上,拧紧螺母。<br>④再将电缆连接器按原来顺序插入 IBCM 上的插座 |
| 3 | 空气制动阀模块<br>(PBTV) | (1)拆解<br>①拆卸 PBTV 模块前面的 3 个六角螺母和垫圈 25、29,从集成气路板 1 上将 PBTV 取下。<br>②拆卸并检查 PBTV 阀体安装面上的橡胶垫 11,是否存在任何撕裂、裂缝、磨损等现象,如有将该橡胶垫 11 按废品处理。<br>(2)组装<br>①将新更换的橡胶垫 11 装到阀体密封面,确保其安装合适到位。<br>②将 PBTV 模块插入集成气路板 1 上的螺杆上。<br>③用 3 个六角螺母和垫圈 25、29 将 PBTV 安装在集成气路板 1 上,拧紧螺母 |
| 4 | 列车管控制模块<br>(BPCM) | (1)拆解<br>①从 BPCM 模块上拔下电缆连接器。<br>②拆卸 BPCM 模块前面的 4 个六角螺母和垫圈 25、29,从集成气路板 1 上将 BPCM 取下。<br>③拆卸并检查 BPCM 阀体安装面上的橡胶垫 3,是否存在任何撕裂、裂缝、磨损等现象,如有将该橡胶垫 3 按废品处理。<br>(2)组装<br>①将新更换的橡胶垫 3 装到阀体密封面,确保其安装合适到位。<br>②将 BPCM 模块插入集成气路板 1 上的螺杆上。<br>③用 4 个六角螺母和垫圈 25、29 将 BPCM 安装在集成气路板 1 上,拧紧螺母。<br>④再将电缆连接器按原来顺序插入 BPCM 上的插座 |

续上表

| 编号 | 部　件 | 拆解和组装步骤 |
| --- | --- | --- |
| 5 | 辅助功能模块（ACM） | (1)拆解<br>①从ACM模块上拔下电缆连接器。<br>②拆卸ACM模块前面的3个六角螺母和垫圈25、29，从集成气路板1上将ACM取下。<br>③拆卸并检查ACM阀体安装面上的橡胶垫13，是否存在任何撕裂、裂缝、磨损等现象，如有将该橡胶垫13按废品处理。<br>(2)组装<br>①将新更换的橡胶垫13装到阀体密封面，确保其安装合适到位。<br>②将ACM模块插入集成气路板1上的螺杆上。<br>③用3个六角螺母和垫圈25、29将ACM安装在集成气路板1上，拧紧螺母。<br>④再将电缆连接器按原来顺序插入ACM上的插座 |
| 6 | 电源模块（PSCM） | (1)拆解<br>①拔掉PSCM模块上的电缆连接器以及其他任何与PSCM连接的电连接器。<br>②拆掉PSCM模块上的4个内六角螺钉和垫圈7、29，从集成气路板1上将PSCM取下。<br>(2)组装<br>①用4个内六角螺钉和垫圈7、29将PSCM安装在集成气路板1上，拧紧螺母。<br>②连接电缆连接器和其他与PSCM连接的电连接器到PSCM上 |
| 7 | 总风过滤器 | (1)拆解<br>①拆下总风过滤器上的2个六角螺母和垫圈25、29，从集成气路板1上将总风过滤器装配取下。<br>②从过滤头14.3安装面上取下2个O形圈27，并废弃。<br>③在虎钳上固定过滤头14.3，用扳手将阀体14.1从过滤头14.3上拧下，取下O形圈14.4并废弃。<br>④从固定杆14.5上松开锁紧螺母14.7，取下挡盖14.6和滤芯14.2，将滤芯废弃。<br>⑤如果排水截门14.8没有故障，一般不建议拆除。除非查出故障或作为定期检修的部件被替换。<br>注意：由于位置原因，在没有安装列车管过滤器15和平均管过滤器22之前，不能安装总风过滤器。<br>(2)清洁<br>①在能融解油脂的合适的溶剂(比如矿物酒精)中洗涤所有的部件和阀体14.1，允许无磨损地彻底清洁所有组件。<br>②使用清洁、干燥的低压空气吹干所有组件。<br>③阀体14.1必须使用能渗透溶剂(比如矿物酒精)的织物或抹布进行彻底的清洁，并使用低压气流吹干。<br>(3)涂油<br>在新更换的O形圈27和O形圈14.4表面涂抹薄薄一层润滑脂。<br>(4)组装<br>①将O形圈14.4装入过滤头14.3。<br>②在过滤头14.3的轴肩安装新的滤芯14.2，新的滤芯14.2底部放置挡盖14.6并用新的锁紧螺母14.7固定，紧固锁紧螺母14.7直到承座(过紧会损伤滤芯)。<br>③使用滤油器扳手将阀体14.1装入过滤头14.3并紧固到位直到底部凸出。<br>④将O形圈27装入阀体14.3。<br>⑤ 使用六角螺母和垫圈25、29将总风过滤器安装在集成气路板1上，拧紧螺母 |

续上表

| 编号 | 部　件 | 拆解和组装步骤 |
|---|---|---|
| 8 | 列车管过滤器 | (1)拆解<br>①拆下列车管过滤器阀体上的2个六角螺栓和垫圈24、29,从集成气路板1上将列车管过滤器取下。<br>②从列车管过滤器的阀体安装面上取下O形圈20、21、滤网18和弹簧16,并废弃。<br>③将列车管过滤器阀体安装面上的过滤器挡盖19拆下,取出小滤芯17,并废弃。<br>注意:必须先将总风过滤器14拆下,才能拆下列车管过滤器15。<br>(2)涂油<br>①在新更换的O形圈20、21表面涂抹薄薄一层润滑脂。<br>②在小滤芯17的两端面和内孔圆周面上涂抹薄薄一层润滑脂。<br>③在过滤器挡盖19的螺纹上涂抹密封胶乐泰577。<br>(3)组装<br>①将润滑好的小滤芯17压入阀体对应孔内的安装座,并确保安装到位。<br>②将涂过密封胶的过滤器挡盖19拧入小滤芯上方的孔中,拧入后挡盖略低于阀体表面或刚好与阀体齐平。<br>③将新更换的弹簧16和滤网18插入到阀体中央的孔中。<br>④将前面已经润滑过的O形圈20、21放入阀体安装面上对应的凹槽中。<br>⑤用2个六角螺栓和垫圈24、29将列车管过滤器安装到集成气路板1上。<br>注意:滤网带凸缘的一端朝外 |
| 9 | 平均管过滤器 | (1)拆解<br>①拆下平均管过滤器阀体上的3个六角螺栓和垫圈26、29,从集成气路板1上将平均管过滤器取下。<br>②从平均管过滤器的阀体安装面上取下O形圈21、28和滤芯,并废弃。<br>注意:必须先将总风过滤器拆下,才能拆下平均管过滤器。<br>(2)涂油<br>①在新更换的O形圈21、28表面涂抹薄薄一层润滑脂。<br>②在新更换的滤芯两端面和内孔圆周面上涂抹薄薄一层润滑脂。<br>(3)组装<br>①将润滑好的滤芯压入阀体对应孔内,并确保安装到位。<br>②将已经润滑过的O形圈21、28放入阀体安装面上对应的凹槽中。<br>③用3个六角螺栓和垫圈26、29将平均管过滤器安装到集成气路板1上 |

注:表中零部件编号与图7-1、图7-2对应。

### 7.2.5.2　辅助控制装置拆解和组装

在取下模块前,确保系统已经不带电,切除并排空辅助控制装置(ACU)上的所有压力:

(1)断开制动控制系统电源。

(2)关闭制动柜总风塞门A24。

(3)打开制动缸控制模块上的制动缸预控压力测点,排空制动缸压力。

(4)打开制动机风缸排水塞门A19,排空风缸压力。

(5)打开停放风缸排水塞门A14和升弓风缸排水塞门U88,排空风缸压力。

(6)关闭总风塞门,打开总风缸排水塞门,排空第二总风缸压力(制动柜总风联管)。

辅助控制装置拆解和组装示意如图7-3所示。

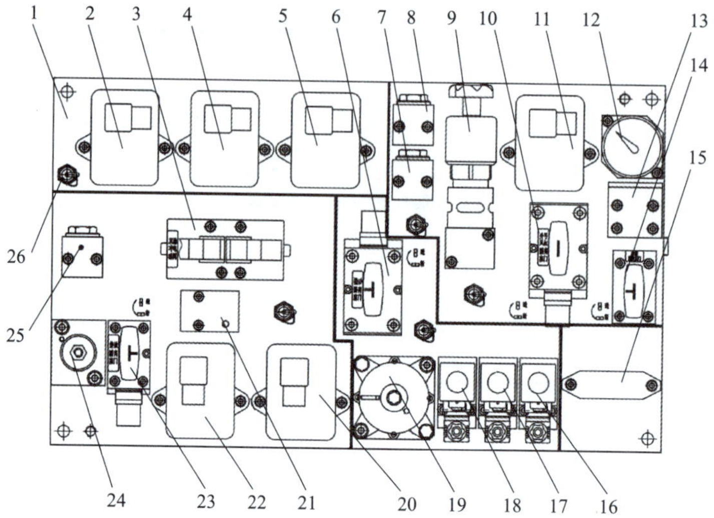


1—气路板；2、4、5、11、20、22—压力开关；3—双脉冲电磁阀；7、8、25—止回阀；9—安全阀；
6、10、23—电联锁塞门；12—压力表；13—滤尘器；14—塞门；16、17、18—电磁阀；
19、24—减压阀；21—双向阀；26—压力测点。

**图 7-3 辅助控制装置拆解和组装示意**

辅助控制装置拆解和组装步骤详见表 7-7。

**表 7-7 辅助控制装置拆解和组装步骤**

| 编号 | 部　件 | 拆解和组装步骤 |
| --- | --- | --- |
| 1 | 压力开关 | 说明：压力开关组装拆解步骤一样，以压力开关 2 为例。<br>(1)拆解<br>①从压力开关上卸下电缆连接器。<br>②拆卸压力开关上的紧固螺钉，从气路板 1 上用扳手将压力开关卸下。<br>③取下并检查压力开关安装面 O 形圈，是否存在任何损坏现象，如有按废品处理。<br>(2)组装<br>①压力开关端面 O 形圈涂抹薄薄一层润滑脂。<br>②用扳手安装压力开关在气路板 1 上。<br>③再将电缆连接器按原来顺序插入压力开关 |
| 2 | 双脉冲电磁阀 | (1)拆解<br>①拆卸双脉冲电磁阀上的内六角螺钉，从气路板 1 上将双脉冲电磁阀取下。<br>②从双脉冲电磁阀上卸下电缆连接器。<br>③取下并检查双脉冲电磁阀安装面 O 形圈，是否存在任何损坏现象，如有按废品处理。<br>(2)组装<br>①将 O 形圈表面涂抹薄薄一层润滑脂，装入双脉冲电磁阀安装面。<br>②用内六角螺钉将双脉冲电磁阀安装在气路板 1 上，拧紧螺钉。<br>③再将电缆连接器按原来顺序插入双脉冲电磁阀 |

续上表

| 编号 | 部　件 | 拆解和组装步骤 |
|---|---|---|
| 3 | 电联锁塞门、电磁阀 | 说明：电联锁塞门电磁阀组装拆解步骤一样，以电联锁塞门 26 为例。<br>(1)拆解<br>①从电联锁塞门上卸下电缆连接器。<br>②拆卸电联锁塞门上的紧固螺钉，从气路板 1 上将电联锁塞门取下。<br>③取下并检查电联锁塞门安装面 O 形圈，是否存在任何损坏现象，如有按废品处理。<br>(2)组装<br>①将 O 形圈表面涂抹薄薄一层润滑脂，装入电联锁塞门安装面。<br>②用紧固螺钉将电联锁塞门安装在气路板 1 上，拧紧螺钉。<br>③再将电缆连接器按原来顺序插入电联锁塞门 |
| 4 | 止回阀、滤尘器、塞门、减压阀、双向阀 | 说明：止回阀、减压阀、双向阀、滤尘器和塞门组装拆解步骤一样，以止回阀 9 为例。<br>(1)拆解<br>①拆卸止回阀上的紧固螺钉，从气路板 1 上将止回阀取下。<br>②取下并检查止回阀安装面 O 形圈，是否存在任何损坏现象，如有按废品处理。<br>(2)组装<br>①将 O 形圈表面涂抹薄薄一层润滑脂，装入止回阀。<br>②用紧固螺钉将止回阀安装在气路板 1 上，拧紧螺钉 |
| 5 | 压力表 | (1)拆解<br>①从气路板 1 上拆卸压力表过渡座 18，将压力表从过渡座 18 取下。<br>②取下并检查过渡座内的密封垫 19，是否存在任何损坏现象，如有按废品处理。<br>(2)组装<br>①压力表螺纹处涂抹乐泰 577 密封胶。<br>②将密封垫 19 装入过渡座 18。<br>③在虎钳上固定过渡座 18，用扳手安装压力表。<br>④用扳手将压力表过渡座 18 安装在气路板 1 上，拧紧过渡接头，调正压力表方向 |
| 6 | 压力测点 | (1)拆解<br>①从气路板 1 拆解压力测点。<br>②取下并检查压力测点，是否存在任何损坏现象，如有按废品处理。<br>(2)组装<br>①将压力测点螺纹涂抹适量乐泰密封胶 577(按乐泰胶操作手册涂抹)。<br>②将压力测点安装到气路板 1 |

注：表中零部件编号与图 7-3 对应。

# 附录一　名 词 缩 写

| 序　　号 | 名词缩写 | 释　　义 |
|---|---|---|
| 1 | ACM | 辅助功能模块 |
| 2 | ACSM | 空压机启停控制 |
| 3 | ACU | 辅助控制装置 |
| 4 | APM | 升弓及辅压机启停控制 |
| 5 | ASM | 辅助风源系统 |
| 6 | BCCM | 制动缸控制模块 |
| 7 | BPCM | 列车管控制模块 |
| 8 | EBV | 制动控制器 |
| 9 | EIU | 电气接口单元 |
| 10 | EPCU | 电空控制单元 |
| 11 | IBCM | 单独控制模块 |
| 12 | IOB | 接线箱模块 |
| 13 | KS | 升弓钥匙开关 |
| 14 | LCDM | 制动显示屏 |
| 15 | PBM | 停放制动控制 |
| 16 | PBTV | 空气制动阀模块 |
| 17 | PSCM | 电源模块 |
| 18 | SDM | 撒砂控制 |
| 19 | TCM | 踏面清扫控制 |
| 20 | ATP | 列车自动保护系统 |
| 21 | CCU | 中央控制单元 |
| 22 | DBI | 电空联锁信号 |
| 23 | RCU | 远端控制单元 |
| 24 | ATO | 自动驾驶系统 |
| 25 | TRDP | 列车实时数据协议 |
| 26 | MVB | 多功能车辆总线 |

# 参考文献


[1] 刘豫湘,陆缙华,潘传熙．DK-1型电空制动机与电力机车空气管路系统[M]. 北京:中国铁道出版社,1998.

[2] 方长征,刘泉,毛金虎．DK-2型机车电空制动系统[M]. 北京:中国铁道出版社有限公司,2021.

[3] 任向杰,王令军,吕枭,等．ZJZ型机车制动控制系统[J]. 铁道机车与动车,2018(3):17-18.

[4] 微机控制的机车制动控制系统:TB/T 3428—2015[S]. 北京:中国铁道出版社,2016.

[5] 吕枭,王令军,孙彬,等．我国机车制动技术未来发展探讨[J]. 铁道机车与动车,2015(12):21-23,41.

[6] 刘豫湘．我国机车制动机的现状与发展[J]. 电力机车与城轨车辆,2005,28(1):6-9.

[7] 欧东方．对我国新型机车制动机的几点建议[J]. 铁道机车车辆,2004,24(z1):105-107.

[8] 谢启明,高殿柱,方长征,等．一种机车制动机平均管压力控制方法及装置:202010558794.9[P].2021-06-04.

[9] 朱冠汶,吕枭,王令军,等．机车制动控制系统及控制方法:202210596432.8[P].2023-01-20.